KB039207

# 자해의 정신분석적 이해와 상담

Fiona Gardner 저 | 이유경 · 송미강 · 신수정 공역

학지사

**Self-Harm: A Psychotherapeutic Approach**
by Fiona Gardner

# 역자 서문

“

끊어 버리고만 싶어 이거 다
그만 놔 버리고 싶어 모두 다
엄마는 바코드 찍을 때 무슨 기분인지
묻고 싶은데 알고 나면 내가 다칠까
난 사랑받을 가치 있는 놈일까
방송 싫다면서 바코드 달고 현재 여기
흰색 배경에 검은 줄이
내 팔을 내려 보게 해
이대로 사는 게 의미는 있을지
또 궁금해

”

자해(긋기)로 그은 상처 자국을 '바코드'에 빗댄 이 가사는 고등학생 래퍼들이 부른 랩의 첫 소절이다. 끊어 내고 싶고 놓아 버리고 싶지만 반복되는 갈등, 엄마에 대한 양가감정, 무가치한 자신과 인정받고 싶은 소망……. 청소년 래퍼들의 고뇌 속에 자해를 둘러싼 내적 갈등이 고스란히 드러나 있다. 오늘날 왜 그렇게 많은 젊은 청년, 특히 젊은 여성들이 자해를 하는가? 자해는 자신의 감정을 관리하고 고통을 피하기 위한 대처 방법인가? 이러한 질문과 함께 자해에 노출된 젊은 청년들과의 만남이 이 책의 번역을 시작한 강력한 동기가 되었다.

어린 시절부터 부모의 심한 갈등과 폭력에 시달리며 살았던 20대 여성은 폭력에 저항할 힘이 없어 모든 일을 자신의 잘못으로 여기며 자랐다. 이후 어떤 사건이 생길 때마다 자신이 벌을 받아야만 한다는 생각이 확장되었고, 청소년 이후 자신을 벌하는 커팅을 지속하였다. 그녀는 커팅을 하고 나서야 자신의 죄책감에서 다소 해방되었다.

대학에서 조각을 전공한 다른 여성은 수시로 조각칼로 자신의 팔과 손을 긋고 싶은 충동을 달래기 어려웠다고 한다. 그녀는 어린 시절 아버지에게 학대를 당한 오빠와 오빠를 보호하는 엄마의 모습을 지켜보면서 그 공포를 감당하기 위해 피가 나도록 허벅지를 꼬집었다. 그러면 어쩐지 자신의 고통이 덜해지는 것 같았다.

우연히 동네 아이들과 성적 놀이를 하다 들킨 여섯 살 여자아이는 엄마에게 끌려가 호되게 맞았고 기억도 나지 않는 욕설 세례를 받았다. 첫사랑이 실패한 후 그녀는 손목을 긋고 친구들에게 스스로를 처벌한 상처를 보여 주며 버림받은 고통을 호소했다.

아동기 학대로 정서적 표현이 마비된 한 여성은 중·고등학교 내

내 또래들에게 놀림을 당하고 고립되어 지내다, 첫 애인의 군 입대를 앞두고 분리와 상실을 예견하던 즈음에 억압된 감정이 폭발하고 자해와 공격적 행동을 조절할 수 없어 병원에 입원했다.

분명한 것은 이 여성들에게는 자해 이외에 자신들의 심리적 고통을 표출하고 해소할 방법이 없었다는 것이다. 이와 같이 반복해서 손목을 커팅하는 10대 소녀들, 지속적인 무기력과 고립, 우울의 늪에서 허우적대는 2, 30대 여성들의 자해 경험은 다양한 심리적 동기를 가지고 있다.

Fiona Gardner는 상담자이자 연구자로서 개인 상담과 국가 프로젝트 사업, 상담 슈퍼비전을 통해 접하게 된 자해 내담자들의 상담 자료를 정신분석적 이론과 연구를 토대로 분석하였다. 그리고 자해에 대한 현상학적 이해, 정신의학적 진단, 정신분석적 이론화로는 설명되지 못한 내면의 갈등을 대상관계 맥락에서 구체화하였다. 특히 Glasser의 코어 콤플렉스 이론을 수용한 '사로잡힌 갈등' 개념은 자해 충동에 사로잡히고 반복강박에 빠지는 자해 내담자의 대상관계 역동을 생생하게 설명해 주었다. Gardner는 수많은 사례를 자세히 소개하면서 내담자의 내적 갈등이 어떻게 행동화되고 증상화되는지 섬세하고 사려 깊게 기술하였다. 나아가 자해를 다양한 사회문화적 요인과 관련지어 함께 탐색해 보면서 자해에 대한 이해를 다각적이고 풍부하게 만드는 데 일조하였다. 이 책을 통해 개인의 내적 갈등과 욕구뿐만 아니라 집단 및 사회적 배경과 문화적 유산에 이르는 다양한 측면도 함께 논의하면서 자해에 관한 풍부한 담론을 형성하는 데 기여할 수 있을 것이다.

이 책은 자해에 관한 근본적인 질문을 던지고 정신분석적 입장에서 자세히 살펴봄으로써 한 개인이 자해를 하게 되는 심리내면의 기제를 심층적으로 이해하고자 집필되었다. 따라서 오늘날 임상 현장에서 자해 내담자를 만나고 막막함을 느꼈거나, 자해의 내면의 고통과 갈등을 이해하는 전문적인 안목과 관점을 견지하려는 상담자들의 깊은 이해를 돕는 책이라 할 수 있다. 또한 자해를 반복하는 사람들에게도 자신의 고통을 이해하고 설명하는 언어를 찾을 기회를 제공할 것이라 믿는다. 이 책을 통해서 상담현장에서 만나는 수많은 자해 내담자의 내면을 이해하고 치유할 뿐 아니라, 자해 경험자들에게도 자신을 이해하는 길을 제공해 주기를 바란다.

# 저자 서문

반복적 · 습관적으로 자신의 피부를 칼로 긋는 행동[긋기(cutting)]은 젊은 여성들에게서 흔하게 나타난다. 그들은 정서적 고통을 완화하려는 의도로 자해를 한다고 말한다. 우리는 이 말을 어떻게 이해해야 할까? 자해가 괴로움을 달래 주는 만족스러운 방법이라고 생각하는 사람들을 어떻게 도울 수 있을까?

이 책은 정신분석적 심리상담의 관점에서 행동 이면에 무언가가 있다는 생각으로 자해를 탐색한다. 자해는 주로 청소년기와 성인 초기 여성들에게서 많이 나타나는데, 청소년기는 분리와 성에 대한 갈등이 심해지는 시기이다. Fiona Garnder는 젊은 여성들과의 상담 경험을 통해 자해가 이런 특성과 어떤 관련이 있는지를 보여 준다. 나아가 더 깊은 수준에서 초기 대상관계에 기인한 해결되지 않은 욕망들의 영향을 탐색한다. 그녀는 자해하는 젊은 여성들의 내면에 있는 '사로잡힌 갈등(encaptive conflict)'이라는 주요 개념을 소개한다. 이런 이슈들은 임상적 자료를 통해 관찰해 냈으며 자해에 영향을 주는 사회문화적 요인들에 대한 분석과 결합하고 있다.

## 저자 서문

이 책은 자해하는 사람들, 심리상담자, 학교상담자, 사회복지사, 정신건강의학과 전문의뿐만 아니라 지역사회에서 자해 내담자를 돕고자 하는 상담자와 심리상담자들을 위해 저술되었다.

차례

차례

차례

## 폴린이 떨어지고 있다

벼랑 끝에서,
공포와 절망으로 발을 걷어차고
빛의 둘레가 수축하고 암흑이 시야를 가져가 버린다. 그리고 그것은
우리가 그녀는 떠나는 방식이고, 매달린다-우리가 아는 바로는
그녀는 구조될 것이고,
새로운 해를 입을 것이고, 이야기는 계속 흘러가고,
재앙과 보류-수축과 확장-는 갈망하는 심장의 리듬을 분열시키고

계속될 뿐

Jean Nordhaus

# 01
# 서론

중요한 것은 행동의 본질이 아니라 그 행동의 의미라는 것을 깨닫게 된다.

(Chasseguet-Smirgel, 1990: 77)

이 책에서는 자기 몸에 가하는 물리적 공격인 '자해'의 이면에 담긴 여러 가지 의미를 살펴보고자 한다. 주로 피부 표면을 긋는(cutting) 자해 행동을 다루지만, 몸에 화상을 입히거나(burning) 때리는(hitting) 등의 공격 행동도 언급할 것이다. 자해는 자신의 몸을 고의적이고 습관적으로 해치는 행위이다. 스스로를 파괴하거나 자살을 염두에 두지 않은 상태에서 자기(self)에게 손상을 입히는 행위라는 의미를 담고 있다. 왜 사람들은 자신의 몸에 반복적으로 고통을 가하는 것일까?

비현실적이고 삶에서 멀리 떨어져 연결되지 않은 느낌이 들 때,

나는 면도칼을 집어 들었어요.

눈앞의 칼날을 보니 안심이 되면서 눈물이 났어요.

**내가 피부를 그었다는 것을 정확히 깨닫지 못했지만,**

**그 행위를 하고서 나서야 현실로 돌아왔어요.**

**내가 아직 살아 있고 내가 진짜라는 것을 확인했어요.**

**아주 잠깐 동안 나를 통제했고, 아주 잠깐 동안 평화로웠어요.**

이 시는 내가 상담했던 젊은 여성 중 한 명이 쓴 것이다. 그녀는 글을 쓰면서 왜 자신의 몸을 그었는지를 알게 되었다. 자해는 그녀가 살아 있고, 진짜이며, 스스로의 통제하에 있음을 알게 해 주었다. 나는 그러한 행동에 대해 우려하면서도 관심을 갖게 되었고 그 행동이 미친 영향과 무의식적인 의미를 이해하고 싶었다. 그러나 자해에 대한 분석적 문헌을 찾기 힘들었고, 이 책에 대한 아이디어가 떠올랐다. 이 시를 쓴 젊은 여성과 또 다른 비슷한 여성들에게는 자신의 몸을 공격하는 것이 문제에 맞서려는 시도이고 심지어 자기치유인 것처럼 보였다. 자기에 대한 공격은 신체에 고통을 가함으로써 안도감과 살아 있다는 느낌을 준다는 점에서 역설적이지만 분명한 몸짓이었다. 심리상담적 관점에서 볼 때 자해는 초기의 정신적 상처에 대한 은유적 표현이자 초기 대상관계가 내면화된 것이다. 대상관계는 정신분석적 심리상담에서 중요한 개념이다. 우리가 부모와 중요한 대상에 대해서 경험한 것과 그에 대한 환상 모두가 내면화되고, 이후의 삶을 대하는 방식으로 새겨진다. 이렇게 새겨진 내적 대상들은 정신세계에 일정한 패턴을 형성하여 행동하는 방식과 관계 형성에 영향을 준다. 이런 면에서 볼 때 자해는 자기에 대한, 그리고 과거의 관계와 이전의 경험을 드러내는 표식(signs)들의 체계이다.

그러나 자해는 단지 개인적인 문제만은 아니다. 특정 사회적 관습과 집단 무의식 안에서 피를 흘리고 몸에 표식을 남기는 행위는 강한 상징성을 내포하며 치유, 구원, 사회적 정체성 및 질서와 연결되어 있다. 몸을 공격하는 것은 하나의 몸짓이고 표상이자 행위이고, 역설과 은유, 상징을 포함한다.

정신분석적 사고와 심리상담을 통해 우리는 무의식뿐 아니라 우리의 행위의 기저에 깔려 있는 행위의 기능과 동기에 다가갈 수 있다. 의식적 의미는 무의식적인 의미와 연결되어 있다. 즉, 우리가 알고 있다고 생각하는 것의 이면에는 더 깊은 의미가 있다. 정신분석적 접근은 무의식의 힘과 범위, 개인의 내적 갈등과 욕구를 드러내 줄 뿐만 아니라 가족에 대한 이해, 집단의 기능, 보다 광범위한 사회적 배경과 문화적 유산을 드러내 준다. 그러므로 이런 모든 측면이 탐색되고 논의되어야 한다.

일반적으로 사람들은 정신분석적 심리상담은 경제적 · 시간적 여유가 있거나 자기 생각을 잘 표현하거나 통찰력을 가지고 있는 사람들에게 적합하다고 생각한다. 그러나 상담자의 상황이나 배경지식과 상관없이 정신분석적 사고는 상담자의 상담 작업을 성찰하고 내담자의 이야기를 듣는 방식에 영향을 준다. 이 책은 정신분석적 심리상담 접근을 통해 자해 내담자와 상담자에게 도움을 주고자 한다.

'자해'에 사용되는 용어를 정리해 보면, '자기를 해하는 행위'는 종종 'self-injury'로 불린다. 'self-mutilation'은 정신과나 정신분석학 문헌에서 실제로 몸의 일부를 자르는 등의 좀 더 심각하고 치명적인 손상을 일으키는 경우를 언급할 때 사용된다. 이런 현상은 일반적인 자해에 비해 상당히 드물다. 자해 빈도에 대한 추정치에 의하면, 일반적으로 성인 600명 중 1명이 병원 치료를 받을 정도의 자해를 하는 것으로 인용된다(Tantan & Whittaker, 1992). 최근 미국의 연구(Strong, 2000)에서는 자신의 몸에 고의로 자상(칼로 긋기)이나 화상을 입힌 학생이 8명 중 1명의 비율로 나타났다. 자해는 지역사회 전문가들이 담당하는 사례에서도 발견된다. 흥미로운 것은 아동 방임이나 학대가 보고되는 고위험군 작업보다 사회복지 서비스와 보호관찰 부서에서 더 많은 자해 사건이 발생한다는 점이다(Pritchard, 1995). 자해의 확산은 더 많은 관심을 불러일으키며, 사고 및 응급 부서에 높은 수준의 관리를 필요로 하게 된다. 자해는 여성 청소년과 젊은 여성의 유병률이 높다. 이렇게 성차가 분명한 것이 어떤 의미인지 고찰할 필요가 있다. 자해의 성차는 이 책의 주요 주제 중 하나이다.

이 책에서 우선 나는 14년간 사회복지사와 아동과 가족 상담자로서의 상담 경험, 두 번째로는 12년간의 정신분석적 상담자로서 자원봉사와 청년들을 위한 공중보건 클리닉 경험과 개인적 작업을 포괄하여 다루었다. 이 책에 기술된 임상작업은 주로 클리닉에서의 작업이며 개인적인 사례도 포함한다. 클리닉은 3차 추천 기준으로 설립되어 아동 및 가족 정신의학 부서나 성인 정신건강 부서에서 이미 평가를 받고 있는 젊은이들과 작업했다. 이러한 전문가 서비스를 구축한 것은 지역사회에서 보다 집중적인 작업이 이루어지면 청소년 주거 단위나 성인 정신병동에 입소하는 것을 예방할 것으로 기대되었기 때문이다. 클리닉에는 심각한 정서적 붕괴 위기를 보이는 청년들이 의뢰되었다. 자해는 젊은 여성의 사례에서 더 많이 나타났다. 18개월 동안 젊은 남성은 1/3, 젊은 여성은 2/3이었고 증상은 성별 간 다양했다. 참석자 중 가장 큰 그룹은 자신의 몸을 공격한 젊은 여성들이었고 자해방식은 커팅(긋기)을 포함한 다양한 방식이 결합되어 있었다.

4년간 클리닉 심리상담을 하면서 41명의 청년을 평가했고, 그중 33명은 개인 심리상담 과정을 거쳤다. 나머지는 가족 상담, 인지 치료, 또는 체중이나 정신 장애 수준을 면밀히 관찰하면서 정신과 의사와 정신과 간호사 사이의 공동 치료 작업과 같은 형태의 치료를 제공했다. 어떤 경우는 다른 서비스에 의뢰하거나 중도 하차한 경우도 있다. 정신분석적 심리상담을 받은 33명 중에서 6명이 남자였는데, 이들 중 한 명만 자살 사고를 보였고 나머지는 공포증과 우울 증상을 보고했다. 젊은 남성들은 아무도 자해를 하지 않았다. 정신분석적 심리상담을 받은 27명의 젊은 여성들 중 15명은 커팅을 포함해 다양한 자해 행동을 보였다. 이들 중 2명은 스스로를 때리거나 몸에 작은 화상을 입혔다. 반복적인 커팅으로 많은 상처가 났고, 일부는 섭식장애도 있었다. 27명 중 6명은 우울증을, 3명은 마약 복용, 3명은 섭식장애를 호소했다. 이와 같은 대략적인 통계치가 유의미한 대표성을 띠지는 않지만, 고의적으로 자기 자신을 해친 사람들이 대다수라는 점이 중요해 보였고 나와 동료들에게 큰 걱정거리가 되었다.

문제는 이런 증상들이 반복된다는 것이었다. 그리고 대개 커팅 후에는 각기 다른 자기 파괴적인 행동이 뒤따랐다. 또한 자해는 종종 이전의 다른 문제행동 후 뒤따라 나타나곤 했다. 이런 양상은 스스로에게 해를 끼치는 행동에 중독되어 있음을 짐작케 했다. 어떤 젊은 여성들은 자해와 섭식장애를 정교하게 세팅하여 과하게 사용하고 있었다. 자해하는 여성들 중에서 커팅만 하는 사람은 오직 1명뿐이었다. 6명은 커팅과 때리기, 약물 과다복용을 병행했고, 1명은 우울증 이후 커팅과 태우기, 4명은 커팅 후 섭식장애가 뒤따랐다. 나머지 2명은 커팅을 하고 난 후 몇 가지 과다복용이 이어졌는데, 각각 과음과 약물오용이었다. 어떤 여성들은 성적인 위험 상황이나 신체적으로 위험한 상황에 본인을 내던지는 등 반복적으로 자신을 위험한 상황에 처하게 했다. 이렇게 위험을 감수하는 행동은 청소년기의 특징으로 볼 수 있다. 이 그룹의 젊은 여성들은 최소한의 보호 상태에서 혼자 이런 행위를 시도하는 경향이 있었다. 커팅은 여러 가지 정서장애의 연속선상에서 나타나는 하나의 증상일 뿐이며, 하나가 중단되면 또 다른 행동으로 대체되었다.

이 책의 초점은 심리상담에서 만난 젊은 여성이 자신의 몸을 커팅하는 행위의 이면에 있는 의식적 · 무의식적 의미를 탐색하는 것이다. 자해를 하는 대부분의 여성은 청소년기에 그런 행동을 시작한다. 이 책에서 사용된 임상자료의 초점도 주로 15세에서 21세 사이에 있는 여성들이다. 청소년기에 자해를 시작해서 꽤 나이가 들어서까지 반복해 온 여성도 있다. 커팅은 청소년기 여성들의 특정 특징으로 간주되므로 여기서는 이러한 측면도 살펴본다. 또한 내가 만난 모든 여성은 백인이었고 동양에서 온 여성도 한 명 있었다.

실제 상처에 대해 이야기해 보면 젊은 여성이 자해에 사용하는 날카로운 도구는 주로 면도칼이고 가끔 일반 칼을 사용하기도 한다. 커팅하는 신체 부위는 팔이나 다리(주로 허벅지)이고 배나 가슴에 하는 경우도 있다. 커팅은 피부 표면에 흔적을 남기고 때로는 정교하고 신중하게 피부 절개를 시도하기도 한다. 상처가 나으면 눈에 띄는 흉터가 남지 않는 경우가 많으나, 대부분의 젊은 여성은 이러한 행위를 반복한다. 어떤 경우는 피부 깊게 절개하여 보기 흉한 흉터가 남거나 상처 주위에 울퉁불퉁한 살점이 형성되기도 한다. 자해로 시도되는 커팅은 경정맥이나 요골동맥 주변에 깊은 상처를 내는 것과는 분명히 다르다. 담뱃불이나 라이터로 화상을 입히거나 머리나 팔을 벽에 부딪치는 사람들도 있는데, 어떤 사람은 너무 심하게 부딪쳐서 손가락 마디에 멍이 들고 심한 손상을 입기도 한다.

자해의 빈도는 주기가 있기도 하고 무작위이기도 한데, 주로 자해할 필요를 느끼거나 기분이 가라앉는 느낌을 위해서 자신의 몸을 공격한다. 때로는 몇 주, 때로는 몇 달의 간격이 있는 반면, 어떤 여성들은 특정한 날에 여러 번 커팅했다고 보고했으며 몇 주의 간격을 두고 다시 자해욕구를 느끼기도 했다. 일반적으로 젊은 여성들은 자해하기 전에 긴장감을 느끼며, 자해 후 곧 멍해지는 느낌과 신체통증이 주는 만족감을 경험한다. 많은 경우 수치심과 숨기고 싶은 마음이 밀려들고 상처를 옷 밑으로 숨긴다. 그리고 자기가 한 행동에 대한 패배감에 젖는다. 해냈거나 이겨 냈다는 느낌은 아니다.

이 책은 자신의 몸을 공격하는 의식적이고 무의식적 의미에 대한 탐구이므로 결과 연구는 아니다. 이 책에 소개된 긋기, 때리기, 태우기 등 자해 내담자 15명 중 8명은 심리상담을 마치고 이러한 증상이 멈췄으나 1명은 완전히 멈추지 않았다. 3명은 불행히도 장기간의 섭식장애에서 빠져나오지 못했지만 자해는 중단되었다. 3명은 치료가 중단되었는데, 이후에 알게 된 바로는 그들 중 한 명은 심각한 약물과다복용 상태였다.

정신건강 분야에서 일하는 사회복지사와 상담자 같은 전문가들과 교사, 자해 내담자의 가족 및 친구들은 자해하는 사람들에 대해 20여 년 전 거식증에 대해 보였던 것과 비슷한 반응을 보이는 것 같다. 그 반응은 충격, 두려움, 분노, 역겨움과 혐오 등이며 적대감과 불안으로 연결된다. 자해하는 사람들의 가족과 친구들은 그런 행동에 심각한 근심에 빠지고 충격을 받는다. 그저 지나가는 것일 뿐 괜

찮아질 것이라고 부인하기도 하고, 어떤 부모들은 너무 슬프거나 화가 나서 이런 감정 너머의 의미를 외면하기도 한다. 전문가들 중에서도 이런 내담자들을 다루기 어려워하고 좌절감을 느끼며, 너무 많은 전문적 관심을 요구한다고 느낀다. 자해에 대한 반응은 왜 이렇게 부정적인 것일까? 아마도 자해 행동이 상식적이지 않고, 젊은 여성들의 건강이나 신체적 매력을 추구하는 현대의 추세와 맞지 않기 때문일 것이다. 자해 내담자들은 약물치료나 단기 상담 개입에 잘 반응하지 않는다. 내담자들은 몸에 병이 든 사람들과는 반대로 자신의 정신적인 질환에 대해 많은 시간을 들여 돌봐 줄 것을 요구한다. 그들 대부분은 왜 자해를 하는지, 왜 자꾸 반복하게 되는지를 모르며, 어떤 경우는 굉장히 걱정하고 있는 것처럼 보이기도 한다.

이처럼 자신의 몸을 공격하는 행동은 우리에게 어떤 감정을 불러일으킬까? 그것은 아마도 그러한 행동을 판단하고 나무라고 싶은 느낌일 것이다. 그러나 이런 느낌은 공포와 슬픔, 두려움, 그 사람의 안녕(well-being)에 대한 책임감을 방어하는 것일 수 있다. 전문가의 지도감독이나 지지가 없으면 이러한 태도는 더 강해질 수도 있다. 자해를 할 때 긋는 행동은 그 행동의 특성인 '충격적인' 느낌을 상기시킨다. 그리고 감정과 충동의 '처리되지 않은 날것의 느낌'을 준다 (Gardner, 1999: 309).

이런 느낌들은 자해가 익숙해져도 사라지지 않지만 시간이 흐르면서 거칠어지고 점점 더 다루기 쉬워진다. 갑작스러운 충격은 이해할 수 없다는 느낌, 그것에 대한 직접적인 의미를 찾는 것으로 이어진다. 이때, 상처를 설명할 수 있고, 분명하고 확실한 이유를 찾을 수 있다면 대면하고 이해하기가 쉬워진다. 그러나 내담자들은 다음에 무엇을 할지에 대한 염려와 두려움에 차 있고, 자신의 내부에서 일어나는 심리적 고통에 대해 분노하고 괴로워한다. 이런 모습에 대한 보통의 반응은 분노와 좌절이다. 내담자가 심리상담 중에 자해를 계속할 때 상담자들은 무력해지고 상담자로서 적절하지 못하다는 느낌을 받는다. 심리상담를 통해 내담자의 심리적인 변화와 개선이 나타난다 해도, 자해를 지속하고 있다면 난감한 처지에 놓인다.

다음은 어떤 상담자의 글이다.

> 처음 자해 내담자를 상담하기 시작했을 때, 나는 충격을 받고 놀랐다. 나는 자해를 멈추게 할 수 있고 최소한 상담적 라포를 형성할 수 있을 거라 느꼈다. 그들에게 자해에 대해 말할 기회와 정서적 지지를 제공하면 자해 욕구를 사라지게 할 수 있을까?
>
> (Self-injury forum newsletter, 1999: 2)

그렇다면 자해는 정신질환의 한 형태인가? 정신과 문헌에서는 자해에 대한 진단과 감별 기준을 제시하고 있다. 자해는 특히 경계선 성격 장애의 징후 및 또 다른 '다중 충동 행동'과 관련이 있다고 알려져 있다. 또한 자해는 충동 조절과 우울감 및 불안을 대면하는 데 어려움이 있는 내담자들에게 발견되는 병리 중의 하나로 본다. 자해 행동은 연극성, 자기애성, 분열형, 반사회성 인격장애와 관련성도 언급되며, 조현병, 주요 우울장애, 경조증, 강박충동장애, 건강염려증 증상에서도 나타난다. 커팅은 신경증 상태에서도 나타날 수 있고, 갇히거나 고립된 상황 위기에 대한 반응으로 발생할 수 있다고도 알려져 있다.

그러나 이러한 설명은 오히려 자해를 이해하는 데 응집성을 떨어뜨리는 결과를 가져왔다. 또한 자해 행동을 설명할 수 있으며, 레이블링에 의해 이해할 수 있다는 환상을 불러온다. 더 큰 문제는 내담자에게 이런 진단을 사용함으로써 증상을 감소시킬 수 있다고 보는 관점이다. 일부 환경에서 임상의가 내담자의 행동에 대처하는 한 가지 방법으로 '커터(cutter)', '슬래셔(slasher)', '스크래쳐(scretcher)'와 같은 레이블을 사용하는 경향이 있다. 이런 식의 추론과 레이블링은 자해 내담자의 행동 동기를 단지 '관심 추구 행위'로 보는 관점을 취하도록 한다.

정신분석적으로 볼 때 자해는 파괴적 · 자기애적 · 도착적인 것으로 명명할 수 있으며 이런 측면이 자해 행동에 대한 이해에 도움이 된다. 그러나 내담자 개개인의 행동의 의미를 이해하는 데는 한계가 있다. 내담자의 지나온 삶의 사건이라는 관점에서 자해를 이해하는 것은 타당성과 진정성을 확보할 수 있다. 트라우마와의 연관성 또한 중요한 탐구 영역이다. 자해 행동이 어린 시절의 성적 · 신체적 학대나 방임에 기인한 것이라고 보는 관점도 당연히 있을 수 있다. 그러나 자해를 하는 모든 사람이 과거에 치명적인 트라우마를 겪는 것은 아니다. 이 점은 자해에 다른 심리역동이 관련되어 있음을 보여 준다. 최근의 정신분석적 심리상담의 관심은 병리의 원인에 기여한 사건, 발생학적 설명을 넘어서 한 사람이 스스로의 내면에 어떻게 존재하고 있는지에 대한 탐구로 바뀌어 가고 있다. 이 책에서 나는 증상의 기원과 의미가 대상관계에서 파생된 내면화 과정 안에서 발견된다고 제안한다. 이 과정은 개인마다 다를 수 있지만, 초기 내적 대상관계의 특별한 측면은 본능적 과정과 환경의 조합에서 온다. 그리고 내 경험에 따르면 자해는 굉장히 흔한 일이다.

나는 자해의 의미를 탐색하는 데 있어서 중요한 개념을 제안하고자 한다. 자해의 역동을 이해하는 데 도움이 되는 정교한 이론적 개념은 Glasser(1990)의 '코어 콤플렉스(core complex)'이다. Glasser는 코어 콤플렉스를 인간의 정신 구조의 중심에 있는 보편적인 콤플렉스로 본다. 이는 수많은 요소를 가지고 있는데, Glasser가 제시한 순서와 용어를 사용하여 설명하면 다음과 같다.

1. 첫 번째는 유아의 기본적인 욕구와 안전을 향한 갈망을 충족시켜 주는 이상화된 어머니와의 융합(fusion) 환상이다. Glasser는 융합 환상을 궁극적인 자기애적 충족 환상, 또는 1차적 나르시시즘 환상으로 설명한다.

2. 그러나 그 어머니는 분열된 인물이다. 주체(유아)는 어머니를 전적으로 자기애적으로 관계하며 상상한다. ① 탐욕스러운 어머니: 유아는 자기(self)를 멸절시키겠다고 위협하는 어머니에 함입된다는 환상을 가지게 되며, 이는 어머니에 의해 삼켜지고 소유되며 침범받는 생각으로 나타난다. ② 무관심한 어머니: 어머니는 유아에게 충분한 주의를 기울이지 않거나 유아의 감정적 요구를 이해하지 못하므로 주체는 이를 항상 거부로 경험한다.
3. 이런 환상이 배치된 결과 멸절불안(annihilation anxiety)을 낳게 되고, 동시에 다음 두 가지의 방어적 반응이 나타난다. ① 안전하고 자기충족적인 장소로 **자기애적 철수**를 하지만, 이 결과 버려짐과 우울, 고립, 낮은 자존감 상태가 되어 스스로 무너질 것을 두려워한다. 이에 다시 융합에 대한 욕구가 찾아온다(Glasser는 코어 콤플렉스의 이 부분이 악순환되는 것이라고 지적한다). ② 힘 있고 멸절시키는 어머니를 파괴하거나 중립화시키고자 하는 **자기보호적인 공격성**을 추구하지만 어머니를 상실하거나 거절하는 것과 관련된 두려움으로 연결된다.
4. 어머니의 무관심은 비슷한 방어적 결과를 낳는데, ① 고통스러운 상황에서의 자기애적 철수, ② 어머니의 무자비한 행동을 파괴하고 싶어 하는 자기보호적인 공격성으로 나타난다.
5. 이런 반응이 동시에 발생하기 때문에 그 공격성은 출구를 찾지

못하고 자신을 향하게 된다.

(Glasser, 1992: 496)

코어 콤플렉스는 보편적인 개념으로, 누구에게나 일어나며 정신세계에 영향을 준다. Glasser는 우리 모두가 코어 콤플렉스 문제를 피할 수 없으며, 살아가면서 여러 가지 해결책을 발견한다고 본다. Glasser가 코어 콤플렉스를 처음 공식화했을 때(1979)와 이후에 논문을 발간했을 때(1986)는 이처럼 코어 콤플렉스를 일반화하는 주장을 하지 않았다. 그러나 1992년에 그는 코어 콤플렉스의 해결이 "상이한 병리적 조건을 가진 병인론뿐 아니라 최적의 정상 범주에서도 인간의 정신세계에 중요한 역할을 한다."(Glasser, 1992: 496)라고 발표했다. 눈에 보이는 피상적인 수준에서도 우리는 친밀한 관계를 원했던 사람과 코어 콤플렉스를 경험할 수 있다. 우리는 타인이 신체적 · 정서적으로 너무 파고들고 두려워지면 사적 영역으로 침범해 온다고 느끼며 점차적으로 철수한다. 우리는 때로 어떤 관계에 헌신하고 싶은 열망을 품기도 한다. 그러나 이것은 곧 자율감을 잃을지 모른다는 망설임으로 바뀌고, 사랑하는 사람이 무관심해지며, 관계가 끝나고 거절당하는 두려움이 뒤따른다. 코어 콤플렉스는 심리상담 회기 중에도 감지할 수 있다. 내담자는 상담자와 가까워지고 싶고 상담자의 모든 것을 알고 싶은 갈망이 생기지만, 그 갈망이 강해지면 상담자에게 점령되고 삼켜질 것 같은 공포와 함께 상담자가 자신에게 관심이 없고 거부할지도 모른다는 불안이 엄습한다. 대상관계 안에서 정신적 친밀함과 거리감을 경험하고 타협할 수 있는가 하는 것은 분석적 문헌에서 중요한 주제이며, 심리상담 중인 모든 사람에게서 어느 정도 나타난다.

자해를 하는 사람들에게는 이런 정신적 거리감과 친밀함에 대한 무의식적 갈등이 분명하게 나타난다. 나는 또 하나의 특별한 특징에 주목하고자 한다. 자해하는 사람들의 가장 중요한 정신적 갈등은 융합에 대한 욕망과의 강한 연결이다. 그러나 그 융합은 이상화되고 실망을 주는 어머니에 대한 것이 아니다. 자해하는 사람들의 내적 환상 속에서 이들은 탐욕스럽고 압도적인 어머니의 사악한 모습에 갇혀 있다. 이것은 초기 유아기와 이후에 내면화된 대상관계에서 발달된 것으로, 자기(self)는 어머니의 위협적인 측면에 완전히 함입되고 사로잡힌 노예 상태가 된다. 이렇게 어머니의 위협적인 측면에 사로잡힌 상태에서는 어머니에게 소유되는 두려움과 거절당하는 두려움 사이에서 갈등한다. Glasser의 코어 콤플렉스는 대상을 원하고 가지고 싶은 갈망과 동시에 대상에게서 후퇴하거나 철수하는 측면이 있음을 강조한다. 자해하는 사람들은 사악한 대상을 향해 가거나 도망가는 두 가지 행동을 필사적으로 반복한다. 코어 콤플렉스의 심리내적 투쟁은 반대되는 힘 사이에서 벌어지지만, 자해를 둘러싼 내적 투쟁은 사악한 모습에 갇힌 진퇴양난의 역동이란 특징을 가진다.

자해 내담자의 상담에서는 이러한 심리내적 투쟁, 즉 예속된 상태와 이런 관계를 강하게 묶고 있는 결속을 끊어 내려는 갈망이 모두 나타난다. 내담자는 갇혀 있고, 묶여 있으며, 갈등하는 욕망에 지배받고 있다. 커팅은 결속되어 있다는 표식이며 동시에 벗어나고 끊어 내려는 욕망의 표현이기도 하다. 이러한 정신적 갈등의 특징을 보이는 젊은 여성의 마음은 갇혀 있고 사로잡혀 있다. 이런 내적 형태를 나는 '사로잡힌 갈등(encaptive conflict)'이라고 부른다. '사로잡힌'이라는 단어는 포로가 됨을 의미한다. 동시에 사로잡힌 상태는 전능감과 공격성을 포함하기도 한다. 그러므로 사로잡힌 갈등은 코어 콤플렉스의 변형되고 도착적인 측면으로 형성된 것으로 볼 수 있다. 이 갈등은 무의식적이다. 커팅을 하는 행동은 사고 과정이 없으며, 몸의 감각과 불편감에 대한 하나의 반응이다.

나는 젊은 여성과의 심리상담 경험이 쌓이면서 커팅 행동의 동기를 이해할 수 있었다. 커팅은 그들의 내면에서 경험하는 양립할 수 없는 정신적 갈등에 대한 느낌을 드러내는 행동이다. 자해 갈등은 강렬한 몰두(또는 소유)와 벗어나고자 하는 욕망 모두를 포함한 내면화된 대상관계의 독특한 유형이다. 이런 갈등에 빠진 사람들에게 남아 있는 해결책은 내면으로 철수하는 것, 혹은 자기를 향한 공격이다.

내적 대상관계에서 파생되는 이런 측면은 젊은 여성들과의 심리상담에서 드러난다. 사로잡힌 갈등의 역동은 전이 관계를 통해 투사되며 상담자로서 나는 복잡한 상호작용에 연루된 느낌을 받곤 했다. 사로잡힌 갈등과 자해의 개별적 의미는 정신역동적 고려를 통해 탐색할 수 있다. 일반적으로 젊은 여성은 심리상담을 통해 내적 갈등을 풀기 위해서 사랑과 미움에 관련된 감정이 한 가지 이상이라는 점을 인식하는 것이 필요해 보였다. 무의식적인 갈등의 이 두 가지 측면이 모두 의식적인 측면으로 드러나야 한다.

어머니와 딸의 관계나 성적 학대, 신체적 학대와 같은 특정한 환경적 트라우마를 포함해서 부모가 자녀를 다루는 방식은 자녀의 자기(self)에 흔적을 남긴다. 이러한 문제들은 이 책에서 자세히 탐구될 것이다. 특정한 트라우마가 이러한 정신적 갈등을 구성하고 있고 실제로 갈등이 드러나는 트리거로 작동한다 해도, 갈등 구조와 심리내적 구조는 유아기에 형성된다는 것을 강조하고 싶다.

내면화된 대상관계와 함께 자해의 핵심적 요인을 이루는 것은 강력한 본능의 과정이다. 본능적 과정은 어머니가 제공한 환경과 초기의 부모 양육의 경험에서 받는 영향과 연결되어 있다. 한 아기가 자신의 본능적 욕동(drive)과 욕구(need)를 다루는 방법을 배우는 것은 외부에 있는 어머니와 환경과의 경험에서 온다. 끔찍하고 파괴적인 커팅의 본질은 본능적인 공격적 욕동이 균형을 잃은 것이고, 유아기와 아동기의 과도한 자극 및 양육의 부실함에서 온 것이다. 이러한 이슈는 이 책에서 논의될 것이다. 특히 2장에서는 Freud에 의해 최초로 언급된 죽음본능(death instinct) 개념을 통해 자해의 맥락을 탐색할 것이다. 성적 본능 과정은 나르시시즘과 마찬가지로 청소년기의 특징이고, 청소년기 마음의 상태와 자해 간에는 명백한 연관성이 있다. 청소년기 몸자아(body ego)의 발달에 대한 이론적 사고와 붕괴감, 해리는 자신의 몸을 타인과 이방인처럼 느끼게 한다. 커팅을 이해하는 데 이런 특성은 중요하고, 특히 젊은 여성에게 중요한 문제이다.

이 책에서 몸에 대한 공격의 여러 가지 측면이 논의될 것이지만, 자해에 대한 심리상담적 개입에 있어 내적으로 자리 잡은 '사로잡힌 갈등'이 유용한 개념이라는 점을 강조하고자 한다. 자해의 중독적 행동 특성을 다룰 때는 반복강박이라는 이론적 개념을 자세히 설명할 것이다. 정서적 감각이 사고로 연결되지 않는다는 점은 이러한 탐색의 중요한 부분이며, 몇몇 장에서는 Fonagy(1991)의 정신화 역량(감각과 느낌을 언어화하는 것)에 대해서도 관심을 둘 것이다.

2장은 커팅에 대한 의식적 추론과 무의식적 동기부여를 다룰 것이다. 피부를 긋고 싶은 욕구는 주로 불안하거나 거절당했을 때 촉발된다. 많은 여성은 커팅의 이유를 그들의 가족 안에서 일어났던 사건들과 과거의 트라우마와 연결시키고 싶어 한다. 자해하는 사람들은 자신의 감각을 언어로 연결하지 못하며 해리된 상태에 처하곤 한다. 커팅하는 행동은 자신에 대한 감각 또는 '진짜'라는 느낌을 다시 찾으려는 것이다. 자해하는 여성들은 초기 아동기에 상실, 버려짐, 학대와 방임 등의 역사를 가지고 있다. 커팅은 고통을 없애고 내담자가 스스로를 진정시키는 방법으로 기능한다. 그러나 자신에게 해를 가해서 삶을 이어 가고자 하는 욕망을 알린다는 면에서 자해의 역동은 역설적이다. 이 책에서는 자해에 도구를 사용하는 것을 '중간대상(transitional object)'이라는 분석적 개념의 패러디로 보는 주제 또한 다룰 것이다. 피부를 내적 갈등을 전달하는 매개체이자 표현물로 사용한다는 생각은 중요하다. 피부에 상처를 내는 것은 통제할 수 없는 것을 조절하는 방식으로 기능하며, 이 파괴적인 행동에 기분 좋은 감정이 연결될 수 있다. 정신건강 분야에 종사하는 사람들은 자해가 중독적인 측면이 있음을 깨닫게 될 것이다. 자해는 매력적이고 자위적인 측면을 가지고 있으며 모든 자위가 그렇듯 자기 위안과 자기치유력을 갖는다.

3장에서는 자해의 폭력성을 살펴볼 것이다. 대상관계로부터 파생된 과정에 초점을 두고 노예 상태와 노예 상태에 묶인 줄을 끊어 내고자 하는 욕망 간에 얽힌 갈등을 살펴볼 것이다. 사로잡힌 갈등은 피학증(masochism)과 지배(mastery)를 포함하여 논의될 것이며, 둘 간의 상호작용 또한 살펴볼 것이다. 여기에서는 성적 및 신체적 학대가 이 갈등을 더욱 악화시키거나 유발하는 요인으로 작용하는 것에 대해서도 탐색할 것이다. 자해의 폭력성 안에서 재창조되는 역동은 부분적으로 초기의 심리내적 이자관계(dyad relation)가 재연(enact)되는 내면화 과정에 영향을 미친다. 어떻게 신체적 · 성적 학대가 아이에게 내면화되는 것일까? 자해는 트라우마가 이와 같은 '구체적인' 형태로 내면화된 방식을 복제한 것이며, 학대하는 사람과 학대받은 사람이 경험한 역동 또한 정신내적으로 형성된 것을 통해 내면화된다. 힘, 지배, 통제에 대한 주제가 중요하다. 자해를 한 젊은 여성들은 자신의 분노와 성적 욕구에 대해 스스로를 강하게 벌하고자 하는데, 이 문제 역시 살펴볼 것이다.

4장은 청소년기 정신 상태의 특징, 정신 상태와 관련된 자해의 특징을 다루고 있다. 청소년기의 행동과 심리적 경향은 자기애, 공격성, 과민함, 죽음에 대한 관심과 두려움, 충동적 행동 경향이다. 청소년기 심리 상태에 대한 분석적 이해를 위해 문화적 측면과 젠더 특성도 살펴볼 것이다. 성과 분리개별화 주제에 대한 선입견 중 하나는 청소년기 소녀들이 자신의 몸의 경험을 '다른 것'으로, 즉 뭔가 할 수 있고 통제할 수 있는 것으로 여긴다는 것을 포함한다. 이것은 통제할 수 없는 신체적 · 정서적 변화의 힘에 대항하는 것으로 볼 수 있다. 가족에게서 분리되는 것, 특히 어머니에게서 분리되는 것은 문제가 되며 거대한 갈등을 불러일으킬 수 있다. 그 근본적인 마음에는 욕망하면서도 벗어날 수 없다고 느끼는 내면화된 지배적인 어머니가 포함되어 있다고 보인다. 커팅은 무의식적으로 자신의 모든 몸의 경계를 가로지르고 있는 내적 어머니, 필요로 하면서 동시에 비난받아 마땅한 어머니를 공격하는 것이다. 버려짐, 방임과 자기보호는 자해를 일으키기 쉬운 요인들이다. 이런 면에서 자해는 정신적 갈등의 혼돈과 양가성에 투사적 동일시된 상태에서의 행동화(acting out)라고 볼 수 있다. 이런 양상은 청소년기의 두드러진 특징이기도 하다.

5장과 6장은 임상적 주제를 논의한다. 5장에서는 구조화와 비밀 유지, 상담 기간 등 실용적인 부분, 꿈의 재료를 통해 무의식적인 내용을 해석하는 것, 침묵에 대한 작업 등과 같은 보다 복잡한 내용을 다룬다. 분석과정의 심층적인 특성, 성찰과 은유에 대한 작업도 다룬다. 6장에서는 전이와 역전이의 구체적인 역동을 논의했고, 투사적 동일시의 강력한 영향력도 살펴보았다. 5장과 6장에서는 임상자료에 대해 꽤 디테일한 부분을 다루고 있다. 치료 작업에 대한 기술이 끝난 지 몇 년이 지났으나 젊은 여성의 신원을 보호하기 위해 모든 인적 사항을 바꾸었고, 외부 사건과 상호작용 역시 변경했다. 내담자 중 한 명인 Anne은 치료 작업의 여러 측면을 공유해 주었고 다른 내담자들의 역시 마찬가지였으며 나의 사고와 이해에 도움을 주었다. 6장의 마지막 부분에서 '새로운' 대상으로서의 상담자에 대한 생각을 논의하였다.

7장은 커팅에 대한 사회적 · 문화적 측면의 의미를 탐색하였는데, 내 사고의 범위는 상담실의 경계를 벗어나 개인 정신을 넘어선 곳으로 나아갔다. 피부에 상처를 내는 것은 모든 세기에 걸쳐 나타났고, 인류학적이고 고고학적인 자료에서 성인식과 신체적 희생에 대한 흥미로운 사례들을 찾을 수 있었다. 구원에 대한 소망을 몸에 표시하는 것은 종교적 행위의 일환이었다. 현대 사회의 피어싱과 문신은 사회적으로 수용되는 행위들이고 특정한 집단의 특성을 드러내는 멤버십의 표시로 사용된다. 커팅은 치유, 회유, 정화와 관련된 의미를 가진 문화적 유산 중 일부이기도 하다. 이러한 문화적 전통을 이해하는 것이 자해하는 사람에게 도움이 되지 않을 수도 있다. 그러나 보다 광범위한 맥락 안에서 자해 증상을 탐색하려는 상담자들에게 도움이 된다. 이러한 자료들은 우리 시대의 자해의 의미뿐 아니라 자신의 몸을 공격하는 것을 좀 더 수용적으로 받아들일 수 있는지에 대한 다양한 관점을 보여 준다. 이에 대한 생각들을 소개했고 가설도 제기해 보았다. 마지막으로, 8장에서는 각기 다른 생각과 의미를 제기하고 논의했으며 자해에 대한 여러 가지 모델을 제안하였다.

자신의 몸을 공격하는 젊은 여성의 이야기를 경청하고 치료하고 분석하면서 나 역시 압도되고 갈팡질팡하기도 했으나 유익한 자료들을 얻을 수 있었다. 이런 과정을 거치며 자해에 대한 새로운 생각을 도출하였다. 우리는 도그마와 뻔한 해석적 관점을 피하고 젊은 여성의 경험을 새롭게 바라볼 수 있는 공간을 발견하였다. 이것이 이 책을 집필하면서 내가 다가가고자 한 태도이다. 이 책이 자해하는 사람들을 돕고자 하는 사람들에게 생각할 거리를 주고, 임상적으로 도움이 될 수 있기를 바란다.

# 02 자해의 의미: 의식적 추론과 무의식적 동기

## 자해하는 여성과 소녀의 욕구

자해 행위 자체는 잠시 동안이지만 기분을 낫게 해 주고 정신적 고통을 견딜 만하게 경감해 준다. 다른 사람들에게 고통받고 압도되는 느낌, 정서적인 괴로움과 무력감을 느낄 때는 몸에 고통을 가하는 것이 확실한 해결책이 되곤 한다. 자해하는 사람들은 이 해결책이 답인 것 같다고 말하지만, 그들의 친구나 친척, 전문가들에게는 바로 그 해결책이 문젯거리이다. 자해하는 사람들에게 커팅(긋기)은 몸을 소유하고 통제하는 방식이며 정서적 우울감을 해소하는 해결책이 되기도 한다. 자해하는 젊은 여성들은 타인에 의해 압도되고 괴로움을 느낄 때, 복잡하고 통제할 수 없는 욕구로 힘겨울 때 자신의 몸을 공격하게 되고, 이런 공격적인 행동에서 안전감과 이완감을 얻는다. 자해를 통해 정서적 고통은 신체적 고통이 된다. 신체적 고통은 정서적 고통에 비해 좀 더 다루기 쉽다. 몸과 자기(self)를 은유적으로 구분 지음으로써 고통이 분산되기 때문이다.

Anne은 집중 심리상담을 위해 클리닉에 의뢰되었다. 그녀는 대부분의 시간을 긴장과 불안감 속에서 지내고 있다고 말했다. 그녀는 최근과 과거에 그녀에게 일어났던 일이 계속 생각난다고 했다. 갑작스레 떠오르는 이미지와 플래시백, 과거로부터 이어진 두려운 느낌들이 그녀의 마음을 채우고 있었다. 자해를 하고 나면 이완감이 찾아오고 긴장이 사라졌다. 그녀가 살을 그었을 때 느껴지는 고통은 다른 생각을 하게 했고, 팔에 흐르는 피를 수습하는 실제적인 행위들은 정신적 긴장에서 벗어나게 해 주었다. 또한 그녀는 자신의 몸과 자기 자신을 싫어한다고 말하면서, 능동적으로 자신의 몸에 상처를 입히는 것이 힘든 느낌들과 맞서는 방법 같다고 말했다. Anne은 치료 초기에 "자해를 그만두라고 하지 마세요. 자해를 할 수 없으면 나는 죽을 거예요."라고 말했다. 이 말은 그녀의 사로잡힌 갈등이 집약된 표현이었다. Anne이 자신의 갈등을 이루는 요소들의 진짜 의미를 알게 되기까지 수년이 걸렸다.

정신분석적 심리상담에서 만나는 젊은 여성들은 반복된 자해 경험을 통해 힘든 느낌이나 불안을 다루는 방법으로 커팅을 하는 경향이 있다. 트리거가 되는 것은 주로 유기에 대한 위협을 달래 주던 가족이나 친구와의 다툼이 있을 때였다. 예를 들어, 친구와 싸워 사이가 틀어질 때, 교사에게 적대적인 말을 들었을 때, 부모에게 명백한 거절을 당했을 때 자기에 대한 공격이 촉발되었다. 이러한 사건이 일어난 후에 자신의 표출되지 않고 만성적으로 억압된 분노가 상대

방을 파괴할지 모른다는 두려움으로 이어져 불안했고, 이로 인해 자신의 욕구가 충족될 희망을 잃어 버리는 것처럼 보였다. 그리고 그 트리거는 소유하고 싶으면서 동시에 제거되기를 원하는 대립하는 정신적 힘 사이에서 진동을 일으키거나 메아리치며 마음을 뒤흔든다. 자해 행위는 마치 마음속에서 일어나는 파괴성과 절실한 갈망이 얽히고설킨 갈등을 돌파하고 나가는 상징적 행위로 보인다.

젊은 여성들은 자해 행위를 하게 하는 상황을 발달시켜 가면서 정당화하기도 한다. 어떤 여성들은 '이건 내가 할 수 있는 거야.', '기분을 나아지게 하기 위해 필요한 일이야.'라는 것에서 더 생각을 확장하지 못한다. 또 어떤 여성들은 상담실에 다니면 상담자가 자해를 못 하게 할까 봐 걱정했다. 어떤 여성들은 자신에게는 복잡한 이유가 있고 그것이 자해의 필요성을 불러일으킨다고 여기면서 어린 시절의 힘든 사건들에 대한 느낌과 연결시켰다. 많은 경우, 아동기의 힘든 경험은 청소년기를 혼란스럽게 하고, 초기의 힘든 경험과 불안, 괴로움을 불러오며 자기 파괴적인 경향을 일으킨다. 내 경험에 따르면 어떤 젊은 여성은 자신의 행동 동기를 이해하며 치료적 가치를 발견하는 반면, 좀 더 혼란이 심한 사람은 이런 통찰에 도달하지 못한다. 그들은 예측하기 어려운 감각을 다루기 위해 분투하면서 조절할 수 없는 정서적 압박을 간신히 버텨낸다.

심리상담 경험이 쌓이면서 많은 내담자는 자신의 경험에 대한 감정을 표현할 수 있고, 대부분은 삶의 초기의 고통과 이후의 증상이 연결되어 있다는 깨달음을 얻는다. 어떤 여성은 심각한 트라우마를 경험했던 반면, 어떤 사람은 그 고통에 대한 분명한 인과 요인이 없었다. 고의적인 자해로 의뢰된 15명의 젊은 여성 중 4명은 성적인 학대를 겪었고, 8명은 별거와 이혼 가정의 자녀였으며 헤어진 부모와의 접촉이 거의 없었는데 4명은 아버지를, 4명은 어머니를 만나지 못했다. 또 다른 경우는 입양아였는데, 그녀의 어머니와 아버지 둘 다 자신을 떠났다고 느꼈다. 이 젊은 여성 중 4명은 사립학교를 다녔는데, 정서적으로 방치되었고 가족에게서 거절당했다고 느꼈다. 3명은 가족들과 지나치게 연결되어 있었고 성공해야 한다는 강한 압박감을 느꼈다. 누군가는 하나 이상의 트라우마를 확실하게 경험했던 반면, 누군가는 특정한 트라우마를 겪었다기보다 전반적으로 방치되거나 정서적으로 학대당했다.

Lucy는 18세에 커팅을 과다하게 반복하여 심리상담에 의뢰되었다. 그녀는 자신의 남자친구에게 너무 관심을 보인다고 비난했던 친구와 싸운 후 약물을 과다복용했다. Lucy는 아버지와의 관계에 어려움이 있었다. Lucy의 아버지는 그녀가 아기였을 때 가족을 떠났고 지금은 해외에 살며 일하고 있었다. 유년기에 그녀는 아버지와 휴일을 보내곤 했는데, 아버지는 자주 화를 냈다. 그리고 함께 지내던 아버지의 여자친구는 마음에 들지 않았다. 13세가 되어서 Lucy는 아버지와 더 이상 만날 수 없었다. Lucy는 아버지에 대해 혼란스러운 감정을 느꼈고, 아버지를 비난했던 어머니에게 화가 났으며 실망이

켰다.

마침내 Lucy는 아버지를 다시 만나 보기로 결정했다. 아버지에게 전화를 하거나 편지를 쓰는 방법에 대해 얘기했으며 아버지를 직접 방문해 보기로 했다. Lucy는 의식적으로는 아버지의 동정과 이해를 바란다고 말했지만, 어느 날 자해를 하고 약물을 복용한 직후 아버지에게 전화했다. 그녀의 아버지는 "무슨 짓이냐."라며 무시했고 Lucy의 행동을 "멍청하고 극적인 짓"이라고 말했다. Lucy는 이런 대화를 한 후 슬프고 화가 나서 곧바로 팔을 심하게 그었다. 이후 상담 회기에서 아버지에게 충격을 주고 싶은 강한 욕구와 어릴 때 자신을 버린 후에 무관심했던 것에 대한 분노를 탐색해 볼 수 있었다. 이러한 장면에서 전개되는 역설적인 몸짓을 보자. 그녀는 아버지에게 안전하게 보호받고 싶었지만 아버지는 무관심했다. 이로 인해 상한 마음은 자신의 팔에 해를 입히는 것으로 표현되었다. 자신의 몸을 공격함으로써 Lucy는 자신이 얼마나 화가 났는지, 얼마나 상처받았는지를 부모와 친구들에게 보여 주고자 했다. 또한 아버지가 자신에게 신경 쓰고 있는지를 알고 싶어 했다.

1995년 브리스톨(Bristol) 연구는 심리상담을 받으러 다니는 젊은 여성들에게서 발견되는 힘든 삶의 경험을 유형화했다. 응답한 성인 여성 대부분(62%)은 어린 시절의 경험들만으로 그들이 해를 입었다고 믿었고, 다른 여성들은 어린 시절과 어른의 경험이 모두 영향을 미쳤다고 느꼈다. 그녀들은 어린 시절에 다양한 형태의 학대와 박탈을 경험했다. 가장 흔한 형태는 성적 학대와 방임(49%)이었으며, 비슷한 수준으로 정서적 학대를 겪었고, 1/4에서는 신체적 학대가 있었다. 또한 다양한 형태의 학대와 방치는 서로 깊은 관련을 맺고 있었고 방임과 정서적 학대로 고통받았던 여성들은 신체적 학대와 성 학대를 겪었다. 어떤 여성들은 숱한 가정폭력을 목격하였다. 사망이나 이혼으로 인한 분리, 부모의 질병이나 알코올 중독 역시 중요한 원인이 된다. 가족 안에서 겪은 의사소통의 부재 역시 자신의 괴로움을 표현하는 수단으로써 자해를 하게 되는 원인이 되었다고 느꼈다. 이 조사는 이런 여성들 중에서 초기의 학대와 방임 경험이 성인기의 관계에서도 반복되고, 자해를 지속하는 데 영향을 준다고 보고하였다(Bristol Crisis Service for Women, 1995a: 10).

## 분석적 발견

이 책의 주제는 자해의 근본적인 의미가 초기 아동기의 경험에서 기원한다는 것이다. 자해 행위의 트리거가 되는 사건은 오래된 패턴과 상처에 뿌리를 두고 있다. 자해 행동에 대한 심리역동적이고 정신분석적인 설명은 인간의 삶에서 초기 관계가 중요하다는 점을 강조한다. 특히 한 개인이 어떻게 트라우마적이고 학대적인 사건에 내적으로 응답하고 그 사건이 정신적 상상과 환상에 영향을 남겼는지를 중요하게 본다. 이런 관점에서 자해는 삶의 초기, 사춘기에서 온 심리적 교란을 표현하는 하나의 증상으로 청소년기 동안 주로 나타나며, 이 시기 정신 상태의 특징을 이룬다. 이 점은 4장에서 자세히 다루고 있다. 자해를 반복하는 사람들은 마치 자해가 자신의 깊은 괴로움을 전달하는 유일한 방법인 것처럼 여기며 이를 반복한다. 언어로 그 괴로움을 전달하지 못하기 때문이다.

정신분석적 문헌은 상실, 분리, 버려짐, 학대와 방임을 자해하는 젊은 여성의 경험을 구성하는 주요한 측면으로 본다. 성적 · 공격적 요소에 대한 분석적 문헌 내에 있는 주요 주제들은 자해를 자기 파괴적 충동으로 본다. 즉, 몸의 어떤 부분에 대한 공격은 전체를 대체하는 역할을 한다고 본다. 그리고 성적인 몸을 향한 증오와 혼돈에 대한 부분은 3장과 4장에서 더욱 깊이 다루었다. 2장에서는 자해가 도구를 습관적으로 사용하는 점, 소통의 매개체로서의 피부를 포함하여 다양한 방법을 사용하는 역설적인 몸짓이란 점에 초점을 두었다.

분석적 관점에서 볼 때 부적절하고 파괴적인 초기 대상관계는 자해에 영향을 주는 중요한 요소들이다. 이런 경험은 이후에 친밀한 애착을 형성하고 의미 있는 관계를 갖기 어렵게 한다. 이런 경험이 내면화된 내적 대상관계들은 이후의 대인관계에 영향을 주며, 심리상담에서는 전이 관계를 통해 나타난다. 관계 안에서의 퇴행적 특징 또한 자주 감지된다. 퇴행적 특징은 초기의 결핍을 충족시키고자 그 사람과 계속적으로 접촉하려는 시도로 나타난다. 이런 특징은 자신의 몸을 공격하는 사람들이 가진 자기애적 성향과 자가성애적 측면으로 연결된다. 방임과 신체적 성적 학대와 같은 트라우마 사건들은 이후에 스스로를 해하는 것과 연결되며, 몸에 대한 경험의 근원적인 변화가 일어난다. 초기의 부정적인 돌봄 과정과 불안정한 애착이 내면화된다는 것은 일반적으로 동의된 사실이다. 이런 경험을 가진 청소년들은 분리개별화를 둘러싼 갈등에 휩싸여 있으며, 분리개별화는 초기의 불안정한 애착에 의해 악화된다. 이제 자해의 원인에 초점을 맞춘 좀 더 유용한 연구들을 살펴보려고 한다. 이러한 분석적 연구는 소수의 내담자나 한 개인에 대한 치료를 바탕으로 하는 경향이 있다.

이 책의 가장 가치 있는 자료들은 1960년대 말 자해 심포지움에서 온 것이다. Podvoll(1969)은 누군가 자신의 몸에 그 누구와의 나눔도 없이 혼자 행하는 자해 행동의 외로움에 대해 썼다. 자해 행동은 누군가 다른 사람들에게서 완전히 단절되고 멀어지는 느낌을 받을 때 일어나며, 이때 현상과 동기가 분열된다. 그는 세 가지 역동을 강조했다. 첫 번째는 "깊은 의존에서 벗어나는 것으로, 자신의 몸을 자가 성애적으로 이용하며 의존하던 원시적인 사랑의 대상을 향하는 상징적인 소망에서도 벗어나고자 하는 것"이다. 다른 말로 하자면, 누군가에 대한 의존에서 벗어나 분리되고 자기충족적인 상태로 옮겨가려는 반응적인 움직임이라고 볼 수 있다. 두 번째는 "자신의 육체를 경멸스럽게 다루고 더 많은 자기애적 충동을 누그러뜨리기 위한 시도"라는 것이다. 이는 몸에 대한 증오이다. 세 번째는 내담자가 공격성을 "자신의 내부에 고정되어 있어 파괴할 수 없는 것처럼 보이는 대상으로 전환하는 것"인데, 이러한 방식으로 내담자는 자신 안에 깊이 분열되어 있는 이상화된 대상을 온전하게 보존할 수 있다. 공격성이 자신의 내부로 향하는 이유는 타인에 대한 통제할 수 없는 공격성에서 느껴지는 파괴성에 비해 자신을 공격하는 것이 안전하다고 느끼기 때문이다(Podvoll, 1969: 220).

Pao의 연구(1969)는 병원에 입원해 있는 어린 자해 여성 내담자들에 초점을 두었다. 이들은 섭식장애, 다양한 자해와 자살 시도 등의 증상이 있었다. 이들에게 증상이 나타난 것은 12세에서 14세였으며, 외래로 치료를 받다가 결국 입원하게 되었다. 이들의 발달사에서 나타난 특징은 가족 체계 안에서 어머니가 중심적 역할을 하고 있는 반면, 아버지들은 주변에 머무르는 경향이 있다는 점이다. 유아기 중 어머니의 양육이 부실하거나 어머니의 질병, 다른 형제의 출산, 부부관계 문제와 같은 상황도 포함되었다. 이로 인해 어머니의 돌봄의 질과 양에 변화가 잦았다. Pao에 따르면 내담자들은 자신의 공격성에 대한 두려움이 컸고 여성의 성에 대한 혐오감을 가지고 있었다. 그들은 사회적으로 고립되기 일쑤였고 동성 친구 관계를 유지하는 데 문제가 있었다.

Pao의 관찰 중에서 흥미로웠던 것은 내담자들이 커팅을 할 때 '자기 몰두된 또 다른 자아' 상태가 된다는 점이다. 이런 상태에서는 주변을 인식하지 않으며, 그 순간 그 누구와도 관련되지 않은 감각을 가진 자가성애 상태가 된다. 이 상태의 자아는 퇴행이 일어나 가학적이고 피학적인 동시에, 욕동에 지배된 행위에 봉사하는 독자적인 자아에 항복한 상태이다(Pao, 1969: 198). 의식은 유보되어도 자신의 신체는 통제할 수 있고, 자신이 한 것을 기억할 수 있다. 그러나 자기 몰두된 자아에 지배된 정신 상태는 이인화나 비현실감을 경험하는 것과 비슷하다고도 볼 수 있다. Pao는 이인화 상태에 있는 사람들이 자신의 상태를 자각함에도 행위에 참여한다는 감각이 무뎌지는 반면, 자해의 경우는 그와 반대임을 강조한다. 즉, 자해 내담자들은 자해 경험에 깊이 관여하는 반면, 자신의 상태에 대한 자각은 거의 없다. 임상적 관찰을 통해 보면, 자해 내담자들은 상실과 분리로 인해 공격적인 느낌이 생겼을 때 자해한다. 상담자가 휴가를 떠날 때나 내담자가 퇴원하는 등 실제로 분리가 일어났을 때도 해당된다. Pao는 치료 중인 내담자들이 가진 분리나 버려짐에 대한 어려움을 가능한 한 빨리 다루어야 한다고 제안했다. 치료 초기 단계에 있는 상담자들은 내담자 스스로 상담자와 연결되려는 단계에 다다를 때까지 연결을 유지할 책임을 져야 한다.

Podvoll과 Pao의 연구는 각기 다른 용어를 사용하고 있지만 해리(disassociation)를 다루고 있다. 해리는 자해와 상당한 연관성을 가진 개념이다. 해리 상태에서는 각성의 방해가 일어난다. 이 상태에서는 자해를 해도 고통을 느끼지 못하기도 하며, 어떤 내담자는 무언가를 느끼기 위해 자해를 하기도 한다. 해리는 기원이 되는 트라우마 경험을 분리시키고 고립시킨다. 해리는 심각한 트라우마에 대해 적응적이며 자동적으로 일어나는 역동적 반응으로, 일어났던 고통과 현실에서 도망치고 정서적 괴로움을 피하게 해 준다. 트라우마와 관련된 경험에서 위협을 느끼면 그 사람은 다시 정서적으로 '차단'된다. 아이러니하게도 커팅 행동은 일어날 일(고통스러운 트라우마)을 다루는 방식으로 사용된다. Orbach(1994)는 해리 경향을 파괴적 행동의 독특한 요소로 보았다. 해리는 몸에 대한 감각과 자기와 세계의 경험에 대한 감각을 모두 제한하는 과정이라는 것이다. 이후에 살펴보겠지만, 트라우마 자체뿐 아니라 트라우마를 연상시키는 대상을 떠올리는 것만으로도 매우 고통스럽다. 이 때문에 일어난 것들에 대한 상징적인 정신적 표상이 형성되지 않는다. 이 모든 것은 상담 작업 안에서 다뤄져야 한다.

Simpson과 Porter(1981)는 커팅이나 태우기로 자해하고 입원한 16명의 소녀와 4명의 소년을 연구하였다. 이들의 연구 결과는 자해 행동의 범위와 아동기 경험의 악영향, 공격에 연루된 비통한 절망감 등 내 연구와 많은 유사점을 가지고 있다. 이 중 12명의 청소년은 심각한 자살 시도를 하였고, 6명은 자살 사고 상태였지만, 그들 중 누구도 자살하려는 의도로 커팅이나 태우기를 한 것은 아니었다. 그들 대부분은 알코올이나 약물을 남용하고 있었다. 저자들은 신체적 학대와 성적 학대, 자해 행동과 관련된 버림받은 느낌 등의 변수를 연구했다. 연구 결과는 대부분에게서 초기 아동기에 실제로 버림받은 경험이 있었음을 밝혔다. 부모 중 한 명이나 둘 다 집을 떠났고, 대체 양육자의 돌봄은 부적절했다. 소녀 12명과 소년 1명은 부모에게 신체적 학대를 당했고 9명은 가까운 가족 구성원들과 부적절한 성적 접촉을 경험했다. 대부분의 참가자는 고립에서 오는 절망감, 사랑스럽지 못했다는 느낌을 토로했다. 그들은 관계를 추구했지만 의미 있는 애착을 맺지 못했다. 이들에게 있어서 자해는 아동기에 경험한 신체적 고통과 비슷한 신체적 자극의 형태로 보였다. 또한 공격적 느낌과 자기 처벌적 요소, 성적인 느낌과 성적 행동의 중심축으로 작용했다. 결국 자해는 그들의 절망을 알리고 도움을 요청하는 비언어적인 호소로 볼 수 있다.

Daldin(1991)은 상당수의 자해 내담자가 상실감과 깊은 우울, 비극적인 알코올 중독 상태에 빠져 있다는 연구를 발표했다. 또 하나의 특이점은 상당수의 내담자가 6세 이전에 신체적 학대와 외과수술 경험이 있었다는 점이었다. 이들은 대부분 월경이 자신을 비참하게 한다고 느끼며 두려워했다. 그의 내담자인 Chris는 혼란스럽고 힘겨운 어린 시절을 보냈다. 부모는 언어적 · 신체적 다툼이 잦았고 그녀가 두 살이 되던 해에 이혼했다. Chris는 혼란 속에서 큰 사건들을 겪으며 자랐다. Chris는 병원에 입원한 6주 동안 집중적인 분석상담을 받았고 퇴원 후에도 상담을 지속했다. Daldin은 회기에 대한 디테일한 자료를 남겼고 이는 자해 내담자를 이해하는 데 매우 유용한 자료가 되었다. 외래 내담자로 참석한 첫 회기에서 Chris는 자해를 했다고 보고했고, 그녀의 연상 작용은 병원에서 퇴원하는 것으로 이어졌으며, 어린 시절 부모에게 버림받은 경험으로 이어졌다. Chris는 점점 화가 나고 우울해졌으며 자신이 혼자라고 느꼈다. 그녀는 재킷에서 핀을 꺼내 왼쪽 팔뚝을 깊이 찌르고 나서 엄지와 검지 사이의 살점을 찔렀다. 그녀는 "이것 보세요. 나는 찌를 수 있어요. 그리고 다시 빼요……. 아무것도 느껴지지 않아요……."라고 말했다(Daldin, 1990: 285). Daldin은 Chris의 분노가 자신이 그녀를 퇴원 조치한 것을 거부당했다고 느꼈기 때문에 생겨났다고 해석했다. Daldin은 그녀가 자신 앞에서 자해를 한 것은 다시 입원 내담자로 인정하도록 강요하는 행동으로 느꼈다. Chris는 이 해석을 받아들였고 핀을 버렸다. Daldin은 Chris가 자신의 성적이고 공격적인 감정을 의식화하고 마음에 간직할 수 없었다고 평가했다. 오히려 그녀는 자신의 그런 감정들을 행동으로 옮겨야 한다고 느꼈다.

Laufers(1984)는 청소년의 붕괴에 대한 훌륭한 보고서를 통해 다양한 개념을 소개한다. 몸을 사용하는 것은 청소년의 모든 감정과 환상을 표현하는 통로로 작동한다는 것이다. 관계를 맺는 데 어려움이 있는 청소년의 정신은 상당히 취약하며 발달적 교착 상태에 놓여 있다. 그들은 성인기로 진입할 가능성이 희박하고 의존으로 퇴행할 수도 없어 보인다. 그들은 자기 파괴적인 행동이 유일한 통로인 것처럼 행동하며, 몸은 이러한 상태를 재현하는 곳이 된다. 이는 4장에서 좀 더 논의한다.

## 역설적 몸짓

몸을 공격하는 것은 본질적으로 눈에 보이는 파괴적인 행동을 통해 삶을 버티고 이어 가고자 하는 욕망을 드러내는 역설적인 몸짓이다. 커팅은 주의를 산만하게 해서 내적 고통을 제거하는 방식으로 기능한다. 여기에서의 역설은 그 행위로 일어난 신체적 고통이 정서적 죽음 상태와는 대조적으로 어떤 종류의 감정을 불어넣는다는 것이다. 자신의 몸을 공격하고 고통을 가하는 것이 아이러니하게도 어떤 청소년에게는 고통으로 경험되지 못하고 해리되며, 어떤 청소년에게는 살아 있음을 느끼게 해 준다. 상담실에 온 내담자들은 자해를 하기 전에 반쯤만 살아 있는 것 같고 공허하며 비현실적인 느낌이 든다고 말한다. 정서적으로 죽어 있는 느낌은 자신의 몸에 고통을 가하는 것으로 대체된다. 피부를 긋거나 태우는 자해 행위는 마음의 고통이 아닌 살갗의 상처에 집중하게 한다. 스스로를 다치게 하는 것은 하나의 해결책이고, 긴장을 낮추고 문제를 직면하게 하며 그들의 삶을 살아갈 수 있게 해 준다. 어떤 내담자에게는 자해가 처벌로 작용하는데, 이 경우에는 자신이 나쁘다는 느낌과 자기혐오감를 완화해 준다. 어떤 젊은 여성은 몸을 공격하는 것이 스스로를 통제하고 자신의 느낌을 아는 데 도움을 주었다고 말했다.

Losie는 불이 붙은 담배를 팔에 가져가 피부가 타는 냄새가 나고 소리가 들릴 때까지 눌렀다. 그녀는 그 순간 유일하게 고통을 느낄 수 있다고 주장하고 "다시 현실감을 느낀다."라고 말했다. Losie는 이 말이 무엇을 의미하는지를 설명하기 어려워했지만, 낯설고 비현실적인 느낌을 종종 토로했다. 피부를 태워 자해하는 경험은 자신과 다시 연결되려는 압력으로 보이며, 그녀는 다시 한번 책임감과 통제감을 느꼈다고 말했다.

## 중독과 위기, 위험, 죽음을 둘러싼 환상

이제 자해 행동의 반복적 특성과 중독적인 측면을 이해해 보고자 한다. 최초의 커팅 행동은 긴장을 완화해 주고 견딜 수 없는 느낌과 대면하게 해 주는 등의 자기 위안의 방식이 된다. 그러나 자해 행동에 반응하는 각각의 방식에 따라 자해를 다시 할 것인지 여부에 영향을 준다. 일반적으로 자해를 반복하게 하는 요인은 수없이 많다. 최초 행위의 원인이 되는 상황이 여전한지, 커팅이나 때리기, 태우기 등의 행동에 대한 신념이 어떠한지, 최초의 자해 행동에 대해 자신과 다른 사람의 정서적 반응은 어땠는지, 자해 행동으로 인해 기분 좋은 변화가 있었는지 등이다(Holmes, 2000). Tantam과 Whittaker(1992)는 두 가지 이상의 요인이 결합되어 나타난다고 보았다. 첫째, 자해 행동은 다른 사람들에게서 원하는 반응을 만들어 낸다는 점에서 강압적일 수 있다. 둘째, 자해 행동을 통해 생화학적 변화가 일어나고 엔돌핀의 방출되어 기분을 좋게 해 주는 효과를 얻으면, 이것이 조건화되거나 혹은 상징적으로 기분을 완화시켜 주는 느낌을 준다. 나는 이 두 요인 이외에 다음의 두 요인이 더 중요하다고 생각한다. 첫째는 자해 행동을 감행하는 역치가 낮아지면서 반복이 쉬워진다는 점이고, 둘째는 두려운 흥분을 갈망하는 상태가 된다는 점이다.

"죽음에 대한 생각이 이어지는 과정에 쾌락이 없는 것은 아니다" (Haim, 1974: 208). 여기서 나는 어떤 젊은 여성이 '두려운 흥분'을 느끼며 위험한 상황을 감수하는 것에 강하게 매료된다는 점을 강조하고자 한다. 이것은 마치 화상을 입을 위험을 감수하고 불장난을 하는 것과 비슷한 모호한 쾌락으로, 이 쾌락 안에는 피학적 요소가 포함된다. 몸을 공격하는 것에는 내면의 불확실과 불안을 다루려는 측면이 있다. 커팅이나 태우기, 때리기의 극단적인 형태는 자신을 죽음으로 내모는 느낌을 준다. 그리고 삶이 걷잡을 수 없이 흔들릴지 모른다는 불안에도 불구하고 스스로의 시간과 파괴되는 방식, 죽음조차도 통제할 수 있다는 환상을 가지게 한다. 환상 속에서는 스스로를 더 어린아이로 경험하며, 부분적으로는 고통스럽고 견딜 수 없는 느낌을 죽이고 자신의 행복한 부분을 살아나게 한다. 자해하는 사람들의 상징적 행동은 자율성으로 보이지만 궁극적으로는 의존하고 싶다는 것을 드러낸다. 여기서의 역설은 스스로 죽을 수 있다는 신념 안에 자신이 살아 있고 자유롭다는 인식이 존재한다는 점이고, 이런 면에서 더 이상 의존적인 아이가 아니라는 생각을 하게 된다는 것이다.

죽음에 대한 두려움, 불확실성에 대한 공포는 필연적으로 살아 있음에 대한 두려움, 삶에 너무 집착하고 있다는 두려움을 불러온다. 같은 방식으로 어머니와의 초기 애착 형성에 실패한 젊은 여성, 좀 더 후기에 학대적인 애착을 경험한 여성들은 다른 타인과의 관계를 두려워하게 되는데 이는 치료적 관계에서도 나타난다. 스스로에게 치명적인 위해를 가하는 것은 자신이 존재하고 있음을 상기시키는 반면, 자신의 실존과 친밀한 관계 형성에 제한을 가하는 것이다. 관계에 대한 두려움은 친밀함에 대한 욕구가 있다는 것을 인정하는 것이며 자기 파괴적인 부분은 그런 욕구를 말살시키고자 하는 바람과 연결된다.

정신분석 이론의 상당 부분은 죽음본능 개념과 연결되어 있다. Freud(1920)는 죽음본능을 파괴와 해체, 죽음을 향하는 인간의 본능으로 보았다. 그는 죽음본능을 무기물 상태로 돌아가려는 생물적인 욕동(drive)으로 보았다. Segal은 죽음본능을 생물학 개념으로 보면서 심리적 측면을 강조했다. 죽음본능은 '욕구를 멸절시키려는' 욕동, 즉 경험하는 자기를 지각하는 것뿐 아니라 지각되는 모든 것을 멸절시키려는 욕동이라는 것이다(Segal, 1993: 55). 그녀는 죽음본능이 어떻게 강력한 투사를 통해 역전이 안에서 상담자를 죽음에 대한 느낌으로 몰아가고 마비시키는지, 공격과 처벌의 느낌을 자극시키는지 묘사했다. 모든 생명력은 상담자의 책임이 되고, 상담자는 자신이 상담의 모든 과정과 내담자를 살아 있게 한다고 느낀다. 내담자는 다른 사람과 친밀해지고자 하는 욕구를 인식함으로써 느끼는 고통을 피하고자 한다. 이것은 자기에 대한 정서적 공격, 때로는 실제적인 물리적 공격이나 다른 사람에 대한 정서적 공격으로 향하게 된다. 이때, 다른 사람들은 너무도 절실하게 필요하므로 증오와 시기의 대상이 된다. 이런 심리적 역동은 매우 불안정한 내담자들에게 나타나며 6장에서 자세히 다룬다.

Joseph(1982)은 죽음본능에 대한 논문에서 자기 파괴와 연결된 리비도적 만족을 다루었다. 그녀는 특히 이런 복잡함이 인간의 내적 관계를 구성하고 있고 이것이 상담자와의 전이에 나타난다고 보았다. 그녀는 "이런 종류의 피학적 성향에 대한 깊은 중독성, 그것이 가지고 있는 매혹과 그 성향을 유지하는 것"이라는 문장을 통해 그 특성을 말하였다(Joseph, 1982: 450). Joseph은 중독이 중독 상태에 매료되고, 무언가를 반복하는 정신적 활동과 연관되어 있다고 설명한다. 이런 과정은 사고와 발달에 역행하는 안티테제이다. 이런 내담자들은 자기의 일부가 대상의 불쾌한 부분들과 동일시된 몸의 부분들로 향하면서 비밀스러운 폭력의 세계로 철수한다. 이런 폭력은 성애화되어 나타나는데, 본질적으로는 자위의 차원이며 신체적으로 표출되기도 한다(Joseph, 1982: 455). Joseph이 제시한 것들의 예는 헤드뱅잉, 머리카락 뜯기 등인데 이런 신체적 행동은 말로 표출하는 것과 동등하다. 중독이 가진 이런 특성으로 인해 중독은 극복하기 어렵고, "절망과 죽음에 가까워지도록 끊임없이 끌어당기는 역할을 하여 내담자가 전체 과정에 매료되고 무의식적으로 흥분하게 된다"(Joseph, 1982: 456). 여기서 나는 중독을 공격에 의해 생성되는 '두려운 흥분'이라고 말한 감각과 같은 것으로 본다.

Shanon은 섭식장애로 상담에 의뢰된 내담자로 거식증와 폭식증이 극적으로 교차되어 나타났다. 청소년기 몇 학기는 체중이 유지되었지만 과음과 약물복용이 시작되었고 팔을 깊이 긋는 행동과 몇 차례의 자살 시도, 약물의 과다복용으로 발전되었다. 어느 날 그녀는 어머니 집의 2층 창턱으로 올라가 뛰어내리겠다고 위협하는 소동을 일으켰다. 수많은 사람이 그녀를 구조하기 위해 몰려들었고 소동이 이어지자 이웃에서 항의가 들어왔다. 이후에 Shanon은 자신이 처한 이 상황을 얼마나 즐겼는지, 그녀와 다른 주민들이 어떤 상황에 처했는지, 그들 모두가 시도했던 다양한 방법을 얘기했다. 이 모든 소동은 Shnon이 자기 파괴를 위한 드라마와 흥분을 필요로 했던 것임을 보여 준다. 그녀는 자신이 무엇을 했는지에 대해서는 말했지만, 자신의 행동의 배경에 있는 이유와 의미에 대해서는 생각하려 들지 않았다. 그녀의 자해는 전이의 측면에서 볼 때 상담자와 관계 맺는 것을 피하는 방법이었다. 그녀의 극적인 증상들은 자신과 상담자 사이에 거리를 만들었고, 의미 있는 관계로 들어가는 것을 방해했다.

다시 말하지만 여기에도 역설이 있다. 이와 같은 흥분을 필요로 하는 중독과 특별한 관심을 받고자 하는 것은 한 인간으로서 존중받은 경험이 부족하거나 없는 데서 기인한 것으로 볼 수 있다. 어떤 젊은 여성은 자신이 부모의 요구를 충족시킬 때만 인정받았던 것, 부모의 자기애의 확장으로 경험된 느낌을 토로했다. 약을 복용하고 자해를 알리는 것은 공적인 영역으로 들어가는 것으로, 자신에게 특별하고 색다른 기회를 준다. 심각한 방법으로 자해하는 사람들은 그들이 스스로에게 끼칠 수 있는 피해의 양, 스스로 해낸 전능한 생각에 균형을 맞출 만큼 충분히 강력한 성인의 권위적인 개입을 요구하는 것이다.

## 의례와 중간대상으로서의 자해가 함축하는 것

자해 행동이 중독적이고 규칙적으로 반복되면 실제적인 상해를 둘러싼 의식적인 상징과 의례(retual)가 중요해지고 심지어는 자신만의 권리로 여겨진다. 여기서 나는 마술적이고 미신적인 요소들이 치유와 구원을 향한 과정으로 여겨진다는 점을 확인했다. 이런 가정은 Mary와의 상담 작업을 통해 관찰할 수 있었다.

Mary는 벨벳 천으로 감싼 면도칼들을 나무 상자 안에 넣어 침대 밑에 숨겨 두었다. Mary의 어머니는 딸의 자해를 알고 나서 면도칼을 압수했다. 하지만 Mary는 더 많은 면도칼을 구입해서 상자에 넣고 헐거운 나무 바닥 아래에 숨겼다. Mary는 커팅을 그만둔 이후에도 자신의 비밀스러운 물건이 여전히 안전하게 보관되어 있다는 것에서 위안을 받았다. Mary는 커팅을 하기 전에 면도칼들을 꺼내 천 위에 펼친 후 하나를 골랐다. 때로는 칼 하나를 고르는 동안 음악을 틀어 놓기도 했다. 커팅을 한 후에는 피를 닦고 상처를 살피고 밴드를 붙이기 전에 팔을 다시 가려 보았다. 그러고 나서 면도칼을 씻고 특별한 상자 안에 넣어 두는 루틴을 반복했다. 그녀는 상자를 여는 것만으로도 마음이 편해진다고 말했다.

Freud는 이런 식의 행동 반응을 '신경증적인 의례(ritual)'로 불렀다(Freud, 1907: 117). 이런 행동은 강박신경증으로 분류된다. 이런 루틴과 정렬은 동시에 이행되기도 하고 다양한 방법을 통하는데, 상당히 격식을 따르는 행위라는 인상을 준다. 이런 격식들은 그것을 수행하는 사람이나 관찰자에게 의미 없는 행위지만 바뀌지 않는다. 이런 의례적인 행위에서 이탈하면 엄청난 불안이 따라오는데, Mary도 마찬가지였다. 이런 의례는 의식에서는 아무 의미 없는 행동이지만 무의식 차원에서는 어떤 기능과 의미를 가진다. Frued는 이 욕구를 초기의 정서적 갈등으로 돌아가는 의례와 연결시켰다. 기원이 되는 갈등이 의식상에서는 기억나지 않는다 해도 이런 행동들은 죄책감과 처벌에 대한 불안을 보호하는 행동이다(이런 무의식적 죄책감은 학대와 자해 행동 간의 연결을 다룬 3장에서 자세히 기술하였다). 자해를 둘러싼 상징적 의례와 의식은 무의식 차원에서는 처벌과 손상에 대한 보호조치로 이해할 수 있다. Mary가 커팅 행동을 할 때 벌어지는 디테일에 주목해 보면, 스스로에게 가하는 처벌과 손상이라는 인식을 피하거나 전치하려는 시도임을 알 수 있다.

나는 면도칼이나 칼과 같은 자기 파괴 도구에 대한 애착이 중간대상의 일반적인 방식을 패러디하는 것이라고 본다. Winnicott(1971)의 생각에 의하면, 테디베어 등의 특별한 대상에 대한 애착은 분리와 젖떼기를 준비하는 때에 최초의 '내가 아닌 것(not-me)'을 소유하는 것이다. 면도칼과 칼 역시 이런 기능을 갖는다. 이런 것들이 어떤 내담자에게는 안전과 구출, 자율적으로 행동할 수 있는 힘에 대한 욕구를 상징하는 특별한 대상이 된다. Mary에게 면도칼은 도착적인 중간대상으로 작동한다. 심각한 약물 중독에 빠진 젊은이들이 특정 약물을 사용하는 데 필요한 물질과 장비를 의식과 의례로 사용하는 것은 약물의 효과라기보다는 약물을 하는 절차와 대상에 대한 애착으로 볼 수 있다. 면도칼은 일상의 삶이나 평범한 상황에서는 특정 기능을 가진 물건일 뿐이다.

면도칼에 투사된 환상 중 하나는 그것이 무언가를 바꾸고 더 좋게 만들 수 있다는 점이다. 어떤 변화가 일어나고 젊은 여성이 그 물건을 사용함으로써 안도감을 느끼거나 변화를 느낀다면, 그 물건 자체에 변화시킬 수 있는 특성이 주입되고, 그 물건에 대한 애착이 더 커질 것이다. 그리고 그 물건은 믿을 만한 친구, 든든한 동료가 되어 고통을 덜어 준다. 의례가 주는 안도감의 일부는 통제감임이 분명하다. 면도칼과 같은 통제된 대상을 갖는 것은 자신이 경험한 혼란을 견디는 데 도움이 된다. 이런 갈등과 혼란이 성과 연결되기도 하는

데, 다음에서는 몸에 대한 공격을 자가성애의 측면의 반영으로 파악해 볼 것이다.

## 자가성애

여기에서는 약물 중독에 대한 Hopper의 연구를 통해 약물 중독 상태, 약물을 하면서 몸을 공격하는 행동을 고찰하고자 한다. 그리고 특정한 환상에 대한 중독이나 행동에 연결되는 강박성을 살펴볼 것이다(Hopper, 1995: 129). Hopper는 약물에 대한 중독이 환상이나 강박과 연결된 불안을 없애 준다고 본다. 약에 매달리는 것은 특정 유형의 환상에 대한 불안을 대체시켜 준다. 수치심과 죄책감을 자극하는 환상인 경우, 그 중심에는 성적 정체성과 성적인 느낌을 포함한 환상들이 있다. 나는 그의 생각을 받아들여 약물 중독을 반복적인 커팅 행동으로 바꾸어, 성에 대한 갈등적 감정을 처리하는 방법으로 그 행동을 살펴보려고 한다. 4장에서는 자해의 선행요인으로서 이런 주제를 주로 다루고 있지만, 그것은 그 자체로 일종의 자위적 특성을 암시하는 반복적인 행동의 맥락에서 고찰할 가치가 있다. 나는 이미 몸을 직접적으로 공격하는 행동에 사로잡히거나 두려운 흥분을 갈망하는 생각을 언급했으며, 이것은 자가성애의 어떤 형태와 연결된다. Welldon(1998)은 자해에 대해 '도착'이란 단어를 사용하였고, 여성들이 자신의 몸을 성적 기관으로 사용하는 병리적 행동의 징후로 보았다.

이 책에서 '자위'는 모든 형태의 자기자극(self-stimulation)으로 사용되며 몸의 모든 부분을 포함하고 의례화된 자해를 포함한다. '자가성애'는 사람들이 다른 사람의 도움 없이 자신의 몸을 사용해서 만족을 얻는 성적 행동의 한 유형으로 사용된다. 자가성애는 자기애적 장애로 연결된다. 이런 상태에서는 자신을 진실로 사랑하고 가치 있게 여길 수 없으므로 다른 사람을 사랑할 수도 없다.

앞에서 본 것처럼 어떤 내담자는 스스로를 파괴시키는 힘에 사로잡히고 이는 피학적 쾌감과 성적 흥분으로 연결된다. Hopper(1995)는 자위를 자기 치유와 자기 위안의 초기 형태로 보았다. 자위는 보호적인 자기애적 거품 속에 숨어서 안전감 안으로 물러나는 기회를 준다(Hopper, 1995: 1134). Hopper는 어떻게 환상이 자위와 연관되는지, 자위적 행동의 유형은 어떤지를 설명하면서 트라우마 경험을 이해하고 아주 초기의 경험으로 돌아가게 해 준다. 이러한 초기 트라우마는 어머니와 아기 사이의 초기 대상관계의 실패와 같은 것을 포함할 수 있다. 이런 실패의 이유와 상황이 어쨌든 아기는 그 경험을 내면화하고 트라우마로부터 자신을 방어하고 다른 사람 안에서 믿을 만한 장소를 찾지 못한 채 성장하며, 강한 파괴적 충동을 가지게 된다.

다음은 초기의 신뢰를 형성하지 못한 내담자의 사례이다. Amy는 외부 세계에서 좋은 일이 있을 것이라고 기대하지 않았다. 그녀는 사람을 무서워하고 사람과 관계 맺는 것을 싫어했다. 이것은 아마도 고통스러운 기억에게서 자신을 보호하려는 것이었으며, Amy는 자신에 대해 알아 가는 것을 상당히 고통스러워했다. Amy의 어머니는 10대에 Amy를 낳았고 양육을 포기했다. Amy는 안전하게 살 곳을 찾지 못해 생후 6개월 동안 두 군데의 위탁가정에서 양육되었다. Amy의 말에 따르면, 첫 번째 위탁가정은 문제가 많았고 적절하게 돌봄을 받지 못했다. Amy를 입양한 가족은 그녀를 돌보기엔 어려움이 많았고 그녀가 11세가 되었을 때부터는 사립학교에 다니게 했다. 그녀는 두 학교에서 퇴학당했고 중등교육 자격시험을 치르는 해에 세 번째 학교에 갔다. 이즈음에 Amy는 자해와 약물 과다복용, 자살 시도를 했다.

Amy는 상담 첫 회기에는 아무 말도 하지 않았고 심하게 침울해 보였다. 그녀는 꽤 살이 찐 상태였고 가슴과 얼굴과 등에 여드름이 있어 피부 상태가 좋지 않았다. 내가 뭔가 말하도록 격려하거나 우리 사이에서 있을 일에 대해서 설명했을 때, Amy는 내 말을 듣지 않는 것처럼 보였다. 그녀는 상담이 필요 없다고 느끼고 있었으며, 나는 자신을 위해서 모든 결정을 내리는 또 다른 상담자일 뿐이라고 말했다. 그녀는 자신이 원하거나 말한 것에 전혀 주의를 기울이지 않았고, 나와의 상담 관계에서는 초기의 경험을 반복하려는 기대를 가진 것처럼 보였다. Amy는 상담에 오고자 하는 의지가 있어 보였지만, 나와 심리적으로 관계를 맺지는 못했다.

Amy는 나에게 강한 불신과 적대감을 드러냈으나 시간이 지나면서 자신의 외모를 얼마나 끔찍하게 느끼는지를 말하기 시작했다. 그녀는 자신의 몸이 거대하고 이상한 모양을 하고 있다고 느꼈고, 여드름이 모든 것을 훨씬 더 나쁘게 보이게 만든다고 느꼈다. Amy는 남자친구를 원했지만 그녀를 사랑하거나 그녀가 사랑할 수 있는 사람을 만날 수 없다고 생각했다. 몇 달이 흐르자 Amy는 친구를 만드는 것이 너무도 힘겨울 뿐 아니라 친구가 생기면 모든 것이 나빠져서 결국 관계가 깨지고 말았다고 말했다. Amy는 그녀에게 일어났던 일들을 곱씹으며 모든 것이 얼마나 공정하지 않은지, 사람들이 그녀에게 얼마나 끔찍하게 대하는지에 대해서 말했다.

무엇인가가 잘못되었다고 여겨질 때, Amy는 학교 운동장 어딘가에 숨어서 면도칼로 조심스럽게 팔과 배를 그었다. 그녀는 뜨거운 피가 그녀의 살갗을 타고 흘러내리는 느낌과 자신이 만들어 놓은 상처의 모양이 좋았기 때문에 그런 행동을 좋아한다고 말했다. 그럴 때 Amy는 매우 외롭다고 느끼지만, 오직 자신만 있기에 안전하다고도 느껴진다고 했다. Amy는 생모에 대해 표현할 수 없는 감정을 많이 품고 있었지만 그녀가 지키고 사랑하는 아기를 갖고 싶다고 말했다. 그러나 한편으로는 언젠가는 자신이 임신을 하고, 성적으로 무분별하며, 전능하면서도 거부하는 자신의 어머니처럼 될까 봐 끔찍해했다. 이렇게 내면화된 성적이고 전능하지만 거부하는 어머니는 사로잡힌 갈등의 일부를 구성한다. Amy는 이런 심리적 감정에 사로잡혀 있지만, 그녀 역시 제거되었던 것처럼 그것을 없애고 싶었다. Amy는 자신을 입양해 준 부모님을 꽤 좋아했지만 어머니는 불안감이 매우 큰 사람이었다. 걱정이 더 커질까 봐 Amy는 어머니에게 아무것도 말할 수 없었다. 아버지에게는 거리감을 느꼈고 예측할 수 없는 남자로 보였다.

Amy는 친구에게 거절당했다고 느끼면 자해를 함으로써 위안을 얻었다. 이것은 그녀 스스로 해낼 수 있는 사적이고 특별한 행위였고 흥분되면서도 안심되는 것이었다. 자해를 둘러싼 이러한 의례와 팔과 배를 피로 얼룩지게 만드는 것은 나빠진 대인관계에 대한 불안을 전치시키는 역할을 했다. 대인관계에 대한 불안은 그녀의 초기 관계, 즉 자신의 생모에게 거부당하고 최초의 위탁가정에서 방치된 상태로 돌아가는 것처럼 보인다. 이런 행동은 Amy가 아기를 원하는 것과 자신의 배를 긋고 피로 얼룩지게 하는 사이에 어떤 연결이 있는 것으로 보였다. 내 생각에 이런 행위들은 어떤 은유적 표상이다. Amy는 임신에 대한 환상을 가지지만 거절 경험이 너무 고통스러워서 자신의 자궁을 파괴하고 분노를 재연(enact)할 필요가 있었던 것이다. 자신의 살갗에 이런 자극과 고통을 가하는 것은 흥분과 함께 편안함을 불러온다. 이것은 또한 스스로에게 의존하고 스스로를 위한 것으로 자위의 한 형태로 볼 수 있다. 시간이 흐르며 Amy는 자신의 과거에 대해 조금씩 얘기할 수 있었다. 그러나 자신의 과거와 고통스러운 경험에 대해 사고하는 것이 힘들다는 것을 알게 되었다.

Amy는 학교에 술을 가져가 선생님과 말다툼을 한 후, 약물을 과다복용했고 퇴학 처분을 받았다. 그녀는 집으로 돌아갔다. 우리는 편지로 상담 관계를 유지했고 Amy는 조금씩 나아졌다. 차츰 어머니와 좀 더 많은 이야기를 하게 되어 놀랐다는 연락을 해 왔다. Amy는 2명의 여자아이를 돌보는 보모 일을 하게 되었고, 이 일을 잘하였으며 욕조에 있는 아이들 사진을 보내 오기도 했다. 몸무게가 줄고 약으로 여드름을 치료해 좋아지고 있다는 소식도 전해 왔다. 이후 미용건강교육 과정에 입학했다는 소식을 마지막으로 들었다. 그녀의 초기 경험은 해결되지 않은 채 남아 있지만 관계에 대한 깊은 의심은 어느 정도 완화되었다고 보인다.

## 의사소통을 위한 매개체로서의 피부

긋기, 태우기, 때리기와 같은 행동을 할 때 피부는 직접적인 손상을 당하는데, 이는 상징적인 의미를 가진다. 피부는 자기감과 성격의 가장 원초적인 부분을 담는 그릇 역할을 하며, 우리 자신과 타인, 즉 자신의 안과 밖의 경계가 된다. 피부는 우리 내부의 자기들(selves)과 외부 세계 사이의 경계이자 가장자리이다. 피부는 우리를 보호하는 막이기도 하지만 외부 세계로 드러나는 실제적인 표면이기도 하다. 피부는 감출 수도 있고 보여 줄 수도 있다. 이런 이해를 토대로 할 때, 피부는 말할 수 없는 감정들이 표현되는 표면으로 볼 수 있다. 다른 말로 하면, 우리 몸과 몸을 감싸고 있는 피부는 다른 사람들과 자신에게 우리가 어떤 사람인지 보여 줄 수 있는 곳이다. 몸에 대한 인식을 통해 우리는 스스로 살아 있고 하나의 자기(self)를 가지고 있음을 이해할 수 있다. 몸과 피부, 우리가 몸과 피부에 하는 일들은 분리에 대한 두려움, 그리고 자신과 다른 사람들 사이의 구분을 포함하여 살아 있는 것에 대한 불안을 표현하는 장소로 볼 수 있다.

피부와 피부의 기능에 대한 분석적 사고에 관한 자료는 풍부하다. Pines(1993)는 아기와 어머니의 관계가 피부로 터치하는 것을 통해 표현되는 것에 대해 연구했다. 어머니가 아기를 터치하는 방식은 부드러움에서 역겨움에 이르기까지 폭넓은 감정을 나타낸다. 아기는 자신의 피부를 통해 반응하게 되는데, 무언가에 대해 말로 표현되지 못한 감정들은 종종 아프거나 자극받은 피부 상태를 통해 표현된다. 어머니는 할 수만 있다면 아기의 괴로움을 담아 주는 대상으로 기능해야 한다. Bick(1968)에 의하면 아기의 감정을 담아 주는 것은 말 그대로 피부의 역할을 한다. 어머니가 담아 주는 역할을 능숙하게 감당하면 그 결과로 아기는 담겨진 경험을 내면화한다. Britton(1991: 105)에 의하면, 돌봄을 제공하는 사람이 수용적이고 능숙하면 아기는 자신이 경험하는 것을 잘 알아차리고 몸의 감각(베타 요인)을 더욱 정신적이고 기억에 저장할 만하거나 사고에 사용될 만한 것(알파 요인)으로 전환시킨다(Britton, 1991: 105). 만약 이런 내사

과정에 결함이 있거나 부적절하면 괴로움을 담아 주는 어머니에 대한 아기의 의존이 '두 번째 피부' 형성으로 발달하게 됨으로써 '가짜 독립'으로 대체된다. 이는 이후의 통합에 전반적인 취약함으로 연결되고 부분적이고 총체적인 근육 껍질 또는 그에 상응하는 '언어적 근육질'이 되어 그 자체로 통합되지 않은 상태로 남는다(Bick, 1968: 485). 이와 같은 상태는 정서적 교란이 큰 내담자들에게 발견된다. 이 경우 분석적 환경은 강한 감정적 경험을 담아내는 데 익숙하지 않은 내담자들을 위한 정신적 피부로 기능할 수 있다. 상담자가 내담자의 강한 정서신체적 경험을 수용할 수 있다면 이런 수용은 상담자의 말에 의해 처리되고 그 다음에 그에 대해 사고할 수 있는 정신적인 경험으로 변형될 수 있다.

흥미롭게도 Kafka(1969) 역시 커팅을 하거나 무분별하게 약을 삼키는 내담자 사례를 이와 같은 관점으로 보았다. 그는 내담자가 자신의 몸을 중간대상으로 삼았고 자신의 피부 표면을 자기애적이고 성애적으로 접근한다고 분석하였다. Kafka의 여성 내담자는 부모의 이혼 후 어머니와 지나치게 가까웠고 성애적인 관계를 맺었다. 그녀는 유아기에 피부가 너무 민감해서 접촉에 어려움이 많아 생후 초기에는 거의 온몸을 붕대로 감을 정도의 피부염을 앓았다. 수유를 위한 접촉조차도 아기에게 고통을 불러일으키는 경험이었다. 털이 많은 애완동물과 인형들이 가족생활의 중심을 차지했으며, 청소년기에도 질감과 터치에 대한 예민함 때문에 고생했다. Kafka는 그녀의 증상을 초기의 피부 장애와 연결했다. 그는 내담자가 마치 자신의 피부가 살아 있지 않은 채 신체 표면의 일부를 다룬다고 느꼈다. Kafka는 "그녀는 자신을 위해서 자신의 신체 구조를 확립하는, 완성되지 않을 일에 매우 몰두했다."라고 썼다(Kafka, 1969: 211).

피부는 언어 이전의 느낌과 표현할 수 없는 느낌을 소통하는 통로가 될 수 있다. 자해 내담자의 피부에 난 상처는 그들의 초기의 삶의 역사를 표현하는 상징적 상처이다. 커팅은 그 상처를 드러냄으로써 자신의 이야기를 말하고 소통하고자 하는 절망적인 시도임을 점점 이해할 수 있다. 과거의 트라우마에 대한 초기의 기억들은 의식적으로는 접근하지 못하지만 몸과 몸의 감각을 통해 기억된다. 내가 만난 젊은 여성들은 그 상처를 말할 방법을 찾을 수 없어서 몸의 감각을 통해 행동할 수밖에 없었고 행동을 통해 감정을 표현하고 있었다. Scott은 "몸은 트라우마 사건의 장소이고 기억의 장소이기도 하며 '기념비적인 일'을 해야만 한다. (……) 주체로서 자신의 삶을 사는 것과 동시에……."라고 썼다. 몸은 조용하지만, 자해로 피부가 파열될 때 그 상처는 기억의 경로가 된다.

자해는 이런 방식의 자기 진술이고, 자기를 공격함으로써 표현된다. 외부의 사건과 그것이 내면화되고 환상화되는 방식은 자기 파괴를 통해서 등록되고 기록된다. 여기서 우리는 표면과 깊이 사이의 흥미로운 연관성을 알 수 있다. 커팅 후 외관을 통해 보이는 것은 내면의 갈등과 그 사람의 자기(self)와 관련이 있다. 깊은 내적 트라우마가 몸의 표면을 통해 드러나는 것이다. 내적 대상관계와 대상의 경험이 외부로 투사되고 피부 표면 위에 동일시된다. 피부를 보이는 것은 명시적으로 신체의 경계와 자기를 여는 것이다. 그러나 자해 행동은 사적이고 비밀스럽고 몰래 이루어지므로 모든 것이 모호하다. 깊고 얕은 상처들은 무언가를 '말하고' 있지만, 들을 사람이 없고 대답도 요구되지 않는다. 자해가 드러났을 때에만 개방이 인정되고 공개될 수 있다. 그리고 그것이 발견되고 이어지는 대화 안에는 강한 양가성이 존재한다.

심리상담 관계에서는 상처에 대해 말하고 답을 얻을 기회가 있다. 즉, 몸에 대한 공격이 관계로 나아가게 하며 변화된 행동으로 연결된다. 이론적으로 볼 때, 담아 주는 공간과 생각이 펼쳐지는 정신적 피부와 경계를 수립하는 것은 사고 과정을 촉진하고, 시간이 지남에 따라 자기 인식 능력을 개발할 수 있다.

# 03
# 내면을 향한 분노:
## 피학성과 지배

3장에서는 커팅의 파괴적인 본질에 대해 다루고 공격본능 과정이 초기의 양육 환경과 이후의 트라우마 경험에 영향을 주고 연결되는 방식을 살펴볼 것이다. 1장에서는 Glasser(1992)의 코어 콤플렉스를 강조했다. 코어 콤플렉스는 멸절불안으로 이어지는 융합에 대한 환상으로, 멸절불안에 대한 방어적 반응이자 동시에 어머니의 무관심에 대한 불안에서 온 반응이다. 두 경우 모두 공격성이 자기를 향하는 방어적 반응으로 연결되며 몸의 표면 위로 재현된다. '사로잡힌 갈등'은 자해 문제로 심리상담을 한 여성 내담자들의 무의식적 정신 상태의 중심현상으로, 코어 콤플렉스 형성의 변형적이고 도착적인 측면이다. 코어 콤플렉스에 대한 Glasser의 원개념은 도착증에서 시작되었다. 그러나 Glasser가 말한 이상화된 어머니와의 융합과 달리, 사로잡힌 갈등은 압도적이고 탐욕스러운 대상에 사로잡힌 채 분리에 대한 양가성을 지니고 있는 상태이다. 지배되는 것에 대한 두려움과 거절에 대한 두려움이 갈등하고, 이러한 정신적 갈등은 방어적인 타협을 낳는다. 이런 갈등의 해결책은 적대감인데, 이 적대감은 외부 대상을 향하는 것이 아니라 자신의 안으로 방향을 돌려 몸을 향한다.

Glasser(1998)는 공격성과 폭력을 다른 사람이 한 사람의 신체에 대해 가하는 실제적인 공격을 포함한 의식적이고 의도적인 공격이라고 본다. 그는 자기 보존을 위한 폭력과 가학피학적인 폭력을 구분했다. 자기 보존을 위한 공격 유형은 위험을 피하려는 데 목적이 있지만, 가학성은 고통을 가하려는 것이 목적이다. 커팅을 하는 여성들의 경우, 공격은 이 두 가지 공격성 유형이 결합된 것으로 볼 수 있다. 이 여성들은 타인을 공격하는 대신, 마치 타인 또는 분리된 자신의 일부를 공격하는 것처럼 자신의 몸을 향해 폭력을 행사한다. 바로 그 순간에는 자신의 몸이 자기에 대한 감각과 연결되기도 하고 벗어나기도 하는 것처럼 보인다. 무의식적인 차원에서 자신의 몸 혹은 몸의 일부는 전능한 '타인'에 의해 소유되거나 지배된 것으로 느낀다. 내담자들은 사로잡힌 갈등으로 연결되는 감각의 일부가 나타나면서 자극되는 위험한 생각을 피하기 위해 자해한다.

공격성이 타인과 자기를 향한다는 두 가지 측면 모두 근저의 동기는 같다. 그것은 자신과 타인 안의 '생각들(thoughts)을 공격하려는 소망'이다. 어떤 대가를 치르더라도 공격하고 통제해야 하는 끔찍한 생각들은 무엇인가? 이 생각들은 불편감과 충격, 불안에서 온다. 이런 불편함은 초기의 대상관계에서 파생된 과정에서 시작된 것이다. 여기에는 신체적 · 성적 학대와 같은 특정 트라우마의 경험이 어떻게 받아들여지고, 내면화되고, 자리 잡게 되었는지를 포함할 수 있다. 사로잡힌 갈등은 압도적이고 폭압적인 내적 대상 인물을 포함하고 있으며, 분리에 대한 양가성을 지니고 있다. 지배당하는 것에 대한 두려움은 거절에 대한 두려움과 충돌한다. 자해하는 사람들에게 그 두려움은 대상관계의 초기 경험과 이 경험들이 어떻게 기억되고 구조화되는지와 관련되어 있다. 이 구조는 직접적인 트라우마와 축적된 트라우마 사건들이 결합된 것일 수 있다. 사로잡힌 갈등은 특정 트라우마에 의해 자극되고 활성화되며 트라우마를 일으키는 자극을 제공한다. 사로잡힌 갈등이 전개되는 과정은 심리내적인 것으로, 대인관계에서 시작되었다 해도 내적 대상관계가 된다. 자해를 해서 생긴 상처들은 사로잡힌 갈등의 은유적 표현이 되는데 노예의 흔적인 동시에 자유로워지고 싶은 욕망의 표식이다. 이런 측면에서 증상은 억압된 것이 귀환한 증거이고 자기에 대한, 그리고 일어난 것에 대한 진술이다.

자해는 내적 대상의 형성에 대한 역동을 기록하는 것이고, 몸에 지도를 만드는 일이며, 정신적 현상을 새겨 넣는 일이다. 또한 자해는 일종의 재연(enactment)으로, 초기 경험과 트라우마에서 온 통합되지 않는 감정을 투사적으로 동일시하여 드러낸 것이다. 처음에는 감각으로서, 그리고 내부적으로 느끼는 것은 외부화되고 피부에 기억으로 고정된다. 역설적으로 커팅(긋기)은 과거를 생각하는 것에 대한 방어이고, 이전의 부당한 경험을 다른 형태로 환기시키는 것이다. 심리상담에 오는 내담자들은 많은 비율로 어린 시절 학대를 경험했기 때문에, 학대와 커팅 사이의 특정한 연관성은 이 장의 다음 부분에서 탐구된다.

## 학대와 자해의 연결에 대한 역동

나는 20년간의 임상적 경험을 통해 아동에 대한 성적 · 신체적 학대의 영향이 여성의 정신 질환에 연결되어 있음을 발견하였다. 일반적으로 학대력이 있는 사람들은 그렇지 않은 사람들보다 우울증, 정서적 문제와 자살 사고와 자살 시도 가능성이 높다. 그들은 낮은 자존감과 소외감, 불신, 성적 행동화와 성적 불편감, 비만 등을 토로한다. 어떤 아동들은 해리를 통해, 또는 경험했던 감정을 다른 아동이나 자신의 다른 부분을 탓함으로써 학대에 대처한다. 또 다른 아동들은 기억을 억누르거나 의식적인 기억에서 그 감정을 차단하려고 노력한다. 이런 식의 해리가 성공적이었다 해도 기저의 괴로움은 증상의 형태로 다시 나타나게 되거나, 이후에 기억이 회복되기도 한다. 이런 결과는 아동들의 연령이나 생활 양상, 학대의 빈도, 공격성과 신체적 손상의 정도에 따라 다양하게 나타난다(Gardner, 1990).

Kolk와 동료들(1991)의 연구는 초기의 신체적 학대와 성적 학대뿐 아니라 부모의 방임과 분리가 이후의 자해 행동에 깊이 연결된다는 점을 강조한다. Young(1982)은 성적 학대를 경험한 45명의 여성 중 58%가 커팅, 태우기, 뼈 부러뜨리기, 음독 등의 자해를 경험했다는 것을 발견했다. 대부분의 여성은 여러 가지 방법을 사용해 자해했고 수개월에서 수년까지 이어졌다. 동기는 다양했지만 스스로의 성적 매력을 없애고 몸이 허약해져서 더 이상의 모욕을 피하고자 하는 욕구를 가지고 있었다. 어떤 여성들은 도움을 요청했지만 다른 여성들은 학대에 자신의 책임이 있다고 느끼며 스스로를 벌하고 있었고, 일부는 그것을 즐기고 있었다. Young은 어떤 자해 행동은 자기를 재통합하려는 형태로 볼 수 있다고 하면서 성폭행을 당한 후 자신의 팔을 그은 여성의 사례를 인용했다. 그녀는 내면의 죄책감과 책임감을 씻어 내고자 자해했는데, 이는 자기 보존을 위한 폭력 유형의 예로 볼 수 있다.

이 책에서 말하는 '트라우마'는 신체적 학대와 성적 학대를 모두 포괄하는 단어이다. 내 견해로는 트라우마의 정도와 아동이 학대 행동을 겪는 동안 느끼는 무력감의 정도는 상관관계를 가진다. 학대당한 아동은 자신이 다른 사람들과 다르다는 느낌과 사람들에게서 멀어진 느낌을 받으며, 미래의 관계 역시 경계한다. 이런 정신적 차단은 학대자에 의해 일깨워지는 감정을 방어하기 위한 것으로 볼 수 있다. 이런 감정에 대한 수동적인 저항과 해리는 압도적인 상황에 대처하기 위한 방어 유형이다. 대처하기 위한 또 다른 방법은 감정을 단절하는 것이다. 해리방어 역시 개인적인 통제감과 힘을 준다. 만약 해결되지 못하고 다뤄지지 않은 것이 있다면, 이후에 다른 사람과의 관계에서 나타난다. 그것은 또한 자기 안의 관계로 이어지며 존재의 한 방식으로 강화된다.

사로잡힌 갈등은 비슷한 종류의 역동을 포함하기 때문에 학대에 의해 악화되거나 야기될 수 있다. 학대자와의 '관계' 또는 경험은 정신 안에 압도적이고 침범적이며 위험한 인물로 내면화되고 깊은 영향을 주어서 거기에서 벗어나기는 어렵다. 만약 학대자가 이전에는 학대하지 않았고 신뢰하며 사랑했던 사람인 경우 특별히 더 복잡하게 연루된다. 학대당한 사람은 의식적으로는 학대자와 그 모든 경험과 더 이상 엮이려 하지 않고, 그에 대해 영원히 잊으려 한다. 그러나 성적인 학대로 엮인 관계에서는 학대자가 '특별한 관계'로 설명되기도 한다. 아동이 이런 상황을 동시에 지각하면 추가적인 정신적 딜레마가 생기며, 나쁜 행동을 하는 좋은 대상이 극심한 혼란을 일으킨다. 이런 견디기 어려운 혼란은 '나쁜 자기'의 일부로서 분노와 공포가 내재된 체 '분열(splitting)'된다. 이로 인해 아이는 원래 사랑받고 필요했던 대상을 '좋은' 대상으로 보는 환상을 품는다.

예를 들어 보자. 개인적으로 심리상담실을 찾은 한 30대 후반의 여성은 우울감과 무력감이 심했다. 그녀는 20대에 한동안 커팅을 했고 꽤 오랜 기간 먹는 양을 조절하는 데 어려움이 있었다. 내가 그녀를 처음 만났을 때는 심각한 비만 상태였다. 치료한 지 6개월쯤 되었을 때, 그녀는 주말여행을 간 동안 자신이 8세에서 12세까지 주말에 종종 방문했던 삼촌에게 성적 학대를 당했다는 것을 깨달았다고 말했다. 그녀는 이 일을 알고는 있었지만 삼촌과의 비밀스럽고 '특별한' 관계라고 생각해 왔다. 그것이 성적 학대였다는 사실을 깨닫게 되었지만, 그 주제에 대해 아무런 느낌도 없다고 주장했고 한동안 그와 관련된 기억을 말하지 않았다. 이후에 그녀는 자신이 학대가 멈추기를 바랐다면 그럴 수도 있었고, 그러므로 자신에게도 책임이 있으며, 애초에 그런 일이 일어나기를 원했다고 스스로를 설득했다. 그녀는 자신을 사랑해 준 숙모를 배신했기 때문에 죄책감을 느꼈다. 숙모와 삼촌 모두 그녀에게 많은 선물을 주었는데 이 역시 죄책감으로 돌아왔다. 애정 많고 관용적인 좋은 사람들인데, 그녀는 감사를 모르는 나쁜 사람이 되는 것이기 때문이었다.

성적 학대를 겪은 사람들에게는 내면화된 학대적이고 악의적인 인물, 즉 신체를 완전히 지배하고 고통스럽게 침범하려고 외적으로나 물리적으로 위협한 사람의 내면화된 표상에서 벗어나려는 욕망이 있다. 그러나 그 표상에서 분리되고자 하는 욕망은 거절과 버려짐, 고립에 대한 무의식적 두려움을 자극할 것이다. 이 장의 초반에 설명한 것처럼, 이것은 초기의 패턴과 연결되고 상실의 두려움은 낮은 자기가치감과 절망감을 불러온다. 이런 갈등은 무의식적인 것이며, 이와 연관된 불편한 감각을 다루는 방법으로 몸에 고통을 가하는 것이다.

몸을 공격하고 피부를 커팅하는 것은 부분적으로는 반복으로 보일 수도 있다. 자해는 학대자와 학대받은 자의 경험에서 온 과정을 무의식적으로 재연하는 것이다. 그 학대가 이번에는 젊은 여성 스스로의 통제하에, 어떤 수준에서는 자신의 소망(wish) 때문에 일어나고 있는 것이다. 그러나 이것은 피부 표면을 통해 내면화된 경험의 역동을 반복적으로 자극하는 것이지, 의식적으로 기억되어 필연적으로 반복되는 차원은 아니다. 자해의 또 한 가지 기능은 내면화된 것을 제거하는 것이다. 즉, 내면화된 것을 몸에서 꺼내어 몸 표면에 고정시킴으로써 외재화하는 것이다. 분노에 찬 폭력은 무의식적으로 폭압적이고 학대적인 대상과 피해자 자신에게로 향한다. 그것은 자기 보존적이고, 가학피학적이며, 궁극적으로는 자기 파괴적이다. 이러한 의미에서 어린 시절에 실제로 일어났을 수 있는 어떤 것에 대한 적절한 분노가 표현되는 동시에 억제된다.

Anne은 어린 시절 며칠에 걸쳐 성인 친척에게 성적 학대를 경험했다. 이 일은 그녀에게 끔찍한 일이었고 신체적인 상처도 입었다. Anne은 심리상담을 받는 동안 그 경험을 말했지만 그 일에 대해 모두 말하는 것을 상당히 불안해했다. 그녀는 성적 학대를 당했다는 분노를 인정하지 않았고, 처음으로 그 학대를 언급한 것에 자극되어 일정 기간 동안 팔과 허벅지를 그었다. 학대가 일어난 지 4년 후 Anne은 자신의 몸을 통제하려는 시도를 시작했다. 처음에는 먹지 않거나, 폭식과 토하기, 설사약 복용을 시도했고 곧 커팅과 자살 시도로 넘어갔다. 이는 성적 학대에 대해 떠오르는 생각이나 이미지들을 통제할 수 없는 것에 대한 일종의 보상을 제공하는 것으로 보였다. 그녀는 자신의 이미지와 감각, 느낌을 말로 표현하는 것을 힘들어했다. 이와 같은 심리상담 중에 나타난 사로잡힌 갈등은 6장에서 회기자료를 통해 살펴볼 것이다.

어떤 여성들의 경우 자기 몸을 공격하는 것은 초기의 학대 경험을 마음속에 불러내어 다시 기억하려는 시도이다. 해리 또는 학대를 기억하지 못하는 것은 역설적으로 초기의 경험에 대한 무질서한 내면에 집착되어 있음을 반영한 것이다. 이런 집착은 내적 공간을 차단할 수 있고, 동화된 것에서 온 사고와 감정을 방해한다. 이는 결국 어떤 아이도 그러한 정신적 공격과 몸에 대한 공격을 적절하게 통합할 수 없다는 사실과 관련된다. 그런 공격을 받은 아이들은 학대 경험을 전체적인 심리적 · 정서적 존재의 차원에서 적절하게 통합할 수 없다. 그 트라우마는 이후에 아이가 자신이 겪은 트라우마에 대한 최초의 관찰 내용을 말할 수 있게 될 때 '사후수정'이나 '지연된 반응(deferred action)' 등에 의해 포착되고 해석된다.

그러나 아동의 내적 세계에서 그 트라우마는 환상을 사용하거나 은유화된 공간이 거의 없는 '물건 같은(thing-like)' 것으로 남는다. 그러고 나서 몸을 커팅하고, 태우고, 때리고, 면도칼을 배치하고, 삼킬 알약을 세는 의례(ritual)와 절차를 통해 초기 트라우마에 속했던 '물건 같은' 상태를 반복하는 것이다. 내 생각엔 이런 절차는 내면화된 갈등을 물화(勿化)시킨다. 아이가 자신에게 일어난 일에 대해 생각하고 말하는 것은 너무도 어렵기 때문에 모든 것은 '개념화되지 못하고' 소화되기 어려운 형태로 남는다. 그것은 피부에 상처를 입히고 피가 흐르게 하는 것만큼 가공되지 않은 날 것이다. '일어났던 일'이었던 학대와 유사한 방식으로, 커팅은 '내가 하는 일'이 된다. 이런 방어는 생각 안에 있는 감각과 느낌을 견딜 수 없다고 여기기 때문에 생각하기를 억제하는 것이라고 이해할 수 있다.

성적 학대의 신체적이고 구체적인 성격은 성적 환상을 위한 공간이나 기회를 거의 남기지 않는 것처럼 보이지만, 종종 엄격하고 처벌적인 초자아의 힘에 의해 수반된 죄책감을 남긴다. 만약 몸에 흥분이나 만족과 같은 신체 반응이 있었거나, 사랑받았다는 혼란스러운 감정이 들었다면 학대받은 사람에게는 '몸에 대한 배신'이라는 생각이 남게 된다. 아이가 이후에 뭔가 잘못된 일이 일어났다는 것을 깨달으면, 자신의 몸에 대해 공격자와 공모한 느낌이 생기고 마음의 갈등을 겪는다. 이런 갈등을 겪은 젊은 여성들은 무심코 경험했을지도 모르는 만족에 대해서 벌을 주는 방법으로 자해를 사용한다. 이러한 처벌은 그녀가 어렸을 때, 영문도 모르고 비난받았다고 느꼈던 감정과 연결될 수 있다. 다른 사람들이 안심시켜 준다 해도 이 믿음은 남는다. 마음속 깊은 곳에서 아이는 죄책감과 책임감을 떠맡고, 스스로를 해치고 보상해야 한다고 느낀다. 두려운 권위인물과 동일시되고 연결되는 과정에서 형성된 초자아는 학대당한 사람들에게서 특히 잔인하고 비판적인 성격을 띤다. 종종 완벽주의자가 되거나 강고한 자기애적 요소가 나타나기도 한다. 다음에 살펴볼 임상사례에서는 비판적인 초자아의 힘에 주목하면서, 한 내담자의 죄책감의 무게와 함축된 의미를 다뤄 보려 한다.

Laura는 친척에게 당한 성적 학대를 폭로했다. 공공기관이 개입했지만, 여러 가지 정황상의 이유로 학대자의 모든 혐의가 기각되었다. 그녀는 학대의 사후 영향뿐만 아니라 직계가족과 친척들이 받은 충격까지 감당해야 했다. 학대를 폭로했지만 여러 가족 구성원은 더 이상 그 일을 말하지 않았다. Laura의 직계가족은 아무 일도 없었던 것처럼 행동했고 그들 중 누구도 Laura가 겪은 학대에 대해 묻지 않았다. Laura는 학대를 둘러싸고 일어난 모든 일에 대해 죄책감을 느꼈다. 그녀는 학대자에 대한 죄책감, 확대 가족 안에서 일어난 폭로, 균열에 대한 책임감을 짊어진 것처럼 보였다.

성적 학대는 과거 몇 년에 걸쳐 간헐적으로 일어났다. Laura는 한동안 그녀 자신이 아닌 그녀 안에 살고 있는 다른 소녀에게 일어난 일이라고 생각해 왔다고 말했지만, 그 일을 결코 잊을 수 없었다. 대학 친구들 사이에서 누구와 데이트하고 싶고 누구를 좋아하는지에 대해 이야기할 때, 그녀는 남자와 소년들에 대해 혐오감이 든다고 말하면서 자신의 불쾌한 느낌을 지우려고 했다. 그녀는 자기 자신에 대해서도 혐오감을 느꼈다. 그녀는 여성스러워지는 것에 관심을 두려하지 않았고 자신의 체형이 보이지 않도록 큰 사이즈의 헐렁한 옷을 입고 머리를 짧게 자르기도 했다. 이런 행동을 통해 친구들과 달라 보이도록 애썼다.

나는 Laura가 자신을 학대했던 인물에 대한 혼란이 어느 정도인지 궁금했다. 그녀가 사랑한다고 믿었던 친척은 이제는 증오를 불러일으키는 사람이 되었다. Laura는 자신이 학대를 부추겼다고 믿었고, 죄책감을 느끼며 그 책임이 자신의 몸에 있다고 생각했다. 그녀는 자신의 외모가 학대를 유발했다고 생각했다. 그녀는 자신의 몸을 감추는 것이 얼마나 중요한지에 대해 말하면서 몸의 모양에 대해 아무것도 상상할 여지를 남기지 않았다. Laura는 이런 속마음을 내보인 후 체중을 줄이기 시작했지만, 치료를 받을 당시 먹는 양이 많았기 때문에 몸의 실루엣이 무너졌다. 그녀의 외관은 일종의 보호용 방탄복처럼 보였다. 이것은 마치 자신의 '죄된 몸'을 덮어씌우고 눈에 띄지 않도록 해서 더 이상 상처 입지 않으려는 것 같았다. Laura는 머리로는 학대한 사람이 책임을 져야 하고 죄책감을 느껴야 한다는 것을 알고 있었지만, 감정적으로는 자신을 비난했다. 그녀의 외모와 자해는 죄책감과 자기 비난을 위해 찾아낸 해결책이었다. 그녀는 외모와 자해에 대한 감정을 떠올리고 생각하는 것을 꺼렸다.

성적 학대와 신체적 학대 경험에서 오는 역동은 몸과 마음의 기억과 연관되고 복수와 처벌, 제거와 연관된 환상과도 연결된다. 초기 대상관계에서 파생된 내적 심리 또한 마음과 몸의 연관성을 포함하는 경향이 있다. 이렇게 결합된 과정에서 발생하는 긴장은 몸을 공격하는 것으로 완화된다. 성적 학대와 신체적 학대 모두 몸 경계를 침투하는 것이며, 앞에서 언급한 것처럼 이런 학대는 커팅에 의해 무의식적으로 기억된다. 몸에 대한 폭력과 부적절한 접촉은 마음속에 대응물을 남기므로 이런 트라우마를 가진 사람들은 더 이상의 침범을 두려워한다. 이와 똑같은 감각이 형제자매나 부모가 신체적 폭력을 겪은 것을 목격한 사람들에게서도 나타난다. 가정폭력의 목격자였던 아이들은 두려움과 분노, 불안을 자주 경험하며, 죄책감과 책임감을 느낀다. 이런 느낌을 다루는 한 가지 방법은 피부에 '상처를 내는 것'이다. 자해는 공개적으로 분노를 드러내는 것이 두려운 젊은 여성이 자신의 감정을 대신 표현하는 방법이다.

Nicky는 종종 자기 자신을 위험한 상황에 빠트렸다. 그녀는 친절하고 개방적이었지만 지나치게 사람을 믿는 편이었다. 그녀는 쾌활함을 고집하는 것 같았고, 스스로도 항상 밝은 면을 보려고 노력한다고 말했다. Nicky는 어머니의 남자친구에게 당한 성폭력을 폭로했다. 그러나 Nicky의 어머니는 Nicky가 아닌 남자친구를 선택했다. Nicky는 어머니를 떠나 다른 가족 구성원의 집으로 이사했다. 공공기관의 개입과 가해자의 이전 범죄 전력에도 불구하고 학대는 입증되지 않았고, 남자친구는 Nicky의 어머니 곁에 자유롭게 머물 수 있었다. 이 학대 사건에서 가장 이해하기 어려운 측면은 남자친구의 이전 내력을 알고 있었다는 점, 사회복지사가 정기적으로 집을 방문해서 Nicky와 그녀의 남동생에게 부적절한 접촉이 있을 때 "아니요."라고 말하도록 교육하였고 자신을 보호하는 방법을 배우는 연습에 참여했다는 점이다. Nicky가 어머니의 남자친구의 성폭력에서 자신을 보호하기 위해 이런 교육이 있었다는 것을 연관시킨 것은 이후의 일이었다. 아이러니하게도 이런 연습과 성폭력 사건은 동시에 일어난 셈이 되었다.

Nicky는 심리상담을 하면서 어머니와 그녀의 남자친구에 대해 얼마나 화가 나는지를 생각하기 힘들어했다. 그녀는 화를 내는 대신 커팅을 하고 싶어 했고 약을 먹거나 과음을 했다. 그녀는 '적절한 관계'와 자신을 사랑해 주는 사람을 원했지만, 그녀가 만난 남자는 섹스만을 원하는 하룻밤 파트너였을 뿐이었다. Nicky는 자신을 실망시킨 모든 어른에게 느끼는 분노를 받아들이기 어려워했고, 스스로를 향한 분노를 줄여 가는 것을 힘들어했다. 그녀는 새로운 남자와 동침하며 자신을 사랑해 주기를 바랐지만 그들의 배신에 절망했다. 사로잡힌 갈등의 관점에서 봤을 때, Nicky는 자신의 무분별하고 부주의하며 폭력적인 부분에 매료된 것처럼 보였고, 이런 경향은 성적인 행동과 자해에서 모두 나타났다. 그녀의 명랑함과 모든 것이 좋아질 것이라는 긍정적 소망은 그녀의 내적 대상관계의 파괴적인 측면을 착각하게 만들었다. 그녀가 끊임없이 집중해서 말한 것은 학대가 일어나는 동안과 폭로 후에 그녀의 어머니가 했던 역할이었다. 그녀의 어머니는 그녀의 처지에 마음을 기울였을까? 그녀의 어머니는 학대를 알고 있었을까? 어떻게 그녀의 어머니는 Nicky가 아닌 그 남자를 선택할 수 있었을까? Nicky는 어떻게든 어머니의 대답을 듣기 위해 계속해서 어머니를 방문했다.

학대와 관련된 자해의 주요한 측면은 통제와 힘이다. 통제와 힘은 학대하는 동안에는 가해자에 점유되고, 자해할 때는 학대당한 사람에 의해 회수되고 반복된다. 이와 같은 방식으로 가해자와 피해자 사이에서 경험된 외상적인 상호놀이(interplay)가 내면화되고 다른 관계와 행동을 통해 기억된다. 이렇게 사로잡힌 갈등 안에서 발견된 초기 패턴을 기반으로 하며 통합된다. 피학성과 지배 사이의 이러한 상호작용은 '내적인 것'이 되며, 다음에서 이를 탐구하려 한다.

## 트라우마 및 자해와 연결된 피학성

Freud(1924)는 피학성을 색정발생적(erotogenic) · 여성적 · 도덕적 피학성의 세 가지 종류로 구분했다. 색정발생적 피학성은 고통에서 발견되는 성적 쾌락의 형태를 말하는데, Freud는 이것이 피학성의 다른 두 가지 범주의 기본이 된다고 보았다. 색정발생적 피학성 상태는 많은 성적 관계의 근간이 되고 유아 성욕과 연관된다. Freud는 여성적 피학성은 남녀 모두에게 있어서 '수동성 특유의 여성적인 상황'이나 상처 입고 해를 입는 것에 대한 민감함으로 봤다(Freud, 1924: 162). 이런 상태에서는 고통이나 불쾌감이 성적 본능을 일으켜 일종의 내적 흥분으로 도달하는 지점이 있다. 이러한 경험은 몸에 기억되는 형태로 남고 미래의 유사한 경험을 위한 기반 역할을 한다.

피학성과 그 반대 측면인 가학성 사이의 연관성은 2장에서 언급한 것처럼 피학성을 죽음과 파괴적 본능의 파생물로 간주함으로써 이해할 수 있다. 리비도는 본능을 외부 세계로 돌리고, 그것은 '파괴적 본능, 지배 본능 또는 권력의지'로 묘사된다(Freud, 1924: 163). 이 본능이 외부에 있는 타인들에게 옮는 부분은 가학성인 반면, 자기에 대항하는 타인의 내부에 남아 있는 부분은 피학성이다. 가학성과 피학성 사이의 상호 관계성은 어떤 지점에서 바뀌게 되는데, 외부로 투사되는 것은 다시 내사되기 때문이다. 이는 정상적인 유아기와 아동기 발달의 일부분이기도 하다. 도덕적 피학성은 성적 흥분과 분명하게 연결되지는 않지만, 그럼에도 성적인 요소는 여전히 존재한다. 어떤 수준에서 중요한 것은 고통 그 자체인 것 같다. Freud는 이것을 무의식적인 죄책감, 고통스러운 실제 경험을 충족하는 처벌에 대한 욕구와 연결시켰다. 그래서 그 사람은 자신을 스스로 파괴하고 고통을 받는 데서 쾌락을 경험한다.

아동기에 성적 학대가 발생하면, 그 아이는 이르게 성애화되고 성적으로 조숙해지지만 정서적으로는 성장하지 못한다. 앞에서 말한 것처럼, 신체적 학대와 성적 학대로 몸이 겪은 고통에 대한 기억은 고통을 둘러싼 몸/마음의 상관관계, 흥분을 유발하는 내적 긴장으로 연결된다. 이것은 깊숙이 억압되고 해리되며, 마음의 한구석에 분열(split-off)되어 남는다. 그러나 정신적 표상은 깊은 영향을 받고 내적 세계를 교란시킨다. 그 경험을 반복하는 무의식적 강박충동에 사로잡히므로 몸에 대한 피학적이고 파괴적인 공격을 통해 그런 충동이 충족된다.

피학성과 관련된 죄책감은 부분적으로 의식하거나 억압된다. 아이들은 대부분 그것이 자신의 잘못이라고 느끼기 때문에 무언가 나쁜 일이 일어났다는 생각을 둘러싸고 강한 죄책감이 형성된다. 게다가 성적 학대의 경우, 그 '나쁜 것'은 비밀스럽게 일어날 뿐 아니라, 자신들이 그 일에 기여한 몫이 있다고 믿기 때문에 자신의 잘못이라고 믿는다. Laura는 성적 학대를 일으킨 성인이 가져야 할 죄책감을 대신 떠맡은 경우였다. 죄책감의 또 다른 측면은 아이들이 자신이 그 일을 막을 수도 있었다는 느낌과도 관련된다. 성적 학대의 경우 학대 관계는 대부분 숨겨지고 '특별한' 비밀로 여기면서도 수치스럽게 느낀다. 이런 측면들이 상기되면 몸을 긋고 상처를 내는 행위와 연결되며 비밀과 수치감은 재상연된다. 이런 역동 과정을 내면화함으로써, 아이는 학대자를 외부의 '좋은 대상'으로 안전하게 유지한다. 이런 역동은 피학성에서 분리되기 어려운 점을 설명해 준다. 이는 부모가 트라우마의 원천일 때 가장 강하게 나타난다. 어린 자녀들은 스스로의 피학적인 행위로 학대하는 부모와의 친밀함을 유지하려고 한다. 이러한 점은 Glenn(1984)에 의해 주목받았다. 그녀는 부모들에게 학대당한 아이가 부모의 현존(presence)을 상상하기 위해 고통을 유발하는 대상을 찾는다고 지적했다.

## 학대 및 자해와 연결된 지배의 측면

'지배(mastery)'는 필연적으로 외부의 또 다른 새로운 관계와 내면화된 대상을 포함한다. 지배는 다른 사람의 소망이나 욕구를 무시하고 중립화하려는 욕망을 반영한다. 거기에는 다름과 차이를 위한 공간이 없고, 흥미롭게 분리도 없다. 다른 사람/희생자는 언제든 사용 가능한 부분–대상으로 취급된다. 이것은 지배가 왜 파괴적인지를 말해 준다. Dorey는 "지배의 목표는 다른 사람을 완전히 사용 가능한 기능과 상태를 가진 대상으로 축소하는 것이다."(Dorey, 1986: 323)라고 썼다. 첫째로 지배는 도착(perversion)을 통해서 우선 달성되며 파트너를 유혹해서 장악하고자 한다. 둘째로 지배는 힘을 통한 권력과 의무의 영역에서 형성된 강박적인 구성물(configuration)을 통해서도 일어난다. 아이가 학대당할 때, 학대자는 자신의 방식을 이행하기 위해 지배의 이 두 가지 구성물을 사용한다. 학대자는 학대받는 사람이 주체적이고 독립적이며 일어나고 있는 일에 대해 동의했다고 믿고 싶어 한다. 어떤 상황에서는 지배를 추구하는 사람은 자신의 힘과 통제 욕구를 확인하기 위해 다른 사람의 피부에 글씨나 그림을 실제적으로 새겨 넣기도 한다. 성인의 가학피학적 관계에서는 채찍이나 속박 장치를 사용해서 이런 행동을 하기도 한다.

지배관계가 내면화되면, 어떤 젊은 여성은 표시를 남기고 상처를 입힐 필요를 느끼며 자해를 반복한다. 가학피학적 요소들은 팔과 다리를 칼로 그음으로써 새겨지고 반영된다. 이런 행위들은 실제 학대가 일어났던 때의 정서적 수준에서 경험되고, 내면화된 것에 의해 다른 사람의 소망에 노예화되고 감금되어 있다는 표식을 반복하는 것이라고 볼 수 있다. 더 깊은 수준에서는 초기의 내적 대상관계에 기초한 사로잡힌 갈등의 역동이 드러난 것이다. 피부를 긋는 행위는 이런 역동과 자기에게 일어난 일들, 즉 정서적 학대와 신체적 학대, 또는 성적 학대에 대한 내적 표식의 상징이다.

지배가 강박적 형태로 일어날 때, 통제우위(domination)와 전용(appropriation)이 중요한 문제가 된다. 이런 강박성은 도착적이고 자기애적인 내적 파괴 욕동에 제압되고 외부 세계로 투사된다. 그리고 몸은 도착적인 방식으로 취급된다. 이 책에서 도착 개념은 정신분석적 관점을 취하고 있다. "도착으로 고통받는 개인은 성기적 성 만족을 얻는 데 자유롭지 못하고, 대신에 무의식적인 적대감을 수반하는 강박적인 활동에 시달린다고 느낀다"(Welldon, 1988: 155). 이와 같은 지배의 강박적 형식을 취하는 사람은 그 경험을 받아들이고 내면화하며, 나중에는 파괴에 대한 힘과 통제력을 가지고 그 경험을 강박적으로 반복한다. Welldon은 도착적인 행동과 태도에 희생된 사람들이 반드시 도착적인 방식으로 행동하게 되지는 않지만, 만약 어릴 때 부모의 도착적인 행동을 경험한 경우에는 정신적 평형감을 얻는 데 큰 긴장과 어려움이 남는다(Welldon, 1988: 156)고 보았다.

지배의 이런 측면들은 서로 엮이고, 이렇게 무의식적으로 형성된 측면들은 자해 충동에 기여한다. 어떤 내담자들은 강박적 방식으로 커팅을 한다. 이런 학대적인 경험은 이미 과도하고 자극되어 있는 내적 파괴적 공격 충동을 악화시킨다.

Freud가 말한 '지배를 위한 본능'이라는 용어를 통해 지배의 또 다른 측면을 고려해 볼 수 있다. 지배는 본능을 죽음본능으로 변형시키고 파괴적 충동을 통제하기도 한다. 지배 본능은 아이들의 놀이의 원동력으로 설명할 수도 있다. 지배 본능은 "자신이 그것을 지배하기 위해 마음속에 어떤 압도적인 경험을 다시 만들고 싶은 충동으로 변형되기도 한다"(Freud, 1920: 16).

## 자신의 몸을 공격하여 학대 경험을 반복하려는 욕구

어떤 경험을 반복하는 것은 무엇이 일어났는지를 기억하려는 욕구와 관련되어 있다. 반복하는 것과 기억하는 것은 밀접하게 얽혀 있다. 적대감의 반복은 몸을 해치는 행동과 그 행동과 관련된 감정의 형태로 적대감을 반복하는 것이며 무의식적이긴 하지만 일종의 기억이다. 의식적인 정신 행동으로서의 기억은 어떤 형태의 반복을 포함한다. 초기 경험을 강박적으로 반복하려는 무의식적 욕구를 드러내는 것은 분석적 이해와 심리상담의 초석이 된다. 만약 우리가 무언가를 억압하고 그것에 대해 생각하려 들지 않는다면, 그것은 꿈이나 환상, 증상과 행동화를 통해 더욱 강하게 드러날 것이다. 통찰이 늘어나면 억압되고 부인된 것들은 의식화되고 이해될 수 있다. 그러나 몸을 반복적으로 공격하는 것은 끈질긴 지배의 형태이며, 무의식의 가장 본능적인 부분과 관련된 가학피학적인 형태 중의 하나로 볼 수 있다. 다른 말로 하면, 강박 욕구는 이전에 통제되지 않았던 상황을 통제하도록 하는 과정, 즉 복수의 형태이다. 아동기의 트라우마를 극복하는 과정일 수도 있고, 자신을 끝없이 처벌하고 그 처벌에 대한 충동을 도착적이고 자기애적으로 만족시키는 과정이기도 하다. 하나는 지배의 과정이고 다른 하나는 피학성이다. 내가 여기서 제안하고자 하는 것은 자해하는 사람들 안에서 작동하는 이 두 가지 내적 과정 사이의 상호 관계와 융합이다.

반복되는 커팅의 한 가지 효과는 이미 새겨지거나 태워진 몸의 기억을 다시 창조하고, 표현하고, 강화하는 것이다. 트라우마적인 반복은 많은 신체적 과잉행동처럼 과도한 반응이다. 이런 일이 일어날 때, 반복은 숙달을 통해 변형의 과정으로 이어지는 것이 아니라 더욱 자기중심적이고 피학적인 과정이 된다. 이것은 '이게 바로 나야'(죄책감, 미움, 분노, 덫에 걸린 느낌 등)라는 신념으로 연결되고, '그래서 내가 하는 일'(커팅, 상처 내기, 피 흘리기, 고통 느끼기)이 된다. 지배의 변형적인 측면과 자기 패배적인 측면 모두 이런 행동 안에 섞여 있다. 위험한 것은 이런 행동이 중독적인 측면을 포함하고 있다는 것이다. '외상성 정신증(traumataphilia)'이라는 용어는 학대적인 경험을 반복하고자 하는 무의식적이고 강박적인 욕구를 설명할 때 사용된다. 이 충동을 막을 수 있는 한 가지 가능성은 심리상담적 관계를 통해 이 강박에서 어느 정도 벗어날 수 있어야 한다는 것이다.

## 자해를 초래하는 트라우마 후유증에서의 융합과 내적 상호작용

심리내적 역동들은 서로 꽤 신속하게 융합된다. 다른 말로 하자면 자기(self)와 트라우마 경험에 연루된 다른 대상 간의 구별이 모호하고 구분이 안 된다는 뜻이다. 우선 스스로를 해치는 사람은 전능적인 자기충족의 상태를 드러내고 공격자와 동일시된다. 이와 반대로, 희생자에게는 또 다른 형태 융합이 일어나며 이는 공격자와의 동일시와 대조된다. 희생자로 동일시된 경우는 자아에서 벗어나 공격적인 감정을 투사하거나 유지할 수 있는 곳을 찾지 못한 상태로, 수동적인 공격성을 능동적인 공격성으로 전환시키지 못한다.

> 이상화된 대상이 1차적인 자기애적 상태의 자기로 융합되어 있어, 전능한 대상이 아니라 희생자로 보인다. 반면, 주체는 수동성을 능동성으로 전환하거나 공격을 외재화하거나 공격자를 모방하는 대신, 스스로가 희생 대상이 되어 간다.
>
> (Orgel, 1974: 531)

이러한 마음 상태의 뿌리는 유아기에 공격적인 본능 충동의 투사를 안전하게 받아 주고 유아적인 욕구를 충족시켜 주지 못한 부모에게 원시적으로 동일시된 것에서 기인한다. 아기가 발달하는 동안, 아기의 공격성을 애정 어린 대응으로 적절한 균형과 한계를 설정하여 반응해 주는 사람이 필요하다. 자기를 해하는 행동, 물기나 할퀴기와 같은 행동을 할 때 한계를 설정해 주면 이후의 경험에 대한 원형을 정립할 수 있다. 만약 이런 한계가 설정되지 않으면 공격 충동이 과도하게 자극되고 위험할 정도로 걷잡을 수 없다고 느끼게 된다.

애착의 실패로 우울한 유아들은 외부 세계에서 공격성을 시원하게 발산할 수 있는 사람이 없기 때문에 서서히 자기 파괴적으로 되어 간다. 대상관계 속에서 공격성을 표현할 수 없기 때문에 자신의 몸이 공격성을 발산할 수 있는 유일한 대상이 된다. 이것은 앞에서 논의한 가학피학적 관계와는 다르다. 이런 경험은 공격성에 대항할 수 없는 무능이라고 봐야 한다. 실제로 이런 경우에 처한 사람들은 희생자 역할을 추구하거나 잠재적인 희생자로 인식된다. 정서적 방임이나 학대를 경험한 젊은 여성들은 안전감을 느끼기 어렵고 적절한 한계 설정이 어렵다. 그들은 트라우마와 함께 경계가 유지되지 않는 곳으로 퇴행하는 형태를 경험하고, 분노와 불안감을 수용하고 다룰 만한 안전한 장소를 갖지 못한다.

다음의 임상적 자료에 나오는 내담자는 이런 융합과 공격자 및 희생자의 심리를 잘 보여 준다. 자해를 반복하는 그녀의 강박충동은 도착적이고 자기애적인 욕동을 채워 주는 데 이용되고 있을 뿐, 자해 행동을 통한 통제감이나 자신을 대면해서 상황을 변화시키고자 하는 의도는 발견되지 않는다. Martha는 40대 여성으로, 슈퍼비전을 의뢰한 상담자를 통해 파악하게 된 내담자이다. 그녀는 과거에 정신과 진료 경험이 있고, 상담을 받은 적이 있었다. Martha는 담당의의 추천으로 수술 후에 상담을 받았고, 그다음에는 퇴근이 자유로운 일을 했다. 그러나 청소년기 이후로 지속해 온 자해는 줄어들지 않았다. 그녀는 타인으로 인해 기분이 상할 때마다 커팅을 했다. 그녀는 상황과 자신의 무기력감에 쉽게 자극되었으므로 이런 일은 자주 일어났다. 그녀는 과거에 약물을 과다복용했었고 이런 행동 역시 여전했다. 심리상담을 하는 동안 그녀는 자신을 다른 사람으로 볼 수 없다고 말했다. 그녀는 결혼했지만 성적 접촉이 혐오스럽다는 생각을 하게 된 후 남편과 '남매'처럼 살고 있었다. 그녀는 일을 할 수 없었고, 이웃들에게 푼돈을 받고 옷을 수선했다.

상담을 받는 동안 그녀의 환상이 게으르고 무관심한 어머니와 연결되어 있다는 것과 할아버지의 부적절한 성적 접촉과 결합되어 있다는 것이 드러나기 시작했다. 그녀는 집을 떠나는 것이 안전하지 않고 상담 회기에 오는 동안의 짧은 외출이 매우 스트레스를 준다고 느꼈다. 그녀는 정서적으로 매우 취약했고, 커팅은 그녀에게 어떤 경계와 동일시의 형태를 제공하는 것 같았다. 그녀는 커팅을 하면서 스스로를 '희망 없는 Martha'라고 칭하며 동일시했다. 그녀는 실망하거나, 혼자 남겨지거나, 잊힐 것이라고 기대했다. 상담자는 그녀의 이런 감정에 엄청난 압박을 받았다. Martha의 신념 속에서 커팅은 필수적인 것이고 자신의 전능감과 자기애를 드러내는 유일한 해결책이었다. 커팅은 그녀 혼자서 할 수 있는 행동이었고, 효과가 있었으며, 상담보다 훨씬 비용이 적게 들었기 때문이다. 그녀는 자신의 감정이 드러난 것과 희생자 상태로 '집에' 있는 것을 깨닫고 놀랐다. 그녀의 시기심과 분노는 소거되어 있었지만 상담자로 인해 자신의 감정이 뒤흔들린다고 느끼며 투사했다. 이러한 양상들은 삶의 안녕에 대한 불안과 신경을 긁어 대는 걱정부터 무력한 좌절과 분노에 이르기까지 다양했다. 이를 통해 Martha의 남편이 섹스 없는 결혼에서 경험한 것 역시 같은 것임을 추측할 수 있었다.

Martha의 내적 세계는 사로잡힌 갈등을 구성하는 두 개의 속성이 융합된 인물에 1차적으로 점유되었다고 볼 수 있다. 그 하나는 그녀 자신을 위해 무엇이든 얻기 위해 뇌물을 주고 속여야 했던 빈약하고 박탈된 희생자이고, 다른 하나는 무엇이든 할 수 있고 아무것도 필요 없는 거부적이고 전능하며 잔인한 인물이다. 상담에서의 쟁점은 Martha가 자신의 이러한 측면을 인식할 수 있는 정신적 능력이 있는지를 확인하는 것이었다. 몇 년이 지나 Martha는 이런 감각이 너무 위험하다고 생각하기 시작했다. 그녀는 커팅을 계속했는데, 특히 자신이 만든 심리적 균형감이 위협받는 상담 회기를 가진 후에 더욱 두드러졌다. 그리고 자신의 '희망 없는 상태'에 대한 유일한 해답인 죽음에 대해 말하기 시작했다. Martha의 파괴적인 부분은 위협이 커지는 상황에서 힘을 얻는 것 같았고 이러한 분열은 강고하게 유지되었다. Martha는 자신에 대한 일체감을 가지기 어려워 보였고 통찰의 고통을 견디기 힘들어했다. 상담자는 점점 물속으로 가라앉는 것 같았고 슈퍼비전을 통해 우리는 이런 감정들을 지탱하고 관리하는 방식에 대해 의논했다. 상담자는 Martha의 의사와 연락을 강화할 필요가 있다고 느꼈으나, Martha는 이에 동의하지 않으면서 상담은 종결됐다. Martha는 상담자가 자신을 배신하고 실망시켰다고 느꼈고, 상담을 계속하지 않을 것이라고 말했다.

Martha의 갈등이 보여 주는 이러한 사례는 모성환경과 이후의 학대에서 파생된 것으로, 적어도 3세대 이상 거슬러 올라간 가족역동으로 추정해 볼 수 있다. 그중 하나는 Martha의 어머니가 부모에게 받은 돌봄의 경험을 반복하고 있다는 측면이다. 어머니 또한 Martha를 성추행한 할아버지인 자신의 아버지에게 학대당했을 가능성 등을 추측해 볼 수 있다.

## 정신적 갈등 표현에 사용되는 몸

무의식적 수준의 사로잡힌 갈등은 본능적인 공격성 과정에 의해 촉진되고 상호작용한다. 본능적 과정 또한 모성환경과 초기 부모의 양육 경험과 연결되어 있으므로 영향을 받는다. 심리내적 측면과 외부 환경의 측면들 또한 서로 영향을 주고받으며 적응해 간다. Ritvo(1984)는 이러한 변증법적 과정을 설명하고자 21개월 아기의 행동을 관찰하여 발달 순서를 도표화하였다. 아기는 처음에는 즐거움을 얻기 위해 어머니의 젖가슴을 깨문다. 한 살이 되었을 때 깨물기는 조직화된 공격적 반응으로 발전하는데, 주로 좌절을 경험했을 때 나타난다. 이 단계에서 공격성은 여전히 외부를 향한다. 아기는 실제 대상을 깨물고, 때리고, 던지고 있기 때문이다. 어느 날 아기가 던진 유리컵 때문에 다른 아기가 상처를 입는 사건이 있은 후에 아기는 꾸중을 들었다. 이 사건 이후 몇 달 동안, 아기는 당황하거나 놀라거나 날카로운 소리를 들을 때마다 "물렸다."라고 말했다. 예를 들어, 기저귀가 살을 문지르는 것을 '물고 있다'고 불평했다. Ritvo는 아기가 유리컵을 던졌을 때 어머니가 화를 내고 걱정하며 날카로운 말을 하는 타이밍에 그 욕동(drive)이 반전되어 아기 자신의 몸을 향하는 역동적인 요인이 되었을 수 있다고 설명했다.

21개월 아기에 대한 관찰을 통해 외부 대상이 작은 아기의 몸이 되는 과정을 알 수 있다. 다른 말로 하자면 내적 느낌들은 자신의 몸을 사용하여 처리된다는 것이다. 아기의 공격성이 외부를 향할 때 성인의 사랑을 잃을지 모른다는 두려움이 커지면 이런 역동은 강화된다. 이 예시는 정신적 갈등을 표현하기 위해 몸을 사용하는 것과 관련된 과정을 보여 준다. 아기는 자신의 공격성을 외재화하고 지배하기 위해 몸의 이미지와 지각을 사용한다. 이런 본능적 과정은 대상관계 경험에 영향을 받으며 변형되기도 한다. 이런 과정은 두려움의 형태로 아이에게 돌아온다. 청소년기에는 연령에 적합한 표현방식에 적응되어 있다 해도, 공격성과 같은 본능적 과정의 힘과 위험, 공격성을 관리하는 방식이 재출현한다. 새로이 출현하는 공격성은 억제될 수도 있고 그렇지 않을 수도 있지만, 어느 쪽이든 통제할 수 없는 느낌이 들 수 있다.

## 억제된 공격성

이러한 내적 과정의 발달은 사회문화적 요인들을 포함한 외부적 측면의 영향을 받는다. 소녀들의 사회화 과정에서 자기주장 훈련과 감정을 표현할 필요성이 널리 알려졌음에도 불구하고, 여전히 공격적인 행동과 분노를 외부적으로 표현하는 것에 대해서는 내면화된 금기를 가지고 있다. 공격적인 행동과 분노를 표출하는 것은 성정체성과 매력을 잃는 것이고 애정 어린 관심과 배려 등 선호되는 여성적 특성을 잃게 되므로 위협적이다. 그 결과, 젊은 여성들이 남성과 다른 여성들을 향해 화를 표출하는 것이 자기 자신이나 자신의 몸, 또는 그들의 자녀들과 같이 훨씬 더 힘없는 사람들을 상대로 방향을 바꾼다. 이런 요인들은 여성들이 다른 사람들에게 승인을 구하는 경향, 혹은 좀 더 순응적인 행동으로 이어진다.

이러한 사회적 측면과 함께 공격성을 억제하게 하는 미묘한 과정이 있다. 그 하나는 억압으로, 억압이 강하면 의식과 무의식의 각기 다른 층위 사이의 연결을 방해한다. 억압이 수평적인 방해로 작용한다면, 또 다른 과정인 해리는 수직적 장벽이 되어 트라우마적인 경험을 분리하고 고립시킴으로써 중심 자기는 고통과 일어난 일의 현실에서 도망친다. 이것은 단순한 신경회로의 과부하가 아니라 사건과 그것의 의미가 연결되지 않는 것으로 이어진다. 억제의 두 가지 형태인 억압과 해리의 영향으로 사랑과 미움처럼 반대되는 감정 사이에 있는 모든 복잡한 갈등은 의식적으로 인식되지 않는다. 다른 사람에게 어떤 영향을 미칠지 모르는 두려움 때문에 분노 또한 억제된다. 타인의 약점과 취약함에 대한 감각이 있는 경우에는 화를 표출하는 것이 더 복잡해지는데, 자신의 분노를 언어적 · 신체적인 방식을 통해 외부 대상에게 분출하지 못한다. 예를 들어, 심리상담을 하는 어떤 내담자들은 부모를 보호할 필요에 대해 말하기도 하는데, 특히 대처 능력과 관리 능력이 없는 어머니에 대해서 그렇게 생각한다. 그러므로 비밀스러운 커팅은 젊은 여성의 금지된 감정에서 오는 긴장을 완화해 주고, 동시에 마음속에서는 이런 행동에 의해 아무도 상처받지 않는 결과를 준다. 다른 사람을 해치는 것에 대한 두려움은 심리상담을 통해 다룰 수 있다.

## 조절되지 못한 공격성

때때로 공격성에 대한 감각은 통제할 수 없다고 느껴진다. 이는 특히 청소년기에 두드러진다. 이런 감각은 분노와 격분을 정신적으로 표현하기 어렵기 때문에, 즉 말로 표현하는 것이 어렵기 때문에 더 심해진다. Fonagy가 말한 '정신화(mentalise)' 능력은 자신과 다른 사람의 의식적 · 무의식적 정신 상태를 마음속으로 그려 보는 능력을 말한다(Fonagy, 1991: 641). 그는 감정이나 감각에 대한 생각을 표현하는 능력이 압도하는 감정을 통제하는 데 중요하다는 점을 강조했다. 그는 이런 능력의 발달이 초기 대상관계의 일관성과 안전함의 정도에 좌우된다고 보았다. 그리고 그는 부모에게 있는 '충분히 좋은' 정신적 기능을 '내면화 과정에 힘을 주는' 것으로 불렀다(Fonagy, 1991: 642).

정신적인 표현의 무능과 부적절함은 통제할 수 없다는 감각에 영향을 미친다. 이런 기능이 교란되면 행동화를 불러오게 된다. 이것은 분노가 자기 내면을 향하는 형태로 나타나거나(주로 젊은 여성들에서 나타나는 커팅은 이런 예에 속한다), 역설적으로 외부 세계에서 공격성 통제에 실패하는 것(젊은 남성들에게서 발견된다), 또는 극도의 공격성을 자신과 타인에게 가하는 것으로 나타난다.

Pithers(1983)는 자신뿐 아니라 상대에 대한 감정을 폭력적으로 표출하는 젊은 사람 집단과 작업한 것을 기술했다. 그는 이런 사람들의 경우 전통적인 심리상담은 부적절하며, 행동에 기반한 접근을 사용해야 한다고 보았다. 그는 "만약 내가 그들이 쓰는 말에서 '존나'나 '씨발'을 제거한다면 다른 말은 거의 남아 있지 않을 것이고 안전하지 않은 작은 구조마저 무너질 것이다. 그들의 사회적 행동은 거칠고, 그들의 통제력은 원시적이다."(Pithers, 1983: 2)라고 썼다.

Pithers가 언급한 내담자 중 한 명은 Kim이었다. 그녀는 큰 키와 짧은 머리, 성급한 기질과 즉각적이고 폭력적인 보복으로 유명했다. 어느 날 저녁, Kim은 소년 무리 중 한 명이 그녀를 여자로 언급했다는 이유로 그 소년을 공격하여 기절시켰다. Kim은 자신이 여자인 것을 증오하며 성정체성을 감추려 했다. 그녀는 크고 눈에 띄는 자신의 앞가슴을 없애려는 끔찍한 시도를 감행했다. Kim은 쇠톱을 사용해서 여러 차례 가슴을 제거하려 했고, 그 결과 왼쪽 가슴이 심하게 손상되었다. 드레싱 처치를 했지만 감염이 재발했으며 제거하고자 하는 충동만 자극했을 뿐이었다. Pithers는 박탈 경험이 심한 젊은 사람에게 큰 효과를 주었던 개입을 사용하여 그녀의 마음을 흔들었고 그녀가 자신을 향해 쏟아 내는 위협적인 폭력을 담아 주었다. 다음은 이것에 대한 예이다.

> 결국 그녀는 나를 더 단단히 붙잡기 시작했고, 가끔은 그 경험들이 나를 압도하기도 했다. 나는 울기 시작했고 내가 울자 그녀는 나를 더 꽉 잡았다. 그녀 역시 견디려고 애쓰며 내 머리를 그녀의 가슴에 붙들고 있었다.
>
> (Pithers, 1983: 11)

Pithers는 이것이 Kim의 경험에서 가장 중요한 순간이며, 그녀가 여성이라는 것을 받아들이기 시작했다는 측면에서 함께 이야기할 수 있는 순간이라고 보았다. 초보적인 수준의 통제력을 가진 어눌한 청소년들에게 공격적인 과정과 성적인 활동이 청소년기의 핵심 요소가 되는 경우, 이 문제는 중요하게 다루어야 한다. 이런 청소년들은 압도적인 감정에 대처할 만한 통제력이 거의 없다. 그들의 반응은 충동적인 행동에 기반하고 내면세계는 빈약하다. 세상에 대한 인식이 조야하고 단순한 반면, 반성적이고 사려 깊은 행동을 발달시킬 수 있는 정신적 조건이 갖춰져 있지 않다. 반응은 충동과 행동에만 기반을 둘 뿐이다. 이를 바꾸고 자신과 다른 사람들의 감정을 생각하는 능력을 개발하기 위해서는 어린이나 청소년의 상상력을 발휘하도록 돕는 존경할 만한 성인의 모델링과 격려가 필요하다. 이러한 과정을 통해 개인적으로 만족하고 사회적으로 의미 있는 방향으로 공격성을 억제, 전달, 방향 전환을 해야 하며 다른 방식으로 활용할 가능성을 개발해 가야 한다.

## 자기 처벌

젊은 여성들이 스스로를 혐오하고 처벌하고자 하는 이야기 속에는 자신의 초자아에서의 끊임없는 압력이 있음을 알 수 있다. 내면에 자리 잡은 비판적인 심판관은 쉬지 않는다. 자기 처벌 상태에 있는 내담자는 자신의 몸을 응징받아 마땅한 대상으로 다룬다. 자기 처벌은 누군가를 대신 훈육하는 것도, 자아가 외부의 대상과 합쳐지는 것도 아닌, 자신을 증오하는 감정 그 자체의 힘에서 나온다. 이런 공격적인 요소는 능동적일 수도 있고 수동적일 수도 있다. 앞서 살펴본 Kim의 사례에서 볼 수 있듯이, 그녀는 여성으로 태어난 자신을 능동적으로 처벌하는 동시에 스스로가 수동적인 조건 아래에 있다고 느꼈다.

자기 처벌은 성적 욕구가 발달되는 것에 대한 환상, 자위와 성적 환상, 앞서 논의한 성적 학대 상황과 관련될 수 있고, 성적인 느낌과 관련된 죄책감, 수치심 등과도 연관된다. 공격적이고 성적인 측면도 결합될 수 있다. 집단 평가에 의뢰된 어떤 소년은 심리적 교란이 큰 상태였다. 정신과 의사가 (약속 시간에) 와 준 것에 대해 감사하자, 소년은 동요하면서 그의 인생에서 이렇게 역겨운 말을 들어본 적이 없다고 말했다.

자기 처벌은 공격성의 성애화를 반영하는데, 면도칼이나 칼, 담배나 피어싱 등에 의해 피부를 관통하고 벗기는 성적인 측면을 포함한다. Bovensiepen(1995)은 자해하는 소녀들이 가진 면도칼 등의 날카로운 칼에 대한 환상에 초점을 두었다. 그에 의하면, 소녀들은 폭력적인 페니스(나쁜 대상)가 담아 주는 대상 안으로 침투해 들어가는 환상을 가지고 있다. 이런 종류의 환상은 성적 학대를 당한 내담자들의 두려움과 연결된다. 이들은 자신의 경험에 대한 이상한 사고와 느낌을 통제하는 방법으로써 몸을 공격한다. 앞서 말한 것처럼, 피부를 긋는 바로 그 행위는 역설적으로 학대 중에 자기에게 자행된 신체적인 경험을 상기시킨다. 이런 상황의 딜레마는 어떻게 이 폭력적인 공격성을 관리하고 담아내느냐는 것이다. 그것을 관리할 수 있어야 어쩔 수 없이 순응해 온 방식을 건설적인 방향으로 전환할 수 있다. 심리상담의 초점은 내담자가 개인 내적 심리나 대인관계 심리에서 모두 우호적인 관계의 가능성을 믿을 수 있도록 돕는 것이다.

또한 자기를 향해 공격하는 것은 회개적인 자기 처벌을 통해 위협받는 관계를 회복하려는 것으로도 볼 수 있다. 그 행위는 상실이 우려되는 대상을 향해서 보복적으로 버려지는 것을 나타낸다고 볼 수 있다. 달리 말하자면, 자신을 향한 공격은 "당신이 나를 두고 가버린다면 나 또한 당신을 떠날 거야."와 같은 분노 어린 반항이다. 자기를 향한 공격적인 행위는 충족되기를 원했던 욕구들과 좌절된 욕구에 사이의 갈등일 수 있다.

자해와 약물과용 내력을 가진 20대 여성 사례를 슈퍼비전했던 경우를 살펴보자. 그녀는 다급하게 심리적 지원을 요청하는 상황이었으므로 지지적인 심리상담을 제공했다. 그녀는 점점 더 의존적으로 되어 갔고 휴일에 상담이 쉬는 것을 견디기 어려워했으며 상담자에게 실망하면서 버림받았다고 느꼈다. 여름휴가가 다가오자 이런 느낌에 압도되었고 자신의 인생을 끝내 버리고 싶다고 말했다. 그녀는 상담자가 없는 동안 의사에게 가까스로 그녀가 사용할 수 있는 강력한 진통제 처방전을 얻었다고 말했다. 상담자는 그녀의 상태가 매우 걱정되었고 이러한 불안을 슈퍼비전에 가지고 왔다. 슈퍼비전에서 우리는 상담자가 내담자의 행동을 해석하고, 상담자의 휴가 기간 동안 상담자의 마음에 내담자가 '보유되고 있다'는 감각을 전달할 수 있는 방법에 대해 논의했다. 또한 상담자가 불안에 사로잡히도록 조종한 내담자의 분노감을 다루고, 어떻게 그녀가 그런 분노를 자신의 내부에서 해결할 수 있을지를 의논했다. 휴가 후에 나는 상담자와 내담자의 불안에 대해 의논했다. 내담자가 상담자를 무신경한 사람으로 인식하는 것에 비해, 의사에게는 상냥하고 내담자를 걱정하는 따뜻한 느낌을 가지고 있었다. 내담자는 휴가 기간 동안 알약이 남아 있어야 하는지에 대해 이야기하면서 알약은 보관할 것이지만 사용하지 않을 것이라고 말했다(물론 알약은 안전하게 남아 있었다). 그리고 내담자는 휴가를 잘 보냈다.

이 장에서 기술한 내담자 중 몇몇은 청소년기가 훨씬 지난 사람들이다. 다음 장에서는 자해와 청소년기 심리 상태를 탐색해 볼 것이다.

# 04
# 자해와 관련된 청소년기의 취약 요인

이 장에서는 자해와 관련된 청소년기의 신체 및 자아 발달의 특정 취약 요인에 대해 살펴본다. 우선, 이 책 전체에서 사용되는 중심 도식, 즉 신체를 공격하는 것은 사람의 마음 속 다양하고 복잡한 심리적 갈등을 상징적으로 표현하는 것임을 강조한다. 이 장에서 특히 탐구하는 갈등은 성적 정체성(sexuality)과 분리개별화(separation-individuation)와 관련된 갈등이다. 이러한 갈등은 특히 집을 떠나 성장하는 것과 관련되어 있으며, 이 과도기에 경험하는 여러 가지 고질적인 심리적 동요이다. 즉, 청소년기에 경험하는 결핍과 떠남, 소유와 거부와 같은 다양한 심리적 갈등에서 비롯되는 동요라고 볼 수 있다. 자해는 일반적으로 청소년기에 시작되며, 자해하는 사람이 청소년기를 지나 성장하더라도 청소년기의 정신 상태를 가지고 있는 것이 특징이다. 청소년기의 사고방식은 반드시 시간 순으로 나타나는 것은 아니며, 여전히 강력하게 존재하고 해결되지 않은 채 남아서 압박을 받으면 다시 활성화될 수도 있다.

청소년기와 청소년기의 단계에 대하여 광범위하고 다양한 분석적 관점에서 쓰인 잘 알려진 문헌이 있다(예: Blos, 1962, Copley, 1993, Frankel, 1998, Laufer, 1995, Laufer, & Laufer, 1984, 1989). 모든 분석가는 청소년기의 특성으로 피할 수 없는 미성숙함과 과도기에 나타나는 강렬한 감정, 혼란스러운 정체성 및 예측 불가능성에 대해 언급하였다. Anderson은 청소년기에 투사적 동일시의 사용이 증가하며, 많은 경우 투사의 대상이 부모 자신이라는 점을 강조하였다(Anderson, 2000: 12). 유아기와 어린 시절의 초기 경험, 예를 들어 오이디푸스 콤플렉스와 관련된 불안이 다시 깨어나는 경향이 있다. 이러한 불안은 반복되거나 새로운 방식으로 경험된다. 청소년기의 신체적 · 성적 · 정서적 변화, 에너지와 지적 발달이 왕성한 시기라는 특징으로 인해 불안이 더욱 뚜렷이 나타난다. 즉, 청소년기는 독립적이고 성적으로 성숙한 성인이 되기 위한 위험한 여정을 경험한다. 사춘기, 성 정체성 찾기, 부모와 집 떠나기, 떠남과 관련된 모든 양가감정에 대처하기 등을 경험하고, 이러한 경험이 자신의 불안의 새로운 방향을 모색하게 만든다. 이러한 변화는 일반적으로 대부분 청소년기의 문제로 나타난다. 그러므로 나는 자해 문제를 해결할 수 있는 실마리가 되는 청소년기 소녀의 몇 가지 경험을 집중적으로 다룰 것이다.

청소년기에는 두 가지 분명한 발달 과제가 있는데, 첫 번째는 사춘기와 성적 발달의 극복, 두 번째는 부모와의 분리와 정체성의 발달이다. 분명 이러한 과제는 유아기 초기에 정서적 뿌리를 두고 있으며 어린 시절 내내 공공연하거나 은밀한 방식으로 존재한다. 또한 많은 사람이 성인이 된 후에도 정서적으로 해결되지 않은 채로 남아 있을 수 있으므로, 다시 한번 강조하지만 시간 순 이상의 의미를 지닌다.

## 청소년기 사고방식의 특징과 자해와의 연관성

청소년기의 자해 행동의 특징에는 다섯 가지 심리적(마음) 상태가 있다. 첫 번째는 공격적인 충동 과정의 강화로, 이는 명확히 자해의 한 측면이기도 하다. 성장은 본질적으로 공격적인 행동이다. Winnicott은 이를 다음과 같이 간결하게 표현했다. "초기 성장의 환상에 '죽음'이 내포되어 있다면 청소년기에는 '살인'이 내포되어 있다. (……) 성장이란 부모의 자리를 차지하는 것을 의미하기 때문이다"(Winnicott, 1971: 169). 이러한 살인 감정은 3장에서 논의한 것처럼 행동으로 표출되거나 내면으로 향할 수 있다. 앞서 언급했듯이 공격적인 과정은 자해하는 사람들의 사로잡힌 내면의 갈등을 더욱 강화시킨다. Winnicott이 '침체기'라고 묘사한 청소년기를 치료할 수 있는 유일한 방법은 시간이 지나가는 것이다.

청소년기에 특히 친숙한 두 번째 심리적(마음) 상태는 나르시시즘으로, 이는 다른 사람을 사랑하기 전에 나타나는 자기 자신에게만 집중하는 태도이다. 이것은 과장된 자만, 전능감 및 자기성애적 행동을 통해 나타난다. 이는 자해의 심리적인 특징이기도 하며, 자기애의 심리를 통해 찾은 해결책을 유일한 해결책이라고 믿게 한다. 이런 믿음은 스스로 가해하며 자기애와 자위를 수반하기도 한다. 청소년들에게 자기애는 일반적으로 자신에 대한 과대평가와 자기중심적인 태도로 나타나며, 까다롭고 성마른 기질이 함께 나타난다. 이러한 자기애는 부모에 대한 만족스러운 관계를 포기하는 데 어려움을 느끼는 것과 억압적인 내면의 대상과의 관계에서 벗어나고자 하는 욕구 사이에 딜레마를 경험하게 한다.

세 번째 심리적(마음) 상태는 다른 사람에 대한 환상적인 기대와 불안으로 과민하고 예민해진 느낌이다. 이는 자해 행동의 트리거로 작용한 사건의 질과 관련이 있어 보인다. 자해를 한 사람들은 종종 다른 사람들의 반응과 그들이 말하거나 생각하는 것에 대해 경계한다. 상담을 받은 일부 젊은 여성들에게는 사람들의 행동이나 반응이 종종 너무 과하게 느껴지거나 자신이 견딜 수 있는 마지막 한계점이 되곤 했다. 자해는 그 순간의 압박감을 완화시키는 역할을 했다. 일부 임상 사례에서 논의되었듯이, 어떤 내담자들은 내가 보여 준 모든 행동과 제스처를 포함하여 나의 반응에 매우 주의를 기울였다. 이는 그들이 거부당하는 것과 지배당하는 것에 대한 불안을 모두 나타내는 것이었다.

네 번째 심리적(마음) 상태는 청소년이 행동으로 전환하는 경향이다. 이는 고통스러운 감정이나 부모 의존에 대한 방어일 수도 있지만, 자기표현의 수단과 지배 형태이기도 하다. 이는 자연스럽게 모든 신체적 변화와 에너지 증가와 연결된다. 자해(커팅)는 분명히 사고와 성찰보다 우선하는 행동이다.

신체를 공격하려는 성향과 연관된 다섯 번째이자 마지막 청소년기 심리적(마음) 상태는 죽음에 대한 집착이다. 청소년기에는 죽음을 받아들임과 동시에 생식 및 임신 능력을 갖게 된다. 이 두 가지를 함께 경험하면서 독립성과 불확실성을 동시에 경험한다. 또한 죽음을 어느 정도 통제할 수 있다는 사실에 안도감과 흥분을 경험하기도 한다. 자해는 죽음이나 신체를 죽이는 것이 아니지만, 2장에서 논의한 것처럼 죽음에 대한 집착 및 죽음본능을 수반한 파괴적인 측면이 있다.

이러한 모든 청소년기의 심리적(마음) 상태는 일시적이고 긍정적이며 성숙 과정의 일부일 수 있다. 그들이 고착화되고 파괴적이며 패배적인 상태가 되면 비행과 같이 외부로 향하거나, 자해와 같이 자기 내부로 향하는 행동으로 이어질 수 있다. 이러한 방향은 종종 성별과 밀접한 관련이 있다. 일반적으로 사춘기 소녀들은 자기 내부로, 그리고 자신의 신체로 향하는 경향이 있다. 예를 들어, 일반적으로 소녀의 나르시시즘은 흔히 자신의 외모나 손톱, 얼굴 및 머리카락 상태에 대한 과도한 집착을 통해 나타난다. 이러한 자기 몰두는 역설적으로 자신의 신체에 대해 더욱 낯설고 멀게 느끼게 만든다. 몸은 '다른 것'으로 경험되며, 이것은 조작되고 변형되는 대상으로 여겨진다. 이러한 친밀감과 함께 느껴지는 분리감은 신체에 대한 공격의 가능성을 높인다. 이와 유사하게 신체 이미지와 지각에 대하여 과민 반응을 흔히 경험한다. 신체에 대한 충동적인 행동은 내적인 갈등상태에서의 긴장을 감소시키며, 고의적인 자해는 그들이 자신의 신체를 통제하고 있다는 느낌을 주어 마음의 혼란과 불안을 완화시킨다. 역설적이게도, 신체에 대한 일부 행동을 통해 젊은 여성은 힘과 자율성을 경험하는 동시에 때때로 신체적으로 약해지고 타인에게 더 의존하게 될 수 있다. 이는 특히 약물 과다복용 후 또는 섭식 장애가 있는 경우에 그러하다.

## 신체 변화와 통제의 필요성

사춘기 동안 통제할 수 없는 신체 변화의 모든 경험은 초기 청소년기에 필연적으로 나타나는 흥분, 혼란, 두려움의 감정에 기여한다. 남학생과 여학생 모두 아이를 낳을 수 있는 능력이 발달하면서 신체에 큰 변화를 경험하며, 이러한 신체적 변화는 청소년들이 자신에 대해 느끼고 생각하며 환상을 갖는 방식과 타인이 자신에 대해 어떻게 생각하는지에 큰 영향을 미친다. 소녀의 경우 가슴이 발달하고 엉덩이와 허벅지가 둥글어지면서 체형에 변화가 생기기 때문에 일반적으로 남아보다 더 일찍, 더 극적으로 변화가 일어난다. 이러한 변화는 필연적으로 일어나며, 소녀가 환영하든 그렇지 않든 소녀의 통제를 벗어난다. 그들의 신체 상태는 어린 시절이 끝났다는 신호이다. 변화가 일어나면서 자아와 신체가 서로 단절된 느낌을 받을 수 있는데, 이때 자아는 통제할 수 없는 신체적 감각과 충동에 대부분 휘둘리는 깨지기 쉬운 그릇과 같다.

이러한 통제할 수 없는 변화들과 관련된 환상들은 신체적 소외감을 조성할 수 있다. 즉, 신체가 달라 보이고, 대상처럼 느껴지며, 자아로부터 분리된 별도의 것으로 인식되는 감각이다. 이것은 자해(커팅)에 관여하는 중요한 특징이다. 신체는 '마음대로 할 수 있는' 것이나 '벌주고 훈련시킬 수 있는' 것으로 느껴지며, 간접적으로 통제되고, 실질적으로는 공격하는 것을 통해 드러난다. 자신을 해치는 사람에게 신체는 자아와는 별개이고 다른 것으로 취급된다. 이런 방식으로 신체는 다루기 힘든 감정과 통제할 수 없는 본능적 충동의 대상이자 이를 담아내는 그릇이 된다. 이 신체와의 새로운 관계는 근본적으로 연결이 아닌 단절인데, 즉 신체는 자해를 통해 내면의 통제할 수 없는 감정이나 본능을 담아내거나 표현하는 곳이 된다. 이와 같은 신체와 정신의 새로운 관계는 근본적으로 통합이 아닌 단절이다. 그러나 역설적으로 오직 단절을 통해서만 신체가 취약하고 분열되는 자아를 담는 대상이 될 수 있다.

여성의 신체를 공격과 처벌의 도구로 사용하는 것은 잘 알려진 문화적 관점이다. 많은 남성이 수세기 동안 여성을 이런 식으로 대해 왔다. 어떤 면에서 여성의 신체는 상처받고, 폭력을 당할 수 있으며, 신체적 · 감정적 존중 없이 침해당할 수 있다. 이런 문화적인 억압,

신체적 공격 그리고 여성들이 사회에서 자신들을 대하는 방식을 내면화하면 청소년기에 자신의 신체가 변화할 때 그에 대해 혼란스럽거나 이상하다고 생각할 수 있다. 이런 상황은 대중문화에서도 많이 나타나는데, 여기서 여성들은 맞고, 찔리고, 강간당하고, 살해되고, 피부가 벗겨지는 일을 당한다.

여성의 몸을 폭력적 공격에 '적절한' 대상으로 보는 관념은 피해자를 고문하고 불구로 만드는 Bret Easton Ellis의 『아메리칸 사이코(American Psycho)』에 등장하는 캐릭터에서도 잘 드러난다.

> 나는 그녀의 손이 모두 덮일 때까지 계속 못을 박는다. 못들이 서로 엉키고 꼬여서 여성이 일어나려는 시도조차 불가능하게 만든다. …… 또한, 나는 그녀의 남은 손가락들을 물어뜯으려 시도하며, 특히 그녀의 왼쪽 엄지손가락의 살을 모두 씹어 내어 뼈가 드러나게 만들고……. 그리고 가끔 여성의 가슴을 찌르며 실수로(실제로는 의도적으로) 브래지어 안에 있는 그녀의 유두를 잘라 냈다.
>
> (Easton Ellis, 1991 : 245-246)

영화로도 큰 성공을 거둔 소설 『양들의 침묵』은 여성 피해자의 '가죽 벗기기'와 관련된 일련의 섬뜩한 살인 사건을 묘사한다. 결국 우리는 그 끔찍한 이유를 알게 된다. 이 발췌문에서는 FBI 요원 스탈링(Starling)이 발견한 사실을 보고한다.

이 사건에 대해 범죄 수사 과정에서 스탈링은 간결하고 명확한 보고를 해야 한다. 스탈링은 몇 가지 생각을 하며 말했다.

"피해자는 10대 후반에서 20대 초반의 백인 여성이고 사인은 총상이에요. 그녀의 하반신과 허벅지의 피부가 벗겨진 상태로 발견되었어요."

"스탈링, 우리는 이미 그들이 젊은 백인 여성들을 살해하고 살갗을 벗겨내는 것을 알고 있어. 여기서 새로운 게 뭐지?"

"그녀는 여섯 번째 희생자이지만, 두피가 벗겨진 건 처음이에요. 어깨 뒤쪽에서 삼각형 모양으로 피부를 잘라낸 것도, 가슴에 총을 맞은 것도 처음이죠. 목에 번데기가 있는 것도 처음이고요."

"스탈링, 부러진 손톱을 잊었군."

"손톱이 부러진 건 두 번째예요."

(Harris, 1999: 89)

현대 사회에서는 사춘기 소녀들이 성인으로 성공적인 전환을 할 수 있는 잠재적 기회가 열리면서 많은 변화가 일어났다. 사람들은 여성에 대한 폭력, 여성의 권리, 성차별에 대해 더 많이 인식하고 있다. 여성 자신에 대한 감각, 신체, 성적 정체성, 좋은 관계에 대해 많은 글이 쓰이고 있으며, 이 모든 것은 대중문화뿐만 아니라 교육을 통해 청소년기 소녀들이 접할 수 있다. 그러나 반복적으로 스스로 해를 입히는 사람들에게 그들의 신체는 여전히 파괴적인 공격과 부상의 적절한 표적으로 간주되는 것 같다. 신체는 그들의 마음에서 일어나고 있는 격변의 상징적인 장소이자 적으로 남아 있다. 젊은 여성들은 자신의 존재와 정체성이 불안정하다고 느끼고, 혼란스러운 감정과 느낌을 견딜 만큼 충분히 강하지 못하다.

Frankel(1998)은 이러한 연약함과 연관된 '해체와 파편화'라는 주제에 대해 언급하면서 이러한 감정이 남녀 청소년 모두에게 존재하지만 그 정도는 다양하다고 지적한다. 그는 이러한 신체 변화가 어떻게 해체감과 취약함의 느낌을 가져오는지 설명한다. 남자아이는 변성기와 얼굴에 털이 나기 시작하며, 남녀 모두 여드름 발생으로 인해 큰 자의식을 느끼게 된다. 또한, 남녀 모두에게서 나타나는 갑작스러운 성장은 방향 감각을 상실하게 만든다. 여자아이들에게 의심할 여지 없는 가장 큰 변화 중 하나는 월경의 시작인데, 현대 서구 사회에서 월경은 종종 당혹감과 설렘이 뒤섞인 채로 경험된다. 다른 신체 변화와 마찬가지로 생리를 시작하면 청소년의 신체에 대한 통제력이 약화될 수 있으며, 일부 여학생은 수치심과 혐오감을 강하게 느끼기도 한다.

여러 분석 연구에서 월경과 신체 부위 자해(커팅) 사이의 연관성을 강조하고 있다. 예를 들어, Rosenthal 등(1972)의 연구에서는 신체에서 일어나는 일에 대한 통제력 부족과 월경에 대한 수치심이라는 두 가지 핵심 측면을 강조한다. 이 연구에 참여한 자해 내담자 중 상당수는 생리가 시작되는 것을 두려워하고 비참하게 인식했으며, 생리가 불규칙한 경우가 많아 신체가 통제 불능이라는 느낌을 더욱 악화시키는 것으로 나타났다. 이 발견으로 신체에 대한 공격과 신체를 자신과 별개로 이해하는 것 사이의 연관성을 확인할 수 있다. 통제되지 않는 출혈과 통제된 출혈 사이에는 아주 흥미로운 연관성이 있다. 일부 이론가들은 월경과 자해 행위 사이의 상징적 연결을 조사하면서 자해를 대리 월경의 형태로 보고 생식기에서의 전이로 해석했다(예: Deutsch, 1944). 예를 들어, Bettelheim(1955)은 자해로 인한 '상처'가 질과 월경을 상징한다고 해석했다. 그는 자해 행위를 어머니와 동일시하려는 시도이며, 어린 시절에서 어른이 되는 과정을 돕는 긍정적인 행동으로 해석했다. 어머니와의 동일시가 긍정적이라는 것은 나의 경험으로는 확인되지 않았지만, 그럼에도 불구하고 이러한 동일시는 전지전능한 어머니에게 거부당하거나 분리되는 데 대한 불안과 연결될 수 있다.

## 성 발달 및 정체성

성인이 되어 가는 과정에서 청소년의 성적 발달은 복잡하고 어려울 수 있다. 청소년은 어린 시절 부모에게 느꼈던 성적인 관심이 잠깐 다시 생길 수도 있지만, 대부분은 다른 청소년이나 가족 밖 사람들에게 관심을 돌린다. 적극적으로 성인의 성적 정체성을 확립하는 가장 확실한 방법은 다른 사람과의 관계와 신체적 참여를 통해서이지만, 대부분 청소년은 자위 행위를 통해 발달하는 그들의 성적 욕구에 대해 탐색하기 시작한다. 일반적으로 여자아이는 남자아이에 비해 자위 횟수가 적고 간접적으로 자위하며, 자위를 통한 자발적인 오르가슴을 느끼는 경우가 드물다고 알려져 있다. 남자아이의 경우 자위는 자율성의 발달로 이어지며 자신을 진정시키고 위로하는 방법으로 사용할 수 있다.

Laufer는 여성과 남성의 자위 행위에 대한 태도의 차이를 "자위행위를 위한 손 사용에 대한 태도의 차이"로 정의할 수 있다고 지적한다(Laufer, 1982: 301). 아이의 신체(몸)는 어머니의 적극적인 손놀림과 동일시되어 있다. 이에 자위 행위를 위한 '손'의 무의식적 의미는 자신의 신체를 싫어하는 어머니의 신체와 동일시되어 있다. 즉, 어머니의 초기 아동에 대한 신체 취급과 동일시되는 것으로, 자신의 신체를 싫어하는 어머니의 손과 동일시하는 경험이 나타나는 것이다. Laufer는 여성 내담자들의 자해가 수동적으로 보살핌 받고 싶은 마음을 받아들이기 싫어하는 두려움과 관련이 있다고 말한다. 이런 자해는 보통 엄마, 성적인 파트너, 또는 상담자에 대한 억제할 수 없는 적대감이 폭발한 뒤에 일어난다(Laufer, 1982: 298).

이러한 통찰은 우리는 젊은 여성이 취할 수 있는 다른 형태의 자위행위는 무엇인지 탐구하게 한다. 책의 앞부분에 언급한 것처럼, 피부를 반복적으로 다치게 하는 것이 일부 청소년기 소녀에게는 부분적으로 자기도취적이며 자위와 비슷한 역할을 할 수 있다. 이는 그 행위로 인해 성적인 만족과 함께 스스로를 안정시키는 느낌이 생기기 때문이다. Daldin은 이런 성적 만족에 대해 더 이야기하며, 피부를 자르는 것의 즐거움을 강조하고, 이런 느낌이 "오르가즘과 비슷하다."라고 하였다(Daldin, 1990: 281).

Daldin의 추론은 자해하는 청소년이 자위나 자위에 관한 상상을 통해 자신의 성적이고 공격적인 생각과 충동을 억제하거나 통제하지 못하고, 오직 자신을 해치는 행위를 통해서만 이러한 감정을 표현한다는 것이다. 그의 생각은 흥미롭지만, 그 이론은 남성적이고 욕구에 집중되어, 여성의 성적 경험을 더 감각적이고 감정적인 측면에서 보는 것을 간과하고 있다. 자해하는 행위는 자기를 진정시키고 편안함을 찾는 것과 관련이 있는데, 이는 이상하게도 어머니의 사랑과 같은 감정과 연결되어 있다. 실제로 이는 간혹 역설적으로 어머니가 돌보는 것처럼 보이는데, 고통을 느끼면서 스스로를 관리하거나 돌보기 위한 행동이다.

성적 정체성과 통제력의 다른 측면에는 성기의 위치/모습도 포함된다. 때때로 남자아이는 자신의 성기가 통제되지 않은 측면에 당황할 수 있지만, 시각적 및 신체적으로 직접 접근할 수 있기 때문에 성기에 대해 배우고 성기와 신체적 자아를 통제할 수 있다. Bernstein (1990)은 여자아이가 경험하는 생식기 불안을 분석한다. 한 가지 문제는 여자아이가 자신의 성기를 정신적으로 표현할 수 없다는 데 있다. 남자친구나 의사가 대신 할 수 있지만 여자아이 자신은 시각적 또는 완전한 촉각적 접근이 준비되어 있지 않다. 여자아이가 성기를 만지면 다른 부위로 감각이 퍼지기 때문에 남자아이처럼 집중하기보다는 분산된 경험을 하게 된다. 가장 중심적인 불안은 삽입 문제와 질이 통제할 수 없는 수동적이고 활성되지 않은 신체 개방이라는 감각에 관한 것이다. 이러한 통제력 부족과 관련하여 체액(오줌과 월경)에 대한 불안이 있는데, 이는 배변 훈련에 대한 걱정으로 다시 연결될 수 있다. Cross(1993)는 이러한 문제를 조명한 분석에서 여자아이의 신체 내부에 대한 지식이 부족하기 때문에 음경과 질 사이의 경계가 모호하고, 음경이 '내면의 타자(other within)'로 경험될 수 있다고 제안한다. 이는 나중에 태어날 '내면의 타자'인 태아를 예상하고 여자아이의 신체에 대한 정신적 표현에 영향을 미친다. 이러한 경험은 성관계 회피를 포함하여 성관계에 대한 모든 종류의 감정으로 이어질 수 있다. 그러한 회피는 신체에 대한 신체적 · 정신적 소유권을 확보하는 방법인데, 성적 탐험의 경험을 통해 자율성을 찾는 많은 청소년기 남자아이와는 대조적이다.

여자아이의 경우 신체와의 단절감과 신체 내부에서 일어나는 일들이 이질적이고 낯설게 느껴질 수 있다. 청소년들은 타인에게 어떻게 보이는지 뿐만 아니라 끊임없이 외적인 모습을 통해 자의식을 만든다. 이것은 여자아이들의 낮은 자존감과 연결되어 그들의 신체에 대해 끝없는 자기 검열과 불만으로 이끈다. 일부 십대 소녀들이 자신의 신체에 대한 수동적인 적대감을 가지고 있다면, 이는 그들이 소년들을 가볍게 괴롭히고 좌절시키는 경향으로 드러난다. 하지만 이것은 또한 괴롭히는, 다가가기 힘든, 심지어 학대하는 소년들과의 자해적인 관계에 빠지는 것으로 나타나기도 한다. 이러한 상황에서 소녀는 소년의 감정을 조종하거나, 자신을 학대하지만 동시에 자신을 원하는 소년에게 심리적인 힘과 도덕적 우위를 가짐으로써 자신의 성적 자율성을 간접적으로 다루는 방법을 배울 수 있다고 생각한다. "소녀는 소년의 열정을 조종하는 법을 배우거나, 자신을 학대하지만 자신을 원하는 소년에게 심리적인 힘과 도덕적 우위를 확립함으로써 자신의 성적인 면을 간접적으로 통제할 수 있다."(Cross, 1993: 46)

청소년기의 성적 정체성과 통제력(또는 통제력 부족)의 또 다른 측면은 오르가슴의 경험에 대한 갈망과 함께 오르가슴이 자신을 더욱 취약하고 통제할 수 없게 만들 것이라는 걱정, 즉 자아가 해체될 가능성을 열어 두는 것이다.

3장에서 설명한 Nicky는 남자친구를 간절히 원했다. 그녀가 쓴 내용을 보자.

**기쁨의 회오리**

**마침내 내가 너의 것이 되고**
**너는 나의 것이 될 때**
**우리는 같이 하나가 될 거야.**

그녀는 안전하게 다른 사람에게 자신을 맡기며 즐거움을 느끼는 것을 상상했는데, 이는 실제 성적 경험에서 자신을 비하하며 통제할 수 없다고 느낀 것과 대조적이었다. 〈Pulp〉의 가사는 성적 쾌락과 그에 따른 통제 상실의 혼란과 고통을 전달한다.

> 사랑이라고 불리는 이 감정은…… 무엇일까? 왜 나지? 왜 너지? 왜 여기지? 왜 어떻게?
>
> 이해가 안 돼.
>
> 오늘 밤 내가 네 어깨를 만지면서 이 방이 온 우주의 중심이 됐어
>
> 그럼 어떻게 해야 하지? 아주 높은 건물 꼭대기에 서 있는 것처럼 속이 약간 메스꺼운 느낌이 들어.
>
> 그리고 난 당신의 가슴 모양과 배의 곡선의 번득임을 보았고, 그것들은 날 주저앉혀 숨을 돌리게 해.

자신의 성에 대해, 무엇을 해야 할지, 누구와 성관계를 맺어야 할지, 그리고 자신과 성적으로 관계를 맺고 싶어 하는 사람이 있을지는 분명 대부분의 청소년에게 걱정거리이다. 이러한 불안과 통제력 상실에 대한 우려는 친밀감에 대한 이전 경험과 학습된 기대감에 기반하고 있다. 3장에서 설명한 것처럼 이러한 성적 불안은 공격성으로 이어질 수 있으며, 때로는 폭력으로 이어질 수도 있다. 남자아이의 경우 이러한 감정을 외부로 표출하고 겨냥하는데, 다시 말해 다른 사람을 때릴 가능성이 높으며, 여자아이의 경우 성적 불안과 관

련된 공격적인 감정의 표적이 자신의 신체일 가능성이 높다.

## 신체 자아 및 이미지

이 절에서는 신체와 정신의 상호 관계가 자해에 미치는 영향에 대해 살펴본다. Freud가 "자아는 우선적으로 신체적 자아이다. 신체적 자아는 단순한 표면적인 실체가 아니라 내면의 표면적인 투사이다." (Freud, 1923: 26)라고 썼을 때 자아는 궁극적으로 신체적 감각, 특히 신체 표면에서 오는 감각에서 파생된다는 점을 강조하였다.

신체 이미지의 발달은 자아가 형성되는 과정에서 매우 중요하다. 초기 대상관계의 동일시 및 내면화 과정은 이러한 발달과 결정적으로 관련이 있다. 아이의 몸을 안정적으로 둘러싸는 피부 감각이나 통제하기 힘든 감각, 본능적인 활동은 어머니가 만들어 주는 환경 속에서 다양한 요소가 함께 작용하여 만들어진다고 볼 수 있다. 여기에는 정서적 억제의 매개자로서 어머니와의 눈 맞춤뿐 아니라 Haag가 기록한 "아이의 중추에 있는 감각의 촉각 강화"(Haag, 2000: 7)도 포함된다. Haag(2000)는 유아기 신체 자아의 구성에 관한 논문에서 신체상(像) 구성 과정의 여러 단계에 대해 흥미롭게 언급한다. 세 번째 단계에서는, 약 5개월쯤 되었을 때 아기의 팔과 다리의 작은 관절과 큰 관절이 포함된다. 이것들은 가장 기본적인 수준에서 서로 연결되어 있다고 느낄 수 있다. 그녀는 이렇게 말한다. "자기애적 환상의 상태에서 손은 가슴의 첫 번째 대표적인 표현이다." 손-관절에 대한 연구는 이러한 자기성애의 일부인 것처럼 보인다(Haag, 2000: 14). 이것은 자위에 대한 이전 논의를 어머니의 손과 관련시키는 것뿐만 아니라 여러 자해의 신체 위치에 대해 생각하는 것과도 관련이 있다. 유아 관찰에서 손목 관절은 특별한 고찰 대상이며 불행한 시기에 종종 표적이 되는 것으로 나타났다. 수년 후에도 같은 위치에 강력한 끌림이 있는 것으로 보인다.

'정상' 발달에서 소리, 촉감, 미각, 감각에 대한 출생 전과 출생 후의 초기 경험은 모두 정서적 일관성과 통합의 점진적인 발달 경험에 기여한다. 시간이 지남에 따라 아기는 자신의 요구에 대한 반응에 대한 기대가 쌓이고 이는 자신감의 증가로 이어진다. 투사 및 내재화의 양방향 과정은 점차적으로 동일시 및 정신적 표상으로 이어지는 강렬한 형태의 의사소통을 포함한다. 이러한 초기 경험은 신체 자아와 신체상에 대한 일관된 감각을 형성한다.

청소년기에 모든 신체 변화의 격변은 정서적 불협화음으로 나타난다. 신체상이 흔들리고 자신감과 정서적 · 신체적 일관성이 흔들린다. 많은 청소년이 자신의 신체가 발달하는 방식과 외모를 몹시 싫다고 느낀다. 그들은 자신의 몸이 성적 환상을 갖도록 강요하고 결국 성적인 방식으로 행동하도록 강요한다고 느낀다. 이러한 상황에서는 신체가 모든 고통과 불안의 원인이라는 무의식적인 환상이 있을 수 있으며, 특히 여자아이의 경우 감정 표현이 신체라는 한정된 영역에 국한된다. 그러면 다른 사람과 관계를 맺으려는 걱정을 하는 것보다 몸을 처벌하는 것이 더 쉽게 느껴질 수 있다. 3장에서 논의한 바와 같이, 대단히 중요한 초자아는 성적 충동을 처벌하는 기능을 할 수 있으므로 자르는 행위가 성기에 대한 공격을 대체하는 역할을 한다(예: Friedman et al., 1972). 신체를 공격하는 것은 내적인 정신 상태에서 비롯되는 긴장을 해소하는데, 이 과정에서 피부를 베고 몸을 여는 행위를 통해 성적이고 공격적인 감정이 '배출'되며 해소된다.

여기서 나의 핵심은 신체가 욕구, 욕망, 감각의 첫 번째 대상이고 초기에 은유로 사용되었을 뿐만 아니라 평생 동안 내적 충동과 감정을 표현하는 대상으로 사용된다는 것이다. 결국 먹고 배변하는 등의 기능을 가진 몸은 정신적 갈등을 표현하거나 실행하는 가장 가깝고 쉬운 대상이다. 다시 말해, 우리의 몸과 행동은 우리의 내면에서 무슨 일이 일어나고 있는지를 드러낸다.

## 분리

가정에서의 분리에는 가족이 함께 살든 아니든 양쪽 부모에게서 분리 또는 양쪽 부모에 대한 생각이 포함되며, 청소년은 대부분 독립을 위한 모든 노력 뒤에 상실감과 큰 슬픔을 경험한다. 내면에 남아 있는 것은 어린 시절과 한때 안정감과 편안함을 제공했던 익숙한 일상이다. 청소년은 어른으로 대우받고 싶다는 요구와 함께 어린아이로 남고 싶은 의식적 또는 무의식적 갈망과 싸우고 있다. 청소년이 가족 외 다른 관계를 맺어 갈수록 부모를 현실적으로 보게 되는데, 이는 매우 실망스러울 수 있다. 충분하지 않다는 인식과 함께 부모가 변화했으면 하는 강력한 바람이 있다. 당연히 부모를 떠나는 과정에서 "왜 그들은 나를 이해하지 못하고, 내가 원하는 대로 되지 않는 걸까."라는 한탄 또한 존재한다. 이러한 부모와 가정을 떠나는 경험은 때로 끔찍하게 고통스럽기 때문에 일부 청소년은 어린 시절의 과거를 붙잡음으로써 자신을 방어한다.

Diana(5장에서도 소개한다.)는 집을 떠나는 것에 대해 매우 불안해했다. 그녀는 어렸을 때 비슷한 어려움을 겪은 적이 있었는데, 19살이 된 지금 이러한 갈등이 다시 불거졌다. 그녀는 부모 중 한 명이라도 집을 비울 때마다 불안해했고 외출하거나 친구들과 함께 지내는 것에 어려움을 느꼈다. 때때로 그녀는 대학 수업에 가거나 약속에 참석하고 싶지 않았지만 내게 말했듯이 억지로 가곤 했다. Diana는 모든 가족이 집에 머물기를 원했고 다른 사람이 방문하는 것을 싫어했다. 한 번은 이모와 삼촌이 점심을 먹으러 왔을 때, Diana는 부모님이 그들과 이야기하는 것에 화가 나서 점심을 먹지 않고 침실로 가서 공예용 칼로 스스로를 그었다. Diana의 분리 불안, 즉 집착하고 이를 통해 집과 분리되는 것에 대한 두려움을 통제하려는 욕구는 결국 가족 전체로 확대되었고, 그 강압성은 적대적이었다. 그녀의 음식에 대한 거부는 분리 불안의 일부로 보였다. 거식증과 스스로를 긋고 공격하는 것은 자기 내면의 모든 갈등을 자신의 몸으로 돌리는 방식인 것 같았다.

Diana는 집을 떠나 더 많은 과정을 경험했다. 그녀는 집을 떠난다는 생각에 매우 두려웠지만 떠나야 한다는 것을 알고 있었다고 말했다. 그녀는 부모님이 훌륭하다고 생각하면서도 질투심과 적대감을 느꼈다. 그녀는 부모님이 자신을 미워한다고 생각했고, 이것이 부분적으로 부모님에 대한 자신의 감정이라는 것을 깨달았다. Diana는 부모님, 특히 어머니를 떠나는 것에 대해 걱정하고 있다. 그녀는 자신이 없으면 부모님이 어떤 형태의 해를 입을 수 있다고 상상했고, 이로 인해 부모님과 떨어지기가 매우 어려웠다.

해결책은 외부로 향할 수 있는 공격성이나 분노를 자신의 몸으로 향하게 함으로써 다른 사람들에게 피해를 주지 않는 것이었다. 집을 떠나는 것에 대한 Diana의 두려움은 대학 친구들에게 외출 제안을 받을 때마다 거절하는 것으로 나타났다. 제안에 응한 경우에는 점차 음식, 여행에 대한 불안이 높아졌다. 그래서 여행 날짜가 다가오면 점점 정신이 혼미해졌고, 커팅이나 때리기를 시도했다. 상담에서 우리는 가족, 특히 부모님에 대한 그녀의 복잡한 감정과 집을 떠나는 것에 대한 딜레마에 대해 많은 이야기를 나눴다.

Diana는 어머니가 자신만을 사랑하기를 갈망했고, 아버지를 포함한 다른 사람이 어머니의 시간을 빼앗는 것을 견디지 못했다. 그녀는 어머니가 자신 이외의 다른 사람과 함께 있는 것을 선호한다고 말하면서 어머니의 일과 다른 관계에 대해 분개했다. 예를 들어, 할머니가 머물고 있을 때 Diana는 어머니가 점심식사를 하면서 Diana와 대화하지 않고 할머니와 편하게 이야기한다고 말했다. Diana는 전날 어머니와 함께 점심을 먹으며 조용히 뉴스를 보았던 것을 기억했다. Diana는 어머니가 다른 사람이나 다른 일에 관계되었다고 느낄 때마다 속상하고 화가 나서 자해를 했다.

전이 과정에서 나는 사로잡힌 내면의 갈등의 측면을 엿볼 수 있었다. 한 회기에서 Diana는 내가 어떻게 지내는지 불안해 보였고, 내가 대답하지 않자 그녀는 내게 다가와 앞으로 몸을 기울이면서 격렬한 목소리로 "아니요, 어떻게 지내세요?"라고 말했다. 나는 절박하게 내 얼굴을 들여다보며 침입하려는 강력한 느낌을 경험했다. Diana가 다시 앉았을 때 나는 그녀의 불안한 감정이 얼마나 강력한지 대해 언급했고, 그녀는 "글쎄, 나는 사람들을 지치게 해요."라고 말하며 동의했다. 회기가 진행되면서 Diana의 불안감이 좀 더 명확해졌다. 그녀는 대기실에서 자신이 통제력을 잃고 있으며, 그래서 스스로가 매우 작다고 느끼기 시작했다. 그녀는 일찍 도착했지만 계속 기다리는 것에 대해 크게 분노했다. 그때, 나는 그녀의 감정을 고갈시키고 자신감 없게 만드는 폭압적이고 파괴적인 인물이었다. 같은 회기 후반에 모든 것이 통제 불능이라고 느끼고 정신이 혼미해졌을 때, Diana는 어렸을 때부터 항상 가지고 다니던 점퍼로 얼굴을 쓰

다듬으며 의자에서 흔들거리기 시작했다. 내가 그녀의 매우 취약한 부분에 대해 언급하자 Diana는 격렬하게 반응했다. “나를 대신해서 생각하지 말아요. 지배하지 마.” 그러고 나서 그녀는 계속해서 몸을 흔들면서 “내 방에 혼자 앉아 문을 닫고 싶다.”라고 스스로에게 반복적으로 혼잣말을 하며 약간의 위안을 주는 듯 보였다. Diana는 나와 자신의 모든 생각을 차단하려고 하였다.

상담에서 Diana는 내가 다른 소녀를 얼마나 많이 만나고 있는지 물었고, 내게 의존하고 기대고 싶다고 말했는데, 만약 그렇게 되면 나중에 내게서 떠나야 할 때 어떤 기분이 들지, 누군가와 너무 가까워져서 그 사람에게 지배당하는 것을 걱정하면서도 오히려 자신이 중요하지 않은 흔한 사람 중 한 명이 되어 거절당할까 봐 몹시 두려워했다. 이러한 걱정은 그녀의 핵심적인 콤플렉스를 나타내는 것으로써, 다른 사람과 친밀해지거나 의존하는 것에 대한 두려움을 보여주는 것이다. 어떤 회기에서 Diana는 내가 만나는 시간과 회기 시간을 통제하는 것이 마음에 들지 않는다고 말했고, 내가 많은 사람을 만나는지 아니면 자기만 만나는지 알고 싶다고 요구하면서 소리를 지르고 눈물을 흘리며 화를 냈다. 나는 그녀가 내게 중요하고 필요한 존재가 되려는 욕구와 나와 너무 가까워지는 데 대한 두려움을 함께 가지고 있음을 지적했다.

상담이 끝나갈 무렵 Diana는 살던 곳을 떠날 계획을 세웠다. 그녀는 나에게 더 의존했고 때로는 나를 이상화했으나, 나의 부족한 부분을 보게 되고 자신에게 만족을 줄 수 없다는 데 분노를 느끼면서, 보다 독립적으로 변화해 갔다. Diana가 집과 치료를 떠나는 것, 즉 스스로 자립하는 과정에서 '분노'라는 감정을 동력으로 사용하는 듯했다.

Diana의 불안은 전형적인 분리와 집착 사이의 갈등을 보여 준다. Diana의 한 부분은 재결합하고 필사적으로 가족을 붙잡고 싶어 했고, 다른 한 부분(수강신청을 하고 좋은 결과를 얻기 위해 열심히 노력하는 부분)은 이러한 증오스러운 관계에서 벗어나고 분리되기를 간절히 원했다. Diana는 버림받았다는 느낌을 두려워하면서도 인간관계, 특히 어머니와의 관계에서 떠오르는 압도적인 감정에서 벗어나고 싶어 했다. 그녀는 이상화된 어머니와의 결합에 대해 상상했는데, 이 어머니는 그녀의 모든 필요를 충족시켜 주는 존재였다. 이런 상상은 전이 과정에서 드러났고, 그녀는 어머니와 비현실적으로 가까워지고 싶어 하는 갈망 속에서 '최종적인 자기애적 만족의 환상'을 가지고 있었다. 책에서 설명한 것처럼, 중요한 문제는 어머니가 자신만을 생각하는 방식으로만 관계를 맺는다고 여기는 것이다. 이 때문에 어머니는 너무 강하고(욕심이 많은 것처럼) 동시에 무관심해 보여서 마치 거부하는 것 같은 인상을 준다. 이는 임상적으로 나를 신뢰하는 것에 대한 Dianna의 불안과 자신이 특별한 내담자임을 증명하는 동시에 내게서 떠나지 않으려는 그녀의 열망에서 나타났다. 이러한 심리는 '소멸불안'으로 이어지며, '소멸불안'을 방어하기 위해 자기애적인 '자립', 즉 자신만 의존하는 태도와 '공격적인 행동'으로 나타났다. Dianna는 어머니와 상담자에게서 느낀 무관심으로 인해 내면적인 갈등을 경험했으며, 이로 인해 자신의 '자기애적인 자립'과 '공격성'을 자해 행위를 통해 해소하려고 하였다.

그녀의 분리 불안은 '사로잡힌 내면의 갈등'으로 인해 더욱 악화되었다. Dianna는 자유롭고 독립적이고자 하는 욕구가 있지만, 동시에 그녀는 자신의 감정이나 욕구를 표현하는 데 두려워할 뿐 아니라 억압하였다. 그녀는 이렇게 억압한 감정과 욕구에 무의식적으로 사로잡혔다. 또한 '사로잡힌 내면의 갈등'은 그녀의 행동과 치료 과정에서의 전이 관계를 통해 나타났다. 그녀는 타인과의 관계에서 과도한 의존성을 보이는 동시에 지나치게 공격적이고 통제하려는 경향을 보였다. 이는 마치 모든 것을 빨아들이고 에워싸고 없애 버릴 것 같이 사로잡혀 있는 모습이었다. '소진되고 배고픈 아기 같은 부분'은 그녀의 취약하고 보호받고 싶어 하는 면모를 나타내며, 사랑과 관심을 갈망하는 모습을 나타내는 것이다. 이와 같이 그녀가 가진 두 가지의 내면적인 갈등은 자신의 신체와 정체성에 대해 모순된 태도를 가지게 하였다. 이는 그녀가 타인에게 시간과 관심을 강렬하게 요구하면서도 자신의 몸에서는 이를 거부하고 분리하려는 모습으로 나타났다.

Diana가 특히 어머니와 분리하는 데 어려움을 겪은 것은 내가 상담을 위해 만난 젊은 여성들에게서 보이는 특징이었다. 이러한 분리 문제는 성인이 되어서도 계속될 수 있으며, 젊은 여성에게 딸이 생겼을 때 다시 나타나기도 한다. 그 기원은 유아기 초기에 있다. 같은 성별의 어머니와 아기 사이의 밀접한 관계는 강한 정서적 강도와 경계선에 대한 혼란을 동반한 복잡한 감정을 유발한다. 여성이 딸을 둔 어머니가 되면 딸이 자신처럼 되기를 원하기도 하고 원하지 않기도 한다. 이러한 양면성은 수유와 정서적 양육에 영향을 미칠 수 있으며, 심리적으로 어머니와 아이 사이의 구별과 그들이 별개의 사람이라는 사실에 대해 혼란과 모호함이 있을 수 있다. 오이디푸스 이전의 애착은 소녀에게 계속되며, 다른 단계와 경험은 이 기반 위에 구축된다. 예를 들어, 오이디푸스적 단계에서 소녀는 어머니에서 아버지로 완전히 돌아서지 않는다. 대신 아버지가 중요한 추가적인 인물이 된다. 따라서 오이디푸스 콤플렉스는 충분히 해결되지 않았고, 소녀는 어머니로부터의 독립과 분리에 대한 애증이 섞인 투쟁을 겪는다. 이는 감정적으로, 때로는 성적으로 어머니와 아버지 사이, 즉 '어머니-자식' 문제와 '남성-여성' 문제 사이에서의 양성애적 갈등을 의미한다(Chodorow, 1978: 168). 대부분의 어머니는 자신의 딸을 자신의 복제본, '동일성의 자기애적 투사'로 경험하는데, 바로 이 동일성의 투사가 여성들에게 차별화를 어렵게 만든다(Chodorow, 1996: 161). 한 가지 가능성은 딸이 자신의 정체성과 행동을 어머니와 깊이 연결되어 있다고 느낀다는 것이다.

Friedman 등은 자해하는 청소년을 대상으로 한 연구에서 정신분석학자들이 일반적으로 개인이 정신적 성숙을 이루기 위해 일어나야 하는 중요한 변화 중 하나가 "원래 대상과의 리비도적 유대의 분리"(Friedman et al., 1972: 180)라는 데 동의한다고 지적한다. 이 분리는 애도와 유사한 과정을 통해 이루어지며 개인은 새로운 관계를 자유롭게 구축할 수 있다. Friedman 등은 연구에서 10명의 내담자(여아 7명, 남아 3명)가 어머니에 대한 깊고 양가적인 애착을 포기할 수 없었고, 분리 전망에 슬픔과 우울함을 느꼈다는 사실을 발견했다. 이들은 모두 어머니에 대한 사랑과 증오의 감정을 강하게 느꼈고, 곧 닥칠 상실은 자신의 강력한 공격성을 확인하는 동시에 욕구 충족에 대한 위협으로 경험하는 것처럼 보였다.

또 다른 발견은 연구에 참여한 청소년들이 모두 매우 자기 비판적이고 스스로에 대한 자신감이 거의 없는 것처럼 보였으며 심한 죄책감에 사로잡혀 있었다는 점이다. Friedman 등의 연구에서는 청소년이 어머니와 자기애적으로 동일시하면서 형성된 이런 특성들은 나중에 청소년의 엄격한 내면의 규범(초자아)에 의해 비판받는다고 하였다(Friedman et al., 1972). 내담자의 자해가 내면화된 대상에 대한 공격과 관련되고, 이 대상이 항상 어머니라는 시사점은 주목할 가치가 있다. 다시 말해서, 사랑하면서도 미워하는 어머니와의 외부적 분리에 대한 위협이 내면화된 어머니 모습에 대한 공격으로 이어졌다는 것이다. 연구 결과, 여자아이들의 공격적인 감정은 주로 어머니에게 향하는 반면, 아버지는 종종 도움이 되고 친절하지만 그다지 중요하지 않은 것으로 나타났다. 소녀들은 압도될 정도로 위협적인 존재로 경험되는 어머니에게 굴복하지 않으려는 욕구를 갖고 있다고 말했다. Friedman은 이는 부분적으로 어머니와의 관계에서 퇴행적이고 수동적이며 마조히즘적이고 동성애적인 소망에 대한 방어라고 시사했다.

나는 자해 충동의 핵심에 있다고 제안하는 사로잡힌 내면의 갈등을 Friedman 등의 연구 결과에서도 확인할 수 있다고 생각한다. 신체를 공격하는 것은 불안과 공격성을 다루는 방법이 된다. 일부 내담자들에게 자해는 구별되지 않고 내면화된 어머니 모습에 대한 공격을 나타낸다. 이는 공황장애를 앓고 거식증과 심각한 자해 행동의 병력이 있는 23세 내담자가 꾼 꿈을 묘사한 Fonagy(1995)의 연구에 잘 나타나 있다.

> 꿈속에서 그녀는 정맥을 열고 피가 흐르는 것을 지켜봐야만 해소할 수 있는 끔찍한 긴장감을 느꼈다. 핏줄기가 흘러 합쳐지고 강을 이루었다. 강은 점점 더 넓어지고 바다로 흘러 들어갔다.
>
> (Fonagy, 1995: 582)

그런 다음 Fonagy는 내담자와 꿈의 연관성에 대해 이야기했다. 그 결과, 내담자는 어머니가 자신의 몸속에 살고 있다는 환상을 갖게 되었고, 내담자와 상담자 모두 어머니가 자신의 피부 속에 살아 있음을 경험했다는 사실을 깨달았다.

환상 속의 어머니를 다루기 위해 외부의 신체를 공격하는 것은 '내 안에 있는 것'과 '내 밖에 있는 것' 사이의 경계가 모호해지는 것을 경험한다. 특히 이 시기는 타인과의 관계에서 경계를 명확히 하는 것이 중요한 과제이고, 어머니와 분리되어 독립된 자아라는 개념이 확립되어야 하는 시기이다. 이에 신체를 공격하는 것은 그녀가 자신의 내면의 감정이나 갈등을 외부의 신체적 행위로 표현하는 것을 의미할 뿐 아니라 어머니와 독립해 가는 과정에서 나타나는 심리적 작업을 반영한다. 피부를 자르는 행위는 어머니와의 연결고리를 끊고 관계를 단절해야 할 필요성을 표현한다. 이 행위는 신체에 대한 경계감을 확립하고 자르는 사람에게 자신의 몸과 자신의 피에 대한 강력한 소유권을 부여한다. 반복적인 자해는 젊은 여성을 자신의 몸에 점점 더 집착하게 하고, 문제가 되는 감정을 해결하기 위해 자신의 몸에 더 많이 의지하게 만든다. 따라서 자해는 자기 위안을 주는 안락함뿐만 아니라, 앞서 언급했듯이 역설적으로 일종의 자기 어머니 역할로 발전할 수 있다.

대부분의 어머니와 딸은 서로를 지지하면서도 분리된 관계를 성공적으로 구축할 수 있다. 그러나 어머니가 딸을 가까이 두고 싶은 동시에 딸을 세상으로 밀어내고 싶어 하는 양가적인 애착에 빠져들 수 있다. 이것은 과장된 걱정이나 공개적인 적대감의 형태로 나타날 수 있으며, 어머니와 딸 모두 분리가 가져올 영향에 대해 불안해한다. 어머니의 지나친 관여와 그 후의 거부는 청소년기 소녀를 혼란스럽게 한다. 즉, 딸이 어머니와의 관계에서 독립성을 갖기 위해 노력하는 과정에서 혼란스러운 감정을 경험한다. 이로 인해 딸은 감정적으로, 때로는 신체적으로 어머니에게 매달리는데, 이는 유아기 때 처음으로 어머니를 떠나려고 시도했던 초기 단계를 재현하는 것이다.

일종의 자기애적인 심리적 장애가 있는 어머니에게는 그들의 딸과 딸의 몸을 가학적인 방식으로 대하는 심각한 문제행동이 나타났다. 이는 인정받지는 않지만 공공연한 사실이다. 이 행동은 아이가 깨닫지 못하며, 아이는 어머니를 따뜻하거나 위로하는 사람은 아니지만 전지전능한 사람으로 여기며 이상화한다. 어머니가 아이를 보호하지 못하고, 오히려 고통의 원인이 된다. "이러한 내담자들은 여러 번의 심리적 분리를 통해 오래된 의존성을 마음속에 간직하고 있다. 그들은 어머니와 주변 환경에 대해 사디즘과 마조히즘적인 강한 연결을 가지고 있는데, 이는 갑작스럽게 독립하려는 그들의 욕구와 동시에 존재한다. 즉, 내담자들은 어머니와 환경에 대한 복잡하고 강한 감정적 의존성을 가지면서도, 동시에 빠르고 강한 독립 욕구를 보이는 상태이다"(Montgomery & Greif, 1989: 30). 왜냐하면 그들의 내면세계에 안정적으로 내면화된 대상이 없고, 이들은 자해를 통해 자신과 연결되어 있는 것을 느끼는 복잡한 두 가지 심리적 상태에 연결되어 있다.

특히 자기 몸을 베는 행위는 어머니와의 연결을 상징하는 동시에,

어머니와 다른 독립된 존재임을 나타내는 상징적인 행위이다. 자해는 어머니와의 연결을 상징하는 고통과 연관되어 있지만, 피부에 가해지는 외부의 감각은 딸의 독립성을 나타낸다. 상담자의 역할은 어머니와 딸 사이에 명확한 경계를 만드는 것, 즉 '아버지 같은 역할'을 하는 것이다. 이러한 상담자의 역할을 통해 내담자는 어머니의 관계, 즉 사디즘과 마조히즘적 관계를 다른 방식으로 바라볼 수 있다. 내담자는 어머니에게 느끼는 사디스틱한(부정적인) 감정을 자신에게서 찾고 이를 통해 자신의 기억과 감정을 구분하고 이해하는 데 도움을 받을 수 있다.

일반적으로 어머니에게서 아이를 구할 수 있는 잠재적 구조자인 아버지는 종종 자녀들에게 실망을 안겨 준다. 이는 아버지는 감정적으로나 육체적으로 부재하거나 단순히 효과적으로 대응하지 못하기 때문일 수 있다. 또한, 아버지들이 이전에 접했던 유혹적이거나 압도적인 어머니와의 경험을 떠올려서, 아이들에게 필요한 사랑과 관심을 직접적으로 표현하는 데 어려움을 겪을 수 있다. 나와 대화를 나눈 한 아버지는 나에게 피, 절단, 여성의 내부, 너무 많거나 부족한 음식, 구토, 약물 복용 등은 남성이 관심을 가지지 않는 것들이지만, 실제로는 대부분의 남성이 가장 두려워하는 것들이라고 말했다. 그렇다면 왜, 혹은 어떻게 그들이 이 모든 '여성의 일'에 참여하고 싶어 하겠는가?

## 유기

분리는 때때로 버림받거나 거부당하는 것처럼 느껴질 수 있다. 하지만 상담치료를 받은 젊은 여성 중 일부는 실제로 어린 시절에 심각한 방임과 상실을 겪었다. 이들의 초기 관계에는 신체적 방임과 부모의 보살핌 부족에 의한 경험이 포함된 것으로 보이며, 이에 대한 환상과 처리되지 않은 감정이 청소년기에 다시 떠오르면서 무슨 일이 일어났는지에 대한 통찰력을 제공했다. 이 젊은 여성들은 자신을 신체적으로 보호해야 한다는 생각에 정서적으로 투자를 하지 않았고, 자신을 돌보는 데에도 거의 관심을 가지지 않았다. 그런 의미에서 방임은 존재의 방식이 되었다. Orbach(1996)는 내면화된 박탈감과 방치 상태가 몸을 포기하기 쉽게 만든다고 하였다. 이는 쾌락과 만족에 대한 기대가 적고 자아 보존의 감각이 거의 없기 때문에 잃을 것이 없다고 느끼기 때문이다.

부모를 잃었거나 부모에게 버림받은 사람들은 처음에 이에 대한 감정적 반응을 무시하거나, 반대로 그에 의해 괴로워하는 것 같았다. 어느 한쪽이든 잃어버린 것 또는 일어나지 않은 일에 대한 내적 집착이 있다고 보인다. 부모와 장기간 별거를 경험한 사람, 어렸을 때 누구에게서 특별하게 여겨지거나 사랑을 받은 기억이 없는 사람은 자해를 잘 통제하지 못한다는 느낌이 가장 많았다.

청소년기 정신 상태의 혼란스러운 특징 중 하나는 공격성이 사람들을 멀어지게 할 것이라는 두려움과 함께 모든 강한 본능적 과정 아래에 종종 버림받은 느낌을 받는다는 것이다. 젊은 여성은 자신의 욕구를 충족시켜 줄 수 있는 사람에게서 단절되었다고 느끼며 동시에 자신의 공격적인 감정에 사로잡힐까 봐 두려워한다. 실제 고립감을 느낄 수도 있고, 마치 이런 상황인 것처럼 느껴질 수도 있다.

여러 연구에서 버림받았다는 느낌과 자해 사이의 연관성을 강조한다. Friedman 등은 '버려짐'의 경험이 아이들에게 "자신이 소중히 여기는 것을 망칠지도 모른다는 두려움을 확신시키며, 이로 인해 그들이 즐거움을 얻을 가능성을 원천적으로 위협한다."라고 결론을 내렸다(Friedman et al., 1972: 182). Woods는 그의 임상 기록에서 상실감 및 신체를 자르거나 다치게 하려는 욕구와의 연관성을 확인한다. 그는 "버려짐이 계기가 되었다. 일반적으로 그녀는 누군가와 연락이 끊긴 직후 혼자가 되자마자 스스로를 자해하였다."(Woods, 1988: 55)라고 하였다. 그는 내담자의 병력에서 상실이라는 주제에 주목한다. 상실에 대한 즉각적인 기억은 형제자매의 탄생과 함께 부모의 보살핌을 일찍 상실한 차단막(screen) 역할을 한다. Biven은 자해하는 소년에 대한 분석에서, 특히 소년이 어머니를 잃은 것과 그의 초기 역사가 비극과 혼돈으로 점철된 '대상 상실'의 주제를 다룬다. Biven은 소년의 퇴행을 '차단(envelopment)'이라는 용어로 설명하였다(Biven, 1977: 343). 이 용어는 분리되었다는 느낌과 어머니의 사랑과 보호를 받고 있다는 느낌, 어머니를 견제하는 느낌 등의 혼란스러운 감정을 내포하고 있다. 소년은 이런 '차단' 상태에서 비닐봉투를 대체 피부(substitute skin)인 것처럼 머리에 뒤집어쓰고 자해를 했다.

나는 Diana와의 작업을 설명하면서 Diana의 어머니가 다른 친척과 이야기하거나 부모 중 한 명이 집을 떠날 때마다 Diana가 버림받은 느낌을 경험한다는 점에 주목했다. 어머니가 이모와 삼촌에게 말을 걸었다는 이유로 공예용 칼로 자해를 했을 때, 실제로 Diana는 자신의 몸을 공격함으로써 환상 속에서 어머니를 공격하고, 거부하는 것과 같은 어머니의 반응에 대한 자신의 불안과 공격성을 처리하고 있었다. Diana의 몸은 내면화된 어머니를 상징하는 동시에 공격적인 의도를 담고 있다는 점에서 그 자체로 처벌받을 '가치가 있는' 대상이기도 했다.

다음의 임상 사례는 일관된 양육 경험이 거의 없는 한 젊은 여성의 사례이다. 그녀는 가족생활에 대한 생각과 가족과 함께 살 수 있다면 어떨지에 대한 생각에 몰두하고 있었다. Julie는 마지막 학기에 우울증과 자해로 의뢰되었다. 보건 교사는 졸업 전에 단기 상담(8회기)을 받도록 권유했다. Julie의 어린 시절은 불안정했다. 아기였을 때는 부모님과 함께 있었지만, 유아기에는 어머니가 아플 때 몇 달 동안 친척이 돌봐 주었다. 그녀가 세 살 때 부모님이 이혼한 후 아버지와는 연락을 거의 하지 못했지만, 어머니와 단둘이 보낸 좋은 시절을 기억하고 있다. Julie가 여섯 살 때 어머니는 재혼하여 아이를 두 명 더 낳았다. 가족은 외국으로 떠났지만 Julie는 여덟 살 때 기숙학교에 가기 위해 영국으로 돌아왔다. 방학 동안에는 친척들과 함께 지냈지만 여름에는 가족에게 돌아가곤 했다. 열한 살에 전학을 갔다가 열다섯 살에 다시 학교를 옮긴 Julie는 항상 친구들을 두고 떠난다고 느꼈다. Julie는 상담 회기에서 학교 친구들이 자신에게 등을 돌렸을 때 느꼈던 배신감과 상실감에 대해 많은 이야기를 했다. 그녀는 학교에서 누군가와 친밀감을 느끼기 시작했고, 그들에게 속마음을 털어놓았다가 그들이 더 이상 자신과 친해지고 싶어 하지 않는다는 것을 알게 되었다.

학교를 떠나기 한 달 전, Julie의 어머니는 가족이 돌아온다는 소식을 전했다. Julie는 다시 가족과 함께 살 수 있다는 사실에 설레면서도 의붓동생들이 자신과 같은 고통을 겪지 않을 거라는 생각에 화가 났다. 그녀는 앞으로 펼쳐질 멋진 가족 시간을 상상하며 독립에 대한 생각을 미뤄 두었다. 그녀는 다시 집에서 살고 싶다는 생각뿐이었다. 그녀의 어린 시절에 나타났던 독립적인 태도는 사실은 겉모습에 불과했다. 그녀가 집착하는 상상은 어린 시절 부족했던 것들을 채우려는 모습으로 보였다. 여덟 번의 회기 동안 Julie와 함께 배신감과 버림받은 느낌을 이해하고, 이러한 감정이 전이 관계에서 어떻게 경험될 수 있는지 이해하려고 노력했지만 그 이상은 할 수 없었다. 그녀는 이러한 감정이 특정 친구들에게서 발생하며 그것이 가족 경험과 어떻게 연결되는지 깨달았다. Julie는 여러 복잡한 감정을 다루기 어려워했다. 그녀는 매우 우울했지만, 어머니가 영국에 온다는 소식을 듣고는 매우 기뻐하며 모든 것이 잘될 것이라는 희망을 가졌다.

Julie의 자해 행동과 심리치료를 받은 다른 젊은 여성의 행동은 그들의 개인적이며 비밀스러운 경험을 더 많은 사람이 인식하고 관심을 가질 수 있는 공공의 문제로 전환시켰다. 이것은 그들이 자신의 목소리를 찾는 방법이었다. Julie는 자신에게 일어난 일과 자신의 감정에 대해 이야기할 필요가 있었다. 가족 규칙은 감정을 표현하지 않고 그저 잘 지내보자는 것이었다. Julie는 여덟 번의 회기를 최대한 활용하면서 회기 사이에 자신이 느낀 점을 적고 자신이 쓴 시를 가져왔다.

# 05 프로세스 역전하기: 행동에서 표현까지

자신의 고통을 관리하는 데 이미 자신만의 만족스러운 방식이 있다고 생각하는 누군가와 어떻게 치료를 진행할 수 있을까? 어떻게 그들과 치료적 관계를 형성하고 함께 그 행동의 의미를 탐구할 수 있을까? 표면적인 문제에서 근본적인 갈등으로 어떻게 이동할 수 있을까? 이 장에서는 자해를 하는 사람들과의 협력 관계의 중요성에 대한 생각에서 시작하여 안전, 프라이버시 및 비밀 유지에 관한 실용적인 문제까지 상담 과정의 이러한 측면에 초점을 맞춘다. 이어서 해석, 침묵을 다루는 방법, 무의식에 접근하는 한 가지 방법으로서 꿈을 다루는 방법에 대해 논의한다. 이 장의 두 번째 부분에서는 상담 과정에 대한 우려와 파괴적인 행동에서 건설적인 사고로 전환하는 데 필요한 몇 가지 사고방식에 대해 논의한다.

## 상담 동맹

상담의 작업 동맹(The working lliance)은 내담자와 상담자가 함께 일한다는 것이다. 이는 상담 과정에 대한 내담자(그리고 당연히 상담자)의 협조 없이는 아무 일도 일어나지 않는다는 것이다. 가장 간단한 수준에서 협력은 내담자가 회기에 참석하고 상담자에게 예약 취소에 대해 알려 주는 것을 의미한다. 이런 기본적인 협력이 자해를 하는 일부 젊은 사람에게는 어려울 수 있다. 예를 들어, 청소년은 자신의 행동에 대해 걱정하며 당부하는 것 때문에 정기적으로 회기에 참석하는 것을 내켜 하지 않을 수 있다. 젊은 여성은 자신에게는 문제가 없으며, 부모 또는 친구, 남자친구가 자신을 방해한다고 느낄 수 있다. 신경 쓰지 않는다거나, '하기가 싫다'고 말하거나, 무언가 더 흥미로운 일이 생기거나, 침대에서 일어나기가 힘들거나, '잊어버렸다'고 느낄 수도 있다. 이러한 문제는 상담 초기에 살펴야 하며, 그렇지 않으면 내담자는 완전히 상담을 중단하게 된다. 상담 과정은 일부 내담자가 정기적으로 회기에 참석하도록 동기를 부여할 때만 시작된다.

상담 초기에 다루어야 하는 상담(치료) 구조화와 관련된 또 다른 우려 사항은 상담 회기의 기본 규칙, 즉 일반적으로 50분의 회기 시간, 내담자가 지각할 경우의 대처 방법, 회기 결석에 대한 합의된 처리 방식이다. 내담자는 몇 번의 회기에 참석해야 하는지, 또는 자신이 원하고 필요한 만큼 계속 참석할 수 있는지 알고 싶을 수 있다. 이에 대한 내담자의 기대나 희망이 사회복지사 및 의사와의 이전 경험에 근거할 수도 있고, 부모와의 초기 경험에서 파생된 더 깊은 수준에서 비롯되었을 수도 있다. 부모에게 실망한 내담자는 어른이 선의가 있어 보이더라도 신뢰하기 힘들고 권위자로 여겨지는 모든 사람을 불신할 수도 있다. 유연성은 종종 젊은 사람을 대상으로 하는 심리상담에서 전제 조건으로 인정되지만, 상담 회기의 체계와 규칙성은 내적 장애를 경험하는 사람들에게 중요한 틀을 제공한다.

상담 회기의 빈도는 임상적 판단 이외의 요인에 의해 결정될 수 있다. 만일 상담자가 일주일에 하루씩 학교를 방문하는 경우, 회기는 당연히 주 단위 또는 격주 단위로 정해질 것이다. 만약 상담자가 한 센터에 상주하는 경우 일주일에 두세 번의 집중 상담을 할 수 있다. 팀 지원, 상담의 양과 종류, 내담자와 상담자의 역량 등의 요인을 모두 고려해야 한다. 개방형 작업보다 6~20회 사이의 단기 모델이 더 바람직하거나 내담자의 상황에 따라 작업을 축소해야 하는 상황이 있을 수 있다. 단기 상담을 선호하는 모델인 경우 몇 가지 일반적인 특징이 있다. 한 가지 특징은 상담자가 적극적이고 직접적이어야 하며, 상담 시작부터 무엇을 제공할지 명확히 알려 주어야 한다는 것이다. 또 다른 특징은 미리 회기 횟수를 합의하며, 일반적으로 과거의 트라우마보다는 현재의 어려움을 다룬다는 것이다.

단기 모델은 심각한 문제 행동을 보이는 사람이나 중독 또는 심각한 정신건강 문제가 있는 사람에게는 적합한 치료법이 아니다. 그러나 내담자가 처음 몇 번의 회기에서 중심 문제를 파악할 수 있고 그 문제를 이해하려고 노력하는 동기를 보인다면, 단기 치료에 적합하다. 예를 들어, 최근에 자해를 시작한 젊은 여성이 자신의 문제에 대해 약간의 우려를 가지고 있으며 처음 몇 회기 내에 자신의 감정과 최근의 어려움과의 연관성에 대해 어느 정도 통찰력을 가지고 있다면 단기 작업에 적합하다. 단기 상담이 적합한 사람은 자신의 행동이 명확하며, 치료에 대한 동기가 분명하고, 합리적인 사고가 가능한 사람이다.

상담의 기초를 마련하기 위해서는 내담자의 이성적인 부분과 상담자 사이에 의식적으로 합의된 협의가 있어야 한다. 이는 합리적으로 들리지만 반복적으로 자신을 공격하는 사람들, 특히 청소년인 경우 이러한 틀을 형성하기 어려울 수 있다. 사실 청소년이 치료 체계를 위반하는 성향 때문에 분석 작업에 부적합한 것으로 간주되는 경우가 종종 있다. 일부 내담자는 공격성, 회피, 과도한 복종 또는 지나친 순응, '유사 광기(pseudo-madness)' 및 유혹과 같은 전략을 사용하여 이러한 체계를 무력화하기 시작한다. 그러나 어떤 내담자들은 이러한 행동을 통해 자신을 드러내고 이해받고자 하는 욕구를 드러내기도 한다. 이 부분은 부인되거나 부분적으로만 의식되지만, 상담자는 이러한 갈망에 접근해야 한다. 이 연결고리는 상담 중 작업동맹의 형성 및 유지를 위한 기초를 제공하고 감정전이 분석을 위한 틀을 제공할 것이다.

작업 동맹이 감정전이에 얼마나 영향을 받는지에 대한 의견 차이가 있으며, 치료 동맹, 전이 및 실제 관계 사이의 상호 관계에 대하여 많은 논의가 있다. 작업 동맹 또는 치료 동맹에 대한 탐구에서 내담자와 상담자 모두에게 기여하는 상호작용을 강조하는 Meissner (1992)의 입장이 도움이 된다. 예를 들어, 상담자의 존중, 배려, 예의, 재치, 공감과 함께 내담자의 신뢰, 참여에 대한 책임감, 상담자의 이해하려는 시도에 대한 공감이 모두 동맹을 형성하고 유지하는 데 도움이 된다.

상담이 진행되는 동안 상담자를 권위자로 느끼는 감정전이가 나타날 수 있다. 상담 초기에는 상담자의 도움과 전문적인 권위를 필요로 하는 입장에서 시작했지만, 상담을 진행하면서 내담자가 점점 더 자신의 권위를 가지기 시작한다. 상담자의 권위 개념에는 윤리적 고려 사항과 함께 상담자가 어떤 상황에 대한 자신의 가치관을 강요하기보다는 내담자의 가치관을 받아들이고 함께 일하려는 관점이 포함된다. 즉, 내담자의 자해는 처음에는 대체 기제로서 받아들일 수 있지만, 이를 정당화해서는 안 된다. 궁극적인 상담 목표는 그 의미를 밝히고 이해하여 자해의 증상을 줄이는 것이다.

이 과정을 살펴보기 전에 안전, 사생활 및 비밀 유지와 관련된 몇 가지 실제적이고 다소 실용적인 문제에 대해 간략하게 논의해야 한다. 어떤 의미에서 이러한 문제는 상담자의 윤리적 책임의 일부이기 때문에 상담 동맹과 광범위하게 연결되어 있다. 상담에서 내담자에게 안전한 공간, 즉 방해받지 않고 전화가 걸려오지 않으며 창문을 통해 들여다보는 사람이 없는 공간을 제공하는 것은 분명 중요하다. 당연한 말처럼 들리지만, 학교나 청소년 및 지역사회 사업과 같은 일부 환경에서는 안전한 장소를 찾거나 유지하기가 의외로 어렵다. 예를 들어, 시골의 아동 지도 부서에서 일할 때는 가끔 치료소로 배정받은 방은 청소년에게 적절하거나 매력적으로 보이게 만들기 어려웠다. 움직일 수 없는 의자와 딱딱한 장비가 놓여 있는 방에서 치료가 진행되었는데, 몇 달 동안 불만을 제기한 끝에 더 나은 방이 마련되었다.

상담 진행을 위해 방문한 한 학교상담자도 비슷한 문제를 경험했다. 상담자는 매주 방문할 때마다 학교의 다른 방(처음에는 창고, 그다음에는 여분의 교실)을 제공받다가 정기적으로 사용할 수 있는 방을 제공받았지만 적절한 크기는 아니었다. 방의 문이 유리창으로 되어 있어 다른 아이들이 들여다보는 어려움이 있었고, 유리를 가리고 방해하지 말라는 안내문을 붙였음에도 불구하고 상담자는 방에 들어오는 학생에게 잦은 방해를 받기도 했다. 우리는 상담을 진행하면서 이러한 문제에 대해 이야기했다. 문을 잠그는 것만이 유일한 해결책인 것 같았고, 상담을 받으러 오는 학생들 한 명 한 명에게 이 문제를 설명하고 상의해야 했다. 상담을 받으러 오는 청소년은 회기에 대해 매우 자의식이 높았고, 자신이 무언가 잘못되었을 수 있다는 것을 다른 사람들이 알까 봐 걱정했다. 청소년들은 방에 표시가 없고 건물에 비교적 특색이 없으면 더 편하게 느낀다.

특히 내담자가 16세 미만인 경우 비밀 유지 및 상담의 사생활 보호와 관련된 문제가 복잡할 수 있다. 상담자가 공공 부문 또는 자원봉사 기관에서 일하는 경우, 특히 성적 또는 신체적 학대를 폭로할 때는 비밀 유지에 관한 명확한 지침이 있어야 한다. 일부 자원봉사 기관의 상담자는 처음에 피해자가 학대를 폭로하면 상담자가 이를 더 자세히 조사하고 법정 기관에 알려야 한다고 설명한다. 만일 상담자가 청소년 개인을 위해 일한다는 생각으로 완전한 비밀을 보장하는 경우, 청소년은 보호받지 못하고 상담자가 청소년의 안전에 대한 실질적인 우려를 안고 있는 상황이 발생할 수 있다.

이는 모든 자해 행동의 딜레마이며, 특히 반복적인 자해(커팅)와 함께 자살 시도의 위협이 동반될 때 더욱 그러하다. 이때는 의료 관계자 및 정신과 네트워크의 잠재적 지지가 필요하며, 위탁 가능한 적절한 연락처가 필요하다. 결국, 회기를 진행하면서 내담자의 실제 생존에 대해 지속적으로 걱정을 하게 된다면 상담 작업은 매우 어려워진다. 청소년과 계약을 성사시켜 부모와의 접촉 또는 작업을 허용할 수 있다. 또 다른 가능성은 상담이 시작될 때 상담자가 내담자의 주치의와 연락하는 것에 대해 청소년과 합의하는 것이다. 일부 봉사 기관 및 법정 기관에서는 상담자가 상사 또는 관리자와 우려 사항을 공유할 수 있다. 청소년이 스스로를 심각한 위험에 몰아넣는 것처럼 보이는 경우, 청소년을 보호하기 위한 추가 조치를 취할 수 있다.

예를 들어, 한 18세 소녀는 정신과 의사와 간호사에게 외래 진료를 받았고 상담 치료를 위해 봉사 기관에도 참석했다. 그녀는 종종 병원과 상담소에 약속 시간보다 늦게 도착하여 방금 전에 약물을 과다복용했다고 알리곤 했다. 또한 반복적이고 심각한 자해를 했다. 그녀와 관련된 모든 사람과 함께 준비한 절차는 그녀와 함께 즉시 병원에 가서 해독제를 투여하거나 위세척을 하라는 것이었다. 처음부터 이 내담자는 정신과 치료를 받기에 적합하지 않다는 것이 분명했고, 제공된 정신과 치료에도 반응하지 않았다. 약물 과다복용의 심각성과 빈도가 증가함에 따라, 이 내담자가 주거 시설에서 장기 상담을 받기 위해 병원에 입원할 필요가 있다고 결정했다.

이 상황에서 상담자와 상담소 직원 모두 이 젊은 여성이 자살 시도를 하지 않을까 우려하였다. 이로 인해 어떤 치료도 진행하기 어려웠다. 상담소 직원과 자원봉사 기관 종사자 사이에 좋은 관계가 있었기 때문에 서로의 고민을 공유할 수 있었고 합의된 절차가 마련되었다. 뒤늦게 안 사실이지만 이 내담자는 약물자살과 그 후유증에 중독되어 있었고, 이로 인해 누구도 그녀를 돕기 위해 손을 내밀지 못했다. 의식적으로 그녀는 도움을 요청하고 싶었지만, 그녀의 증상과 통찰력 부족으로 인해 도움을 요청하기가 너무 어려웠다.

분석 작업은 증상을 일으키는 내면의 무의식적 갈등과 과정을 탐구하는 것이다. 이 접근 방식은 증상이 치료의 직접적인 초점이 아니라는 것을 의미하며, 상담자가 내담자에게 상처, 멍, 타박상 등에 대해 잘 알고 치료 방법에 대한 권장 사항을 제시할 것을 제안하는 미국의 심리치료사 Levenkron의 주장과는 대조적이다(Levenkron, 1998: 77). 권장 사항을 제시하는 치료 과정은 상담자가 자해로 인한 우려를 다루는 구체적인 접근 방식처럼 보이지만, 때로 내담자가 신체적으로 침범당하는 것처럼 느껴질 수 있다. 내담자가 자해 행동을 하는지의 여부에 따라 상담자에게 만족감을 주기도 하지만, 이는 상담자와의 의미 있는 관계를 회피하는 방법으로 작용하기도 한다. 만약 회기에서 내담자가 자해(커팅) 행동에 대해 끝없이 이야기한다면, 상담자와 내담자의 관계가 멀어지거나 감정전이에 방해가 될 수도 있다.

## 무의식의 해석

정신분석적 심리상담 과정과 단어 사용을 통한 해석은 무의식과 전의식을 의식적으로 드러내는 것이다. 무의식은 내담자가 전혀 알지 못하는 것이며, 전의식은 내담자가 의식 전에 접근할 수 있는 정신체계이다. 무의식의 개념은 정신분석 및 정신역동 상담의 중심일 뿐만 아니라 자해하는 사람들과의 의미 있는 작업에도 중요하다. 무의식은 우리의 최초 신체적 경험에 영향을 받는 심리적 과정과 정신구조이며, 환상과 현실 모두에서 형성되는 초기와 중요한 대상관계에 기반한 감정을 포함한다. 이러한 감정은 억압, 부정 또는 승화로 나타난다. 내적 대상관계는 생애 초기에 발달하여 외부 관계에서 부적절하게 경험한 것을 대체하고 보완하며 미래의 지각과 반응을 형성한다. 무의식적으로 사로잡힌 내면의 갈등은 내적 대상관계를 통해 형성된다.

무의식은 꿈이나 환상 등 다양한 방식으로 표현되며, 행동에 동기를 부여하는 무의식적이고 비자발적인 생각을 포함한다. 가장 중요한 것은 무의식이 상담자와의 감정전이 관계에서 드러난다는 것이다. 해석은 이러한 말로 표현하지 않는 감정을 치료에서 의식적으로 인식하도록 하는 방법이다. 또한 해석은 의사소통에서 표현되지 않은 부분을 드러내거나 말하지 않은 은유를 말로 번역하는 것이다. '해석'이라는 단어는 매우 구체적인 전문적 기술을 암시하지만, 내담자의 추가적인 통찰과 이해가 더해질 때 최상의 결과를 얻을 수 있다. 해석은 잠정적이며, 해석의 적절성에 대한 확신은 있을 수 있지만 해석의 확실성은 얻을 수 없다. 해석은 '진짜' 의미를 부여하는 것이 아니라 내담자가 말한 내용에 추가하여 의미의 음영과 다른 관점을 제공하는 것이다. 통찰력 있는 해석은 의식과 무의식 사이의 어딘가에서 나오며, 상담자는 과거와 현재, 의식과 무의식을 연결하기 전에 그 지점을 찾아야 한다.

이러한 맥락에서 Steiner(1993)에 의해 고안된, 내담자가 자신이 이해받고 있다고 느끼는 '내담자 중심적' 해석과 내담자가 이해하고 통찰력을 얻는 데 중점을 두는 '분석가 중심적' 해석 사이의 중요한 차이점을 강조할 필요가 있다. 내담자의 불안과 생각이 어디에 집중되어 있는지, 무엇이 가장 도움이 되는지에 대한 인식에 차이가 있지만, 그는 내담자의 전체 상황을 이해하기 위해서는 두 가지가 모두 필요하다고 주장한다. 자해하는 젊은 내담자는 상담자가 이해하고 안아 주며 담아 주고 있다는 느낌을 받을 때, 이전에는 피했던 일에 도전할 준비를 하고 자신에 대한 이해의 발전으로 이어질 수 있다.

## 수면 아래로 들어가기

젊은 내담자들과 함께 상담하는 상담자가 흔히 경험하는 것은 근본적인 갈등에 도달하기 위해 표면적인 진술, 예를 들면 가정, 대학 혹은 사회생활에 관한 진술 그 이면의 내면을 탐색하기 어렵다는 것이다. 제스처 뒤에 숨은 의미를 파악하는 것은 어려운 일처럼 보일 수 있다. 내담자는 단음절로만 대답하거나 "모르겠다." 또는 "상관없다."라고 말할 수 있다. 내담자가 자신의 어려움에 대해 생각하고 상담자와 이야기하는 것은 매우 어려울 수도 있다. 여기에는 여러 이유가 있다. 문제가 있음을 부인하거나 내담자가 모든 어려움을 다른 사람에게 투사할 수 있다. 또 다른 경우로는 문제가 있었지만 이제는 모든 것이 좋아졌다면서 갑작스럽게 건강 문제로 도피를 할 때도 있다. 이로써 문제를 과소평가할 수 있다. 내담자는 방금 자신을 그었거나, 혹은 어떤 느낌인지 알아보기 위해 스스로 한 번 긋거나 화상을 입혔다고 말한다. 자신의 몸을 공격하는 젊은 여성은 자신이 하고 있는 일과 느낌을 말하면 거부당하거나 싫어하거나 믿지 않을 것이라고 생각하기도 한다. 이것을 직접적으로 말할 수도 있다. "내가 어떤 사람인지 정말 알면 나를 좋아하지 않을 거야." 또는 "내가 모든 것을 말하면 다시는 나를 보고 싶어 하지 않을 거야." 이러한 근본적인 두려움과 갈등을 탐색하고 이해해야 하기 때문에 이들을 안심시키는 노력은 일반적으로 실패하기 쉽다.

치료상의 접촉을 피하는 또 다른 방법은 농담이나 재미있는 이야기 또는 어려움을 가볍게 무시하는 것인데, 이는 상담자와 내담자 모두에게 고통스러운 문제를 피하는 방법으로, 유혹적이고 쉽게 나타나는 반응이다. 또 다른 방어 수단은 이미 상담을 받은 경험이 있는 내담자가 자기의 '내면아이'와 '피해자 부분'에 대해 잘 알고 있는 것처럼 전문용어를 말하는 것이다. 일반적인 경우는 내담자가 하품을 하거나 지루함을 호소하고 갑자기 화장실에 가고 싶다고 하거나 밖에서 담배를 피우는 것이다. 여러 짧은 글에서 언급된 Linda는 회기에 과자 봉지를 가져오는 것을 좋아했고, 과자를 씹으며 앉아서 그녀의 행동에 대한 내 해석을 보고 웃곤 했다. 물론 이는 일종의 연기였으며, 이 장의 뒷부분에서 그녀의 연기가 얼마나 유용했는지에 대해 설명하겠다. 때때로 그러한 방해와 행동은 중요한 문제보다 먼저 나타나는데, 내담자는 무언가에 대해 말을 계속하지 못할 수도 있으므로 상담에서 벗어나 생각할 시간을 필요로 한다.

저항은 고통스러운 감정을 인식하지 않기 위해 항상 어떤 형태로든 존재할 것이다. 이는 때로는 성공적으로, 때로는 그렇지 않은 것으로 해석할 수 있다. 나는 Linda가 나와 이야기하는 대신 과자를 먹고 싶어 하는 이유를 이해할 준비가 될 때까지 기다려야 했다. 물론 궁극적인 저항은 청소년이 약속에 참석하지 않기로 결정할 때라는 것은 말할 필요도 없다. 정신분석적 치료는 내담자의 필요를 존중하면서 방어기제를 탐색 · 이해 · 분석하는 것을 목표로 한다. 중요한 점은 청소년과 또는 청소년의 전이를 통해 무슨 일이 일어나고 있는지 이야기하고 이해하려고 노력하는 것이다.

## 침묵과 함께 작업하기

청소년들이 침묵할 때 심리상담의 과정에서 문제가 있는데, 이는 자유연상 체계가 있는 한 존재할 수밖에 없는 문제이다. 이는 일반적으로 언어 억제의 형태일 수도 있고, 회기 중에 지속적이거나 간헐적인 침묵으로 나타나는 치료 특유의 어려움일 수도 있다. 어휘력이 부족하고 감정에 대해 생각해 본 경험이 거의 없거나 전혀 없는 청소년은 당황스러울 수 있다. 전반적으로 감정에 대한 어휘가 더 폭넓은 젊은 여성에게는 드물다. 하지만 일부 환경에서는 그림, 물감, 모래 놀이, 게임 등을 통해 말하기에 대한 불안을 완화시키는 방법을 사용할 수 있다.

다른 입장에서, 말을 하는 것 자체에 대한 두려움을 나타내는 것은 상담자에 대한 불안과 불신 또는 말하기의 의미에 대한 두려움 중 하나일 수 있다. 상담이 도움이 되려면 불안감을 줄여야 하는데, 특히 청소년과 함께 일할 때는 상담자가 융통성 없이 침묵을 지킨다고 해서 불안감이 해결되지는 않는다. 청소년은 종종 판단이나 비판을 받는 느낌을 우려하며, 자해를 한 적이 있는 경우 자신의 행동에 대해 '지적을 받을 것'이라고 예상한다. 그들은 상담자의 오랜 침묵을 비판적이거나 거부하는 것으로 느낄 수 있다. 그러나 내담자는 침묵함으로써 상담자가 자신이 한 말을 해석하는 것을 방지하는데, 해석이 이루어지면 필연적으로 침묵 방어에 집중하곤 한다. 이런 식으로 침묵은 가장 무력한 의사소통 방식 중 하나이다. 이때, 내담자가 무엇을 걱정하는지에 대한 감각이나 감정을 상담자가 말로 표현하는 것은 좋은 모델링이 된다. 또 다른 가능성은 신뢰를 쌓는 방법으로, 청소년을 보다 중립적인 대화에 참여시키는 것이다. 내담자가 회기의 대부분 또는 전부를 침묵하는 경우 상담자는 여러 감정을 경험한다. 침묵으로 인해 내담자와 상담자 모두가 느끼는 감정은 직접적인 짜증과 좌절감을 포함한다. 때때로 내담자의 침묵은 말하는 것의 영향에 대한 두려움이나 말함으로써 더 많은 고통을 겪을 것에 대한 두려움과 같은 감정이 숨겨져 있다.

예를 들어, Anne은 회기의 대부분을 침묵으로 일관하는 경우가 많았다. 검은색 옷을 입고 팔과 다리를 가린 채, 마치 의자가 자신을 붙잡고 있는 것처럼 의자 가장자리에 빳빳하게 앉았다. 일주일에 세 번씩 상담을 시작한 지 몇 달이 지난 어느 날, Anne은 불안한 표정으로 앉아 스카프에서 실을 뽑고 있었다. 그녀는 매우 조용했지만 긴장된 분위기였다. 그녀는 이전 두 번의 회기에 참석하지 않았는데, 나는 그녀의 안전이 염려되어 긴장과 불안을 완화하기 위해 그녀가 어떤 기분이었는지 물어보려고 했지만 Anne은 "모르겠다."라고만 대답했다. 한참을 침묵한 후 나는 Anne에게 무슨 생각을 하고 있는지 물었고, 놀랍게도 Anne은 자신이 무슨 생각을 하고 있는지 마음속으로 계속 되뇌었지만 그저 바보 같다는 생각만 들었다고 말했다. 나는 Anne에게 내가 바보 같다고 생각할까 걱정하느냐고 넌지시 물었다. Anne은 "아니요, 내가요."라고 대답하며 침묵을 지켰다. 잠시 후, 나는 그녀에게 그렇게 비판적인 사람이 있었는지 궁금해졌다. Anne은 '어머니는 내 말을 듣지 않았고, 가끔 아버지와 함께 있을 때 내가 말을 하려고 하지만, 아버지가 너무 말을 많이 해서 차라리 말하지 않는 것이 낫다'고 생각했다. 당연히 나는 이것이 치료의 딜레마라는 것을 깨달았다. 나는 Anne이 말을 할 때 엄청난 안도감을 느꼈고, 어느 정도 그녀가 계속해서 격려받을 수 있도록 그녀의 말에 의미를 부여하는 경향이 생겼다. Anne은 말을 하는 것 자체가 비생산적이라고 느꼈다.

전이 과정에서 나는 반응하지 않는 어머니와 지나치게 말을 많이 하는 아버지 사이에 끼인 것 같았다. 그녀는 어떤 일에 반응하고 때때로 말을 하면 나쁜 일이 일어났기 때문에 말을 하지 않는 것이 오히려 안도감을 준다고 믿었다. 이전 상담자에게 하지 말아야 할 말을 했을 때 몇 달 동안 하지 않았던 생리 주기가 돌아왔고, 키우던 고양이가 죽었으며, 약에 취한 어머니가 남자친구에게 맞았다고 전화하는 등 온갖 나쁜 일이 일어났는데, 이 모든 것은 Anne이 한 말 때문이었다고 생각했다. 분명히 Anne은 나와 이야기하면 나쁜 일이 생길까 봐 걱정하고 있었는데, 나는 나중에 그녀의 책임감에 대해 이야기했다. 내 말에 대한 Anne의 반응은 "항상 그래 왔다."라는 것이었다.

거의 1년 뒤에, Anne은 말을 하지 않는 한 가지 이유는 말이 가진 힘에 대한 두려움 때문이라고 털어놓았다. Angelou는 초기 소설 『새장에 갇힌 새가 왜 노래하는지 나는 아네』(Angelou, 1984)에서 아동 성적 학대의 경험을 폭로하고 난 뒤, 강간범의 그 다음 살인에 대해 느낀 죄책감의 무게를 묘사하며 유사한 두려움을 그려 냈다. 그녀는 자신의 말에 살인의 힘이 담겨 있다고 믿고 침묵을 선택했다. Anne의 상황도 이와 다르지 않았는데, 그녀는 회기에서 거의 말을 하지 않았고 내가 토론을 시작할 때만 말을 했다. 결국, Anne은 성적 학대를 당한 후 가해자가 누구에게라도 말하면 어머니가 죽는다고 협박했음을 폭로했다. Anne에게 이는 약물 중독에 빠진 어머니를 혼자서 살려 냈다는 자신의 인식과 맞물린 끔찍한 위협이었다.

그녀가 이전에 거주하던 상담자에게 학대에 대해 이야기했을 때 사회복지 서비스와 경찰이 개입했고, 이로 인해 가족이 화를 내며 문제를 겪었다. 이로 인해 어머니의 건강이 악화되었고, Anne에게 위협은 현실이 되었다. 내가 이해해야 할 그녀의 강한 두려움은 이런 일이 다시 일어나는 것이었다.

## 꿈 작업하기

자신의 감정에 대해 이야기하기 어려워하는 일부 청소년은 꿈에 대해 이야기하는 것을 더 쉽게 받아들이고 꿈에 대해 생각하는 것에 흥미를 느낀다. 아마도 이는 자신의 어려움이 덜 노출되는 방식이나 좀 더 객관적인 방식일 수 있지만 아이러니하게도 상담에서 말하는 꿈은 억압되어 사로잡힌 내면의 갈등, 특히 무의식의 갈등을 매우 솔직하게 드러낸다. 이에 꿈의 내용은 무의식에 접근하는 데 도움이 된다. 6장에서 Diana의 꿈은 억압되어 사로잡힌 내면의 갈등 형성을 명확하게 드러낸다.

꿈분석을 통해 무의식적인 것을 다른 사람에게 드러내는 전치나 억압(억압된 욕구, 감정, 소망 등)을 풀어내는 것이 꼭 필요하지는 않지만, 내담자 자신이 기억하는 꿈에서 자신의 내면세계가 어떻게 표현되는지 볼 수 있다. 시간이 지나 꿈을 상담에 가져오면 심리적인 변화를 볼 수도 있다. 꿈의 내용과 내담자가 꿈을 기억하고 내담자가 말하는 방식 모두에서 변화가 드러난다. 이러한 변화는 Mary의 작업에서도 나타났다. 우리는 그녀가 회기에 가져온 꿈을 통해 그녀의 내면에서 일어나고 있는 변화를 볼 수 있었다.

15세의 Mary는 자해(커팅)로 인해 의뢰되었다. 평가 회의에서 Mary는 내가 듣기 힘들 정도로 조용한 목소리로 자신이 우울할 이유가 없는데도 감정이 느껴지지 않고 죄책감이 든다고 설명했다. 그녀는 교복을 아주 단정하게 입은 예쁜 소녀였고 나이에 비해 어려 보였다. Mary는 구타나 학대를 당한 적도, 부모님이 이혼한 적도 없으며 생활 환경이 열악하지도 않았다고 말했다. 그녀는 얼마 전부터 자해가 시작되었지만 어머니는 Mary가 자신의 손가락 마디에 거짓말쟁이라는 단어를 칼로 새긴 것을 보고 나서야 자해를 알게 되었다고 말했다. 어머니는 몰랐지만 Mary는 자신의 팔에도 자해를 하고 있었다. 그녀는 스스로를 자해하고 싶다고 느꼈지만 그 이유를 알고 싶지 않았다.

그녀는 자해를 할 때 고통도 안도감도 느끼지 않고 그냥 그렇게 할 뿐이라고 말했다. 그녀는 자해를 둘러싼 의례를 즐겼다(이에 대해서는 이전 장에서 설명했다). 그녀는 방에 앉아 자해에 대해 생각하고 어떤 음악을 연주할지 선택하는 것을 좋아했다. 그녀는 자신이 우울한 척하는 것 같아서 거짓말쟁이라고 느꼈다고 말했다. 상담에 대해 물어봤을 때 Mary는 무엇을 기대해야 할지 모르겠다며 할 말이 없을 것이라고 말했다. Mary의 어머니는 Mary가 어렸을 때 자신이 우울증으로 상담을 받은 적이 있다고 말했지만, 그녀의 우울증에는 주거 상황과 관련된 진짜 이유가 있었다고 말했다. 평가 회의에서 Mary의 어머니를 만났을 때 그녀는 Mary의 행동에 대해 얼마나 화가 나고 겁이 났는지 이야기했다. 그녀는 Mary의 면도날 공급을 중단시켰다(나중에 Mary가 면도날을 교체했지만). Mary의 아버지는 집을 떠나서 일하고 있었기 때문에 어머니는 모든 책임과 걱정을 자신이 짊어지고 있다고 느꼈다.

현실적인 어려움으로 인해 열두 번의 회기만 진행할 수 있었다. 또한 Mary의 어머니는 정기적으로 다른 상담자와 만나 지원을 받기로 동의했다. 처음 두 회기에서 Mary는 무슨 말을 해야 할지 생각하기가 어려웠고, 증상에 대한 호기심도 없었으며, 자신이 느끼는 감정을 표현할 언어도 없는 것처럼 보였다. 그녀는 매우 예의 바르고 아무 문제도 없었으며 스스로 평범하고 좋은 가정에서 자랐다고 이야기했다. 회기는 무겁고 지루하게 느껴졌고 이런 상태가 오래 지속될 것 같았다. 딱딱하고 다소 구체적인 느낌은 상담에 대한 만연한 불신의 감정이었다. 회기의 종결이 다가올수록 느껴지는 유일한 감정은 회기가 끝난다는 안도감이었다. Mary는 할 말이 없다며 침묵을 지켰고, 내가 견해를 밝히거나 직접적으로 질문하지 않는 한 조용히 "예" 또는 "아니요"로 대답했다. 무의식 속에서 무슨 일이 일어나고 있는지 알아보고 자기 성찰을 하도록 격려하기 위해 나는 Mary가 상담에 몇몇 꿈을 얘기해 줬으면 좋겠다고 제안했고, 놀랍게도

Mary는 그 주에 꾼 꿈 두 가지를 바로 이야기했다.

처음에 그녀는 난폭한 사람들과 함께 학교에 있었다. 그녀는 꿈속에서 특히 부주의한 차림에 염색한 머리카락을 가진 한 소녀를 묘사했는데 Mary는 그녀가 재미있다고 말했다. 두 번째 꿈에서 Mary는 4층에 있는 침실 창문에서 뛰어내려 공중을 날아다녔다. Mary는 그것을 접영으로 수영하는 것과 같다고 묘사했다. 매우 힘든 일이었지만 그녀는 공중에 떠서 그녀 아래에 있는 거대한 정글 같은 밝고 커다란 정원의 구석구석을 내려다볼 수 있었다. 그녀의 꿈과 관련하여 Mary는 학교에서 다소 제한적인 친구 관계에 대해 이야기했는데, 모두 '착한 소녀'인 것처럼 묘사했다. 그녀가 정말 부러워하는 제멋대로 행동하는 소녀가 있었는데, 그 소녀는 아무 것도 신경 쓰지 않는 것처럼 보였기 때문이다. 두 번째 꿈의 행동에서 다소 조증의 파괴적인 요소와 함께 금지된 것, 억압된 성적 소망의 충족과 집을 떠나고 싶다는 생각이 드러났다. 비행적인 행동은 잘못된 전지전능함을 암시하였고, 이를 근거로 그녀의 혼란스러움을 분명히 인식할 수 있었다. 일반적으로 그녀의 꿈은 환상과 야생, 위험, 색채로 가득 찬 상상력을 드러냈다. 또한 Mary는 상담자의 격려를 통해 은유적으로 생각할 수 있는 능력이 있음을 보여 주었다. 이를 통해 꿈이 우리가 어느 정도 상담상에서 관계를 맺을 수 있는 방법임이 입증되었다. Mary에게 꿈은 우리를 매개하는 역할을 한 것 같았다. 난 그녀가 집착하거나 방해가 되는 직접적인 친밀감을 피하는 방법을 꿈으로 경험한 것이라고 생각했다.

Mary는 자신의 감정에 대해 직접적으로 말하길 꺼렸지만, 꿈과 꿈에서 느낀 점에 대해서는 약간이나마 이야기했다. Mary는 자해를 통해 자신의 내면에서 '터져 나오고' 싶은 갈망을 표현하고, 다소 불안하고 질식할 것 같은 집안 분위기를 잘라내고자 하는 것 같았다. 그녀의 내적 대상관계는 어떤 부분은 강하게 다가와서 압도적인 동시에 자신의 감정을 부정하는 형태로 형성되어 있었으며, 이는 그녀의 강한 본능적인 공격성과 성적 본능에 대해 스스로 벌하는 것처럼 보였다. 상담이 이어지면서 나는 꿈에서 드러난 Mary의 다른 면, 즉 겉으로 드러나는 모습과 상반되는 면에 집중하기로 결정했다. 그 결과 중 하나로 Mary는 조금 무례하고 불친절해져서 부모님과 여동생에게 짜증과 분노를 느끼게 되었다. 특히 그녀는 어머니에게 분노를 느끼고 다투었다. 그녀는 오빠와는 달리 아버지가 없을 때 어머니를 돌보고 책임져야 한다고 느꼈다.

나머지 회기 동안 Mary는 종종 다른 성적인 꿈을 꾸었다. 한 꿈에서는 자신이 좋아하는 학교 남학생인 Alan과 크고 털이 많은 점퍼를 같이 입고 있었다고 말했다. Alan과 Mary는 큰 점퍼를 함께 입고 서로를 마주보며 장난스럽게 웃었다. 그녀는 자신들이 정말 잘 어울릴 것 같아서 Alan이 데이트 신청을 해 주기를 바랐다고 말했다. Mary는 자해가 줄어들었다고 말했지만, 자해 행동을 시작할 때 더 심하게 했으면 좋았을 거라고 했으며, 자해가 자신을 나타내는 일종의 표현이라고 말했다. 한 회기에서 Mary는 면도기로 자신의 몸에 만들 수 있었던 모든 패턴에 대해 꿈처럼 이야기했다. 그리고 록밴드 매닉 스트리트 프리처스(Manic Street Preachers)의 멤버 중 그녀가 영웅시하는 Richard James가 자해를 하고 사라졌는데, 그가 살았는지 죽었는지 아무도 모른다고 말했다. 또한 그녀는 마침내 콘서트에 갈 수 있게 되었고, 관중들 사이로 '보디 서핑'을 할 때 완전히 거칠고 자유로운 기분을 느꼈다고 말했다. 나는 이런 생각들이 그녀의 정체성에 대한 혼란의 일부라고 느꼈다. 이러한 사춘기의 반항심은 이전의 억압과 연결되는 것 같았다. 그녀는 자신의 생각과 콘서트에서의 경험에 대해 나의 반응을 판단하기 위해 나를 시험하였다. 그녀는 내가 자신의 어머니처럼 콘서트에 대하여 같은 불안감을 갖고 반응할지, 자신의 안녕에 대해 책임감을 느끼고 있는지 시험하였다. 그 과정에서 나의 역전이를 발견하였는데 이는 Mary의 자해에 대해 약간의 우려였고, 또 다른 꿈과의 연관성으로 확인되었다.

꿈에서 Mary는 완전히 통제 불능이 된 경주용 자전거를 타고 있었다고 말했다. 그녀는 자신이 흥분했지만 안전하지 않다고 느꼈다. 우리가 경주용 자전거에 대한 아이디어를 탐구하는 동안 Mary는 자신의 자해가 통제 불능 상태가 되어 걱정된다고 말했다. 그녀는 마지막으로 한 번 더 해 보기로 결심하고 팔 윗부분까지 전보다 더 깊게 자해하기로 했다. 그녀는 기쁨과 두려움을 동시에 느꼈는데, 어머니가 무슨 일이 일어났는지 모른다는 것이 즐거움의 일부였다. 치료 과정에서 나는 마치 Mary의 어머니처럼 자해에 관한 Mary의 이야기를 들어야 하는 사람이었다. 나는 Mary와 협력하여 그녀의 기쁨과 두려움이 섞인 감정을 이해하고 통제하도록 도움을 주었다. 통제할 수 없는 자전거에 대한 꿈은 Mary가 공격적이고 성적인 충동을 잘 조절하지 못하고 있음을 보여 준다. 내가 느낀 걱정은 Mary 자신이 느끼는 걱정을 반영하는 것이었다.

회기 횟수가 제한적이었기 때문에 나는 Mary가 좀 더 지시적인 방식의 상담으로 도움을 받을 수 있다고 생각했다. 그래서 나중에 Mary가 집에서 비난받지 않고 소리를 내고 싶다고 말했을 때, 우리는 Mary가 몇 주 동안 상담을 하면서 작곡한 노래 중 일부를 부를 수 있도록 해당 학교의 록밴드에 가입하는 것에 대해 논의했다. 그 노래들은 그녀가 꾼 꿈에 대한 감정을 바탕으로 한 것이었다. 다음 회기에서 Mary는 내게 자신의 팔을 보여 주고 싶다면서 지난 만남 이후로 자해하지 않았다고 말했다. 그녀는 다시는 자해하지 않기로 스스로 결심했는데, 한편으로 우울감이 덜하고, 다른 한편으로 여름이라 반팔을 입고 싶었기 때문이라고 말했다.

마지막 회기에서 Mary는 폭포에 대한 꿈을 얘기해 주었다. 그녀는 그것이 큰 폭포였는데 상류는 매우 잔잔하고 바람이 없었다고 말했다. 중간은 거칠었지만 하류의 웅덩이로 내려가면 초록빛 물과 바위가 있고 금붕어가 헤엄칠 수 있을 정도로 잔잔했다. Mary는 자신이 약간 폭포와 비슷하다고 생각한다며 말했고, 나는 그녀가 이 모든 다른 감정을 치료로 가져왔다고 넌지시 말했다. 겉으로는 부드럽고 차분해 보이지만 그 밑바닥에는 사납고 걱정스러운 감정이 있어서 갑자기 통제 불능이 될 수 있다는 것, 이 두 가지 부분이 바위와 물고기가 있고 색채가 가득한 흥미로운 연못으로 이어진 것이다.

## 마음의 표층에서 심층까지

상담 과정은 마음의 표층에서 심층으로 이동하는 체계적인 과정이라는 Anna Freud(1969)의 진술을 출발점으로 삼아, 나는 이제 신체 외관에 대한 자기 파괴적 공격에서 내면의 감정에 대한 이야기를 살펴볼 것이다. 고통받는 신체가 무의식적 의사소통의 도구 또는 표현의 역할을 한다는 것이 이 책의 주제이다. 상담 작업의 목표는 이 고통을 의식적인 의사소통으로 바꾸어 이해와 통찰력을 얻는 것이다. 마음의 표층에서 심층으로 내려가는 전환을 할 수 있는 것, 즉 무의식적 갈등을 상담하는 과정에는 밖으로 드러나는 행동화(acting out)에서 내면에서 작용하는 행동(acting in)으로의 전환을 포함한다. 바깥으로 드러나는 행동에서 내면의 표현으로 전환하기 위해서는 내담자가 자해 행동의 기능과 의미, 그것이 무엇을 의미하는지, 자해 충동을 다른 방식으로 어떻게 관리할 수 있는지에 대해 생각해야 한다. 자신을 손상시키려는 충동은 다른 방법으로 관리할 수 있다. 비슷한 방식으로 상담자는 자해하는 내담자가 구체적인 행동에서 은

유적 사고로 전환하도록 돕는다. 이 절의 마지막 부분에서는 자해하는 사람들의 특징인 유아기 전능성의 재조명에 대해 논의한다. 전능함의 탐구와 함께 죽음에 대한 두려움이 수반된다.

## 행동화에서 내면적 행동화까지

Freud(1895)는 초기 저서에서 분석 작업을 비교적 간단한 것으로 보았다. 그는 내담자가 증상에 대해 말하기만 하면 증상이 사라질 것이라고 생각했다. 연구가 발전하면서 Freud는 수동적인 증상에서 능동적인 말과 통찰로 나아가는 과정이 종종 전이, 기억, 훈습을 통해 반복되는 더 얼기설기 얽힌 복잡한 과정이라는 것을 발견했다(Freud, 1914). 앞에서 살펴본 바와 같이, 이 과정이 일어나기 위해서는 합리적인 협력 관계가 필수 전제 조건이다. Freud에게 행동화(acting out)는 기억의 일부, 전이 내의 재생산, 기억이 아닌 행동으로 간주되었다(Freud, 1914: 150).

'행동화(acting out)'라는 개념은 이 초기 공식화에서 발전했으며, 1968년 Anna Freud는 이 개념에 혼란이 있음을 인정하고 임상 상황에서 재연 또는 명료화를 위한 경험적 시도를 설명하기 위해 확장하였다. 최근에는 내담자가 상담 중이지만 회기 밖에서 일어나는 행동으로도 볼 수 있다. 이는 의사소통의 한 형태이며, 내담자가 그 행동에 대해 생각하기 시작하는 전조일 수도 있다. 여기서는 회기 중이나 회기 밖에서 일어나는 상담과 관련된 모든 행동을 포함하는 용어로 사용하고 있다.

행동화는 청소년기 정신 상태의 특징 중 하나로, 청소년이나 청소년기 정신 상태에 있는 사람들이 하는 행동이다. Tonnesmann은 행동화를 세 가지 다른 목적을 가진 것으로 보는 Blos(1963)의 말을 인용하였다. 첫째로 행동화는 청소년 부모의 무의식적 동기를 전달하는 통로 역할을 하고, 둘째로 갈등 불안으로 인한 긴장을 관리하는 것이며, 셋째로 구조적 붕괴 또는 내적 분열의 경험으로 인한 불안으로부터 정신을 보호하고자 하는 것이다(Tonnesmann, 1980: 27). 젊은 사람들과 함께 일해 본 우리 대부분은 갑작스럽고 예상치 못한 기분 변화와 극적인 감정의 격동, 즉 '무슨 일이 일어나고 있지' 하는 경험을 침착하게 구분하는 것이 얼마나 어려운지 잘 알고 있다. 앞서 언급했듯이, 종종 어떤 행위나 행동화가 주된 의사소통 수단 중 하나가 되는 경향이 있다. Tonnesmann은 "상담자는 행동화하지 않고 스스로 소화한 것을 내담자에게 제공해야 한다."라고 말했다. 다시 말해, 청소년에게는 이러한 '행동화'를 할 수 있는 장소와 이러한 욕구를 충족시켜 줄 수 있는 적절한 사람이 필요하다. 행동화는 내담자의 내면세계와 내적 대상관계를 파악하는 한 가지 방법이기 때문에, 상담자에게는 이를 통해 정신적 갈등과 과거의 트라우마가 현재에 어떻게 경험되는지 알 수 있다는 이점이 있다. 또한 의사소통의 수단이며, 상담자의 구성과 재구성을 통해 이해의 길로 나아가는 데 도움이 될 수 있다.

이 장의 앞부분에서 과자 봉지를 들고 상담실에 오는 Linda의 경향에 대해 언급했는데, 이 또한 행동 장애의 한 형태이다. 시끄럽게 씹고 빠는 그녀의 유아기적 갈망은 나에게 경고를 전달한다. Linda는 그녀가 편안함을 필요로 한다는 나의 해석을 비웃으며 쓰레기라고 일축했다. 나는 그녀가 회기에서 나오는 것을 두려워하고, 씹기 싫어하는 맛을 건네줄 경우에 대비하여 달콤한 것으로 입을 채우고 싶었던 것 같다고 생각했다. 그녀는 고통스러운 모든 감정을 관리하는 방법으로 웃음에 대한 나의 지적을 무시했다. 흥미롭게도 Linda의 어머니는 제과 사업을 하셨고, 나는 Linda가 과자 봉지를 꽉 움켜쥐고 있는 행동을 어머니의 양육에 대한 그리움에서 나온 행동으로 이해했다.

동일한 초기 박탈의 징후는 몇 달 동안 그녀가 3살 정도의 어린 소녀를 회기에 데려왔을 때 더욱 두드러졌다. 이에 대한 사전 논의는 없었고, Linda는 아이와 회기를 위해 방금 도착했다. 선택지는 Linda가 가거나 아이와 함께 있거나 둘 중 하나였다. 그 역학 관계는 Linda의 초기 경험에 대한 엄청난 통찰력과 이해를 제공했다. 처음에는 나는 당황스럽고 혼란스러웠다. 평소의 상담 방식이 바뀌어서, 장난감과 색칠 도구를 준비하고 창가의 화분들을 옮겨야 했다. 이런 감정들이 Linda가 어린 시절, 사랑하고 원하던 동생이 태어났을 때 느꼈던 박탈감 등과 같은 감정의 변화를 느끼게 해 주었다. 회기 동안 Linda는 자신이 맡은 아이에게 전혀 신경 쓰지 않았다. 그녀는 나와 이야기하고 싶어 했고 아이가 가구에 오르려고 하거나 내 주의를 끌려고 할 때 내가 반응해야 했기 때문에 화를 내고 속상해했다. 그녀는 아이가 알아서 해야 한다고 말했고 우리는 그것을 Linda 자신이 느꼈던 경험과 연결할 수 있었다. 우리는 회기를 어떻게 관리할지, 그리고 Linda가 내 주의를 받지 못해 느끼는 소외감과 내가 느끼는 박탈감에 대해 이야기했다. Linda는 무의식적으로 점점 심해지는 전이 관계를 피하기 위해 아이를 데려왔지만 그로 인해 거절과 몰입에 대한 불안감이 생겼다. 우리 둘 다 이 문제를 이해한 후, Linda는 상담을 받는 동안 아이를 돌봐 줄 친구를 구했다. 나와 함께 경험했던 강한 감정으로 Linda의 과거와 현재의 어려움에 대해 많은 것을 이해할 수 있었다.

두 번째 사례는 드러난 행동을 해석하기 어려웠고, 점점 더 통제할 수 없어서 더욱 걱정스러운 사례였다. 길거리에서 생활하는 것으로 보이는 20세의 Angie는 약물 과다복용, 자해, 마약 사용 문제로 의뢰되었을 때 매우 의욕적으로 보였다. 평가 인터뷰에서 그녀는 매우 활기차고 수다스러웠으며 나와 내 동료에게 자신의 과거와 어렸을 때 아동 지도에 참석했던 기억에 대해 모두 이야기했다. 우리는 그녀를 상담에 데려오고 상담하는 정신과 의사와의 월례 회의에도 초대하기로 결정했다. 두 번째 상담이 시작되기 전에 Angie는 대기실에 급하게 들어가 밝은 색의 옷을 입은 아이들에게 계속 견디고 살아남으라는 메시지를 칠판에 남겼다. 그러고 나서 그녀는 자신이 다시는 대기실에 들어갈 수 없으며, 앞으로는 복도에서 나를 기다릴 것이라고 말했다. 이 사건은 Angie가 어렸을 때 억지로 아동 상담 클리닉에 가야만 했던 상황과 두 번째 생일 직후에 자신을 떠난 어머니에 대해 얼마나 속상했는지를 설명해 주었다. 대기실에서의 행동화는 Angie가 나에게 말하지 않은 것을 알려 주었는데, 그것은 바로 Angie가 상담 회기에 참석하면 삶을 계속 살아가는 데 방해가 될 수 있을지 모른다는 걱정을 가지고 있다는 것이었다. Angie는 자신이 부모가 없었다고 느꼈고, 이에 대해 감정을 가져야 하는 것이 위험하다고 생각했다.

Angie는 회기 내내 이야기하고 움직였다. 소리와 움직임이 내게 미친 영향은 그녀가 쏟아내는 내용을 기억하기 어렵다는 것이었지만, 공허함과 죽음을 동반하는 느낌은 마음을 아프게 했다. Angie는 항상 밝은 색의 옷을 입고 회기마다 머리 색깔을 바꾸었다. 그녀의 팔에는 '엄마'라는 단어가 적힌 작은 하트와 함께 복잡한 문신이 새겨져 있었다. 그녀의 사춘기는 매우 불안정했는데, 아버지와 그의 새 여자친구와 함께 살다가 조부모님 댁으로 이사했고, 그 뒤에는 보호시설에서 지내는 등 힘든 시간을 보냈다. 우리가 만났을 당시 Angie는 친구들과 함께 여러 셰어하우스를 전전하며 정착하지 못해서 미래가 불확실했다.

내가 Angie의 말을 되돌아보고 해석하려고 하면 Angie는 대중 심리학 문구나 진부한 뉴에이지 표현으로 대응했다. 나는 그녀의 매우 방어적인 태도를 넘어서기가 어려우며, 어쩌면 그 시도가 부적절할 수도 있음을 깨달았다. Angie는 나와 의미 있는 관계를 맺는 것을 매우 불안해했고, 이를 피하기 위해 다양한 형태의 연기를 취했다. 그녀는 사회복지사와 수년 동안 좋은 관계를 유지해 왔다고 나에게 말했다. 그들은 친구가 되어 여전히 연락을 주고받았지만, Angie가 다른 지역으로 이사한 후에는 더 이상 만나기 힘들어졌다.

Angie는 전이에 대한 불안한 방어기제를 드러내며 종종 연기에 나섰는데, 늦거나 잘못된 시간이나 잘못된 날에 나타나곤 했다. 한 번은 네 번째 회기에서 그녀는 매우 늦게 도착한데다 약에 취해 있었다. 나는 그녀가 내 방에 앉을 때까지 그녀가 얼마나 약에 취해 있었는지 깨닫지 못했다. 지금 생각해 보면 회기 일정을 변경하는 것이 더 적절했을 수도 있지만, 나는 Angie를 내보내는 것이 걱정스러웠다. 아무리 조심스럽게 표현해도 그녀가 거부로 받아들일 것 같았기 때문이다. 짧고 불만족스러운 회기는 그녀의 상태를 친밀감에 대한 불안과 나를 멀리하고 치료를 고의로 방해하려는 욕구와 관련된 것으로 해석하게 하였다. 이에 대해 Angie는 고함을 지르며 웃음을 터뜨렸고, 나에게 방에 있는 식물 중 하나가 죽어가는 것처럼 보인다고 지적하면서 상담자가 식물을 치료할 수 있는 방법은 없냐고 덧붙였다. 나가는 길에 Angie는 어렸을 때 별다른 이유 없이 아동 지도를 받으러 가지 않았는데, 지금은 약에 취해서 나타났다고 말했다.

이런 식으로 행동화함으로써 Angie는 자신의 취약성을 확인했고, 내 말이 학대처럼 느껴져 식물을 인식한 것과 같은 방식으로 자신을 죽일지도 모른다는 두려움을 느낀 것 같았다. 그녀의 내면세계는 파편화되고 혼란스러워 보였고 좋은 내적 대상은 존재하지 않았다. 현 수준에서 그녀는 어린 시절과 부모에 대한 엇갈린 감정에 대해 이야기하고 싶었고, 다른 차원에서는 어머니와의 상실과 이별이 주는 감정의 강도와 무게에 짓눌려 있었다. Angie의 사로잡힌 내면적 갈등과 관련해서, 그녀는 자신을 위협하고 벌을 주는 인물에게 지배당하는 것처럼 보였다. 이 인물은 Angie를 방치함으로써 그녀를 사라지게 할 수도 있었지만, Angie가 이 인물에게서 벗어나면 아무것도 남지 않을 것이다. 이 회기는 Angie가 상담에 적합하지 않다는 나의 의심을 확신시켜 주었다. 그녀의 삶에는 신뢰할 수 있는 외부 지원이 거의 없었고, 위험을 감수하는 행동과 충동적인 행동에만 끌렸다.

Angie는 몇 달 동안 상담을 받기 위해 임시로 마련된 장소에 머물렀다가 새 남자친구와 함께 다른 도시로 이사갔다. 남은 회기 동안 나는 그녀가 직업을 구하고 파괴적인 관계에서 벗어날 수 있도록 지원했다. 그녀가 과거와 현재에 대해 이야기할 때 나는 그것에 대한 그녀의 감정에 귀를 기울였지만 전이를 장려하지는 않았다. Angie는 다시는 회기에 약에 취한 모습으로 오지는 않았지만, 여전히 계속 늦거나 잘못된 시간에 나타났다. 이 상황에서 연기를 하는 것은 Angie의 과거 트라우마를 드러낼 뿐만 아니라, 정신분석적 상담보다 지지적 상담이 더 적절하며 Angie가 다시 약물 과다복용을 할 경우에 대비해 상담 정신과 의사의 지원이 필요함을 확인시켜 주었다.

## 자해에서 자기 성찰까지

어떤 사람들은 상담은 감정에 대해 생각하는 문제라고 생각하지만, 상담은 '상처'라는 물리적 상징보다는 '말'이라는 언어적 상징에 중점을 두는 '말하기' 치료법이다. 이 장의 앞부분에서 꿈을 어떻게 활용할 수 있는지, 꿈에서 본 시각적 이미지를 어떻게 말로 표현할 수 있는지에 대해 설명했다. 어린아이에게 놀이는 말만큼이나 상징적이며 정신적 갈등을 해석하는 데 사용될 수 있다. 자해(커팅)는 상징이자 증상이며 근본적인 정신적 갈등에 대한 방어이다. 일부 젊은 여성의 경우 자해가 자기 성찰보다 더 쉬운데, 이는 자신이 느끼는 감정에 대해 생각하는 것이 두렵고 공허한 일이라고 생각하기 때문이다. 젊은 내담자들은 공격으로 이어지는 외부 사건을 설명하는 것을 쉽게 여기는데, 이를 통해 자해를 하는 이유에 대한 통찰력을 얻을 수 있다. 또한 자해 후 자신의 감정을 묘사하고 싶을 수도 있다. 행동 뒤에 무엇이 있는지, 그 행동이 내면세계에서 어떻게 표현되거나 상징화되는지를 이해하는 것은 더 어려울 수 있다.

이러한 맥락에서 볼 때, 1991년 사고(thinking)에 대한 연구(3장에서 간략히 논의됨)와 정신적 사건을 표현하는 능력에 관한 Fonagy의 연구는 매우 가치가 있다. 그는 이 능력이 의식적이든 무의식적이든, 상징화 능력과 관련하여 자주 언급된다고 지적한다. 그는 '정신화(mentalizing)'라는 용어를 선호하며, "자신의 마음과 타인의 마음의 내용을 생각할 수 있는 능력은 정상적인 대상관계에 중요한 필수 요소"라고 말했다(Fonagy, 1991: 649). 다시 말해, 자해 행동을 멈추려는 내담자는 자해 행위를 감정 상태나 느낌으로 표현할 수 있어야 한다. 즉, 자신의 감정과 생각을 '정신화(mentalizing)'할 수 있어야 한다. 자신과 상대방의 감정에 대해 생각하는 능력은 정상적인 관계를 위해 필요하다. 불행히도 많은 사람은 이 능력이 손상되어 있으며, Fonagy의 연구는 이러한 결핍을 이해하는 데 도움이 된다.

그는 아동이 자신과 타인의 감정에 대한 자기 성찰 능력을 발달시키는 것은 성숙한 자아를 가진 성인 모델의 존재에 달려 있다고 설명한다. 이런 어른들은 아동이 자신의 감정과 생각을 이해하고 통제하는 방법을 배우도록 도와준다. 또한 아동은 자신이 누구인지, 어떤 면이 자신인지 분명하게 알게 되어, 자아에 대한 경계를 설정하는 데 도움을 준다. 주변의 어른들이 이런 구조들을 형성되는 데 필요한 조건을 제공하지 못하면 발달 중인 아동은 심각한 손상을 입는다. "부모 중 한 명 또는 양쪽과 관련된 충격적인 사건들로 인해 아동이 기본적인 대상에 대한 생각과 감정에 관련된 인식을 방어적으로 무시하는 경우, 정신화(mentalizing) 능력의 결함을 예상할 수 있다"(Fonagy, 1991: 650). 일부 어린이는 이러한 능력을 전혀 배우지 못하거나 부분적으로만 학습하고 내면화할 수 있다. 어떤 아이들은 트라우마가 누적되어 감정에 대해 생각하는 능력이 낮고 퇴색되며, 이로 인해 감수성이 무뎌지거나 사라지기도 한다. 이러한 능력을 개발, 회복 및 내면화할 수 있는 방법 중 하나는 상담자가 상담 관계를 통해 감정을 반영하고 생각하는 방법의 모델이 되어 주는 것이다.

이러한 맥락에서 해리의 개념으로 돌아가는 것이 중요하다. 해리는 심각한 트라우마에 대한 구체적이고 순응적이며 역동적인 반응으로, 정서적 고통을 피할 수 있도록 개인의 정체감을 변화시키는 역할을 한다. 보호의 한 형태로 작용하는 이러한 방어는 위협을 느낄 때마다 다시 나타날 수 있다. 해리 현상 중 한 가지는 유아기에 느꼈던 견디기 힘든 감정들이 여전히 마음속에 이해할 수 없는 상태로 남아 있는 것이다. 이는 사람들이 정신적으로 표현할 수단이 없고 창의적으로 상상력을 발휘할 기회가 많지 않았기 때문이다. Bion(1967)은 해리에서는 지각과 사고, 느낌과 이미지, 감각과 사고 사이의 연결에 대한 공격이 일어난다고 언급했다. 이는 McDougall(1986)이 '무감각증'이라고 묘사하는, 감정을 표현할 말이 없고 그 결과 '불만'을 느끼는 마음의 상태로 이어질 수 있다. 이러한 마음 상태에서 사람들은 스스로를 해치면서도 고통을 느끼지 않거나, 고통을 느끼기 위해 스스로를 해칠 수 있다. 다시 연결하려면 내담자는 자신의 감각, 감정 및 지각을 표현하는 방법을 상상하고 창조하기 시작하여 이를 생각하고 인식하며 통합할 수 있어야 한다.

다음 사례는 일부 청소년이 자신의 고통을 정신화하여 말로 표현하는 것이 얼마나 어려운지를 보여 준다. 이전 장에서 소개한 18세의 Lucy는 약물 과다복용으로 팔뚝을 자해한 후 매주 상담을 받았다. 그녀는 때때로 약간 기절하는 듯한 느낌을 받았는데, 의사는 이를 항우울제 때문이라고 설명했다. Lucy는 어머니와 함께 사는 매력적이고 건장해 보이는 젊은 여성이며, 처음 만났을 때 아버지가 두 살 때 떠났다고 말했다. Lucy는 아버지와 연락을 주고받은 적이 있었지만 아버지는 외국에 살아서 만나지는 않았다. 아버지와 연락한 상황은 2장에서 이야기하였다. Lucy의 어머니도 항우울제를 복용 중이었는데, Lucy는 어머니에게 미안한 마음이 들면서도 어머니가 곧잘 성질을 내는 것이 지긋지긋하다고 말했다. Lucy는 힘들다는 것 외에는 자신의 기분에 대해 생각하기가 매우 어려웠다. 상담 회기는 돈 부족, 지루함, 자신을 실망시킨 친구들, 가족 전체의 이기심에 대한 불평으로 가득했다. 그녀는 자신이 왜 과다복용을 했는지 잘 모르겠다고 말했고, 할 일이 있어서 스스로를 베었다고 했다. 내 역전이에서 나는 그녀와 함께했던 경험에서 단절된 느낌을 받았다. 회기 내내 감정적으로 공허한 느낌이 퍼져 있었는데 무엇때문인지 뚜렷한 영향은 없었다. 내가 보기에 그녀는 유쾌했고, 피상적인 수준 외에는 모든 것에 대해 생각할 필요가 없다는 그녀의 환상을 공유하고 싶었다.

하지만 시간이 지나면서 속상한 감정이 드러나는 것처럼 느껴졌다. Lucy의 불만은 그대로였지만 회기의 질과 분위기가 미묘하게 변하기 시작했음을 알 수 있었다. Lucy는 불만과 함께 어떤 느낌이 드는지 궁금해하지 않았지만, 회기 중에 목과 팔 아래쪽의 피부가 붉어지고 발진으로 덮이는 것에 대해 호기심을 가졌다. 이것은 그녀의 옆얼굴까지 퍼졌고 Lucy가 몸을 긁기 시작했을 때 나는 무언가가 그녀를 괴롭히는 것 같다고 말했다. Lucy는 웃으며 그녀와 어머니 모두 그런 발진이 나온다고 말했다. 그녀의 어머니는 그것을 웃어넘기며 가족 특성으로 무시했다. 항상 일어났던 일이었지만 그녀는 나와 함께 앉아서 이야기할 때 상담에서 왜 그런 이야기를 해야 하는지 이해하지 못했다.

나는 Lucy를 괴롭히고 불편하고 가렵게 만드는 감정이 표면 바로 밑에 있는 것일지도 모른다고 말했다. 어쩌면 Lucy의 부모는 웃어넘길 일이 아니라 이를 진지하게 받아들이고 부어오른 피부와 발진이 무엇을 의미하는지 생각해 볼 필요가 있었다. Lucy는 내가 발진을 얼마나 심각하게 받아들이는지 관심을 보였고, 이 신체적 증상을 통해 Lucy가 어머니에 대해 얼마나 속상해하는지 함께 생각해 볼 기회를 가졌다. 발진으로 인한 감각은 너무 자극적이어서 무시할 수 없었다. 나는 Lucy가 내게 한 가지를 말하고 있지만 속으로는 훨씬 더 많은 것을 느낄 수 있다고 말했다. Lucy는 여전히 발진과 보기 흉한 모습에 짜증이 났을 뿐 자신이 어떤 감정을 느끼고 있는지 알지 못했다. 발진을 인정하는 것은 자신의 감정을 인식하는 것보다 쉬웠다. 마찬가지로 왜 그렇게 느꼈는지 생각하는 것보다 자해하는 것이 더 쉬웠다. 가려움증과 커팅은 모두 Lucy의 근본적인 감정을 나타내는 말없는 은유였다. 이 경험을 통해 Lucy는 자신에 대해 진지하게 생각하기 시작했고, 이 단계에서는 이유를 알 수 없었지만 때때로 매우 속상하고 슬프고 화가 났다는 사실을 인정하기 시작했다. Lucy가 어머니와 공유한 붉은 발진은 그녀가 어머니와 너무 밀접해서 분리하는 데 어려움을 겪고 있으나, 이를 위해 애쓰고 있음을 시사한다. 사로잡힌 내면의 갈등은 어머니와의 지나치게 밀착된 관계에서 비롯된 내면화된 요소를 포함하고 있다.

이 사례는 감정에 대해 생각하는 것을 매우 어려워하는 사람과 함께 진행한 상담이었으며, 그녀는 매우 혼란스럽고 불행한 상태였다. Lucy는 자신이 왜 그런 감정을 느끼는지 전혀 알지 못했고, 그것에 대해 생각할 수도 없었다. 그녀의 몸은 그녀의 고통을 보여 주고 있었지만 가려움증과 발진이 나타나기 전에는 그녀의 감정이 닿을 수 없는 것처럼 보였다. Lucy는 자신이 무엇을 느꼈는지 몰랐고 감각을 생각과 연결하지 못했다. 뒤늦게나마 정기적인 상담을 통해 Lucy는 부모님에 대한 자신의 감정에 더 가까이 다가갈 수 있었지만, 언어적 경로가 없었기 때문에 이러한 감정은 신체적 상징인 증상을 통해 드러났다. 아마도 Lucy는 이전의 자해와 과다복용 증상을 가려운 발진의 분출로 바꿨을 것이다. 또한 그녀가 기절한 것도 그녀의 내적 붕괴와 분노를 보여 준다. 과다복용으로 쓰러졌을 때 Lucy는 죽고 싶었다. Lucy는 자신을 지탱하는 데 절망감을 느꼈고 내면의 혼란을 부정하고 싶었다. 신체적 증상은 Lucy가 얼마나 심리적으로 상처받았는지 보여 주었고, 어머니에 대한 유아기에 내면화된 좌절감을 느끼게 하였다.

## 행동에서 은유까지

표면에서 심층으로 이동할 때 구체적인 행동에서 행동 뒤에 숨어 있는 상징적 의미, 즉 은유적 기능에 대한 인식으로의 전환이 필요하다. 자신의 몸을 공격하는 사람들과의 치료 작업에서 발견할 수 있는 자아 기능의 한 가지 특징은 파괴적인 행동의 '사물화(thing-like)'와 같은 특성이라는 것이다. 여기에는 의례, 사용되는 물건, 사건이 발생하는 방식 등이 포함되며, 이 모든 것은 비정상적으로 고정되어 변경할 수 없는 특성을 가질 수 있다. 청소년은 자신의 행동을 설명할 때 "저는 이런 특성이 드러나요." 그리고 "보시는 것이 제가 가진 전부예요."라고 상담 장면에서 설명한다. 청소년의 자해 행동은 종종 바로 실제적으로 일어난 일과 직접 연결되어 있으며, 마치 실제적인 일과 관련하여 실제로 어떤 역할을 하는 것처럼 여겨진다. 이런 경우에는 자해 뒤에 숨겨진 감정이나 환상, 상상이나 기억을 파악하기 어렵다. 이러한 특성은 '구체화'로 정의할 수 있지만 때로는 거의 정신병적으로 보일 수 있다.

이러한 구체적인 특성은 Bollas가 'S'라고 부르는 내담자의 커팅에 대한 설명에서 잘 드러난다.

> **내 자해(커팅)는 비밀입니다. (……) 나는 미세한 면도기로 피부를 자릅니다. (……) 나는 그은 부위 옆을 나란히 긋고, 각각을 골짜기 모양으로 절개합니다. (……) 위로, 위로, 위로 흘러 내 피부 위로 쏟아집니다. 순수합니다. 여기에는 난자의 유출이 없습니다. 죽은 아기가 없습니다.**
>
> (Bollas, 1992: 138)

Bollas의 내담자 'S'는 자신의 피부에 난 상처를 질에 난 '상처', 즉 '성기(cunt)'라고 표현했고, 특정 문자(n)에 줄이 그어져 있었다.

이는 Freud(1915)가 불안이 심한 내담자들을 대상으로 사물 표상과 단어 표상에 대해 논의한 것과 관련이 있다. Freud는 단어와 관련된 것이 사물과 관련된 것보다 내담자와의 의사소통에서 더 중요하게 여겨진다고 보았다. 이로 인해 조현병 증상을 가진 내담자는 현실을 인식하고 표현하는 방식에서 독특하고 이질적인 양상을 만들어 내는데, 현실의 사물에서 드러나는 요소보다는 개인적인 언어적 해석과 상상력에 더 의존한다. 이런 면에서 보았을 때 앞의 발췌문에서 면도날로 팔을 자르는 것과 월경 사이에 어느 정도 유사성이 있다. Freud의 말을 빌리자면 두 경우 모두 '물질이 밖으로 나오는(유출)' 특징이 있지만, 이 두 현상은 실제로 매우 다르다. 신체에 생긴 상처(구멍)와 월경 과정에서 자궁에서 나오는 피(또 다른 형태의 '구멍')은 큰 차이점을 갖고 있다. 면도날로 인한 상처는 피부 표면의 손상이고, 월경은 자궁 내부에서 발생하는 자연스러운 생리 현상이다. Freud는 다음과 같이 썼다.

> **여기서 언급된 '대체'가 결정되는 것은 표현되는 사물들 사이의 유사성이 아니라, 그것들을 표현하는 데 사용된 단어들의 동일성 때문이다. 단어와 사물이 일치하지 않을 때, 조현병에서의 대체 형성은 전이 신경증에서의 그것과 다르게 나타난다.**

Segal(1957)은 중요한 연구에서 상징 형성의 장애와 자아 발달, 자아가 다른 대상이나 사물과 어떻게 상호작용하는지에 대한 연관성을 다룬다. 조현병적 사고에서 상징과 그 상징이 대표하는 대상 간의 구분이 없는 현상은 초기에 형성된 대상과의 관계 문제와 연결되어 있다. 그녀가 주목한 것은 투사적 동일시 중 하나로 자아의 일부가 다른 사람이나 사물에 투영되어 그것과 동일시되는 것을 말한다. 이는 자신과 다른 사람이나 사물 사이의 경계를 모호하게 만들고 분리해서 구별하기 어렵게 하고 혼란을 일으킨다.

자해하는 젊은 여성은 일반적으로 조현병은 아니지만 때때로 그들이 자신의 행동을 설명하는 것에는 이상한 점이 있다. 이런 이상한 상황은 가끔 상담 시간에 나타나는 내담자의 감정적 둔감함이나 상담에 대한 설명에서 드러나는데, 이는 자신의 마음과 분리되었던 경험과 관련이 있을 수 있다. 자해는 '한 단계 떨어진' 수준과 '낯선' 몸에서 일어났다. 즉, 마치 자해 행위가 자신과 떨어진 수준이나 다른 사람의 몸에서 일어나는 것처럼 느껴진다는 것이다. 앞에서 언급했듯이 상담의 목적은 내담자가 자신이 보고 느끼는 것을 생각과 연결하고, 감정 상태를 상징적으로 표현하고 정신적으로 표현하는 능력을 개발하도록 돕는 것이다. 이를 통해 정신적 구조에서 물리적 · 감각적 현실을 넘어서서 보다 추상적이고 개념적인 차원으로 이동할 수 있다.

나는 홀로코스트 생존자들의 경험을 젊은 여성들의 자해 경험과 쉽게 비교하여 최소화하고 싶지는 않지만, Grubrich-Simitis의 연구 결과는 보다 덜 끔찍한 맥락에서 유용하게 사용될 수 있다고 생각한다. Grubrich-Simitis는 홀로코스트 생존자들에 대한 연구에서 홀로코스트 트라우마로 인한 자아 기능의 은유화 능력의 손상을 탐구한다. 그녀는 그러한 비인간적인 환경에서는 사람들의 행동이 생존을 위한 기본적인 필요에 지배되어서 상상력이나 가상의 행동에 대한 여지가 거의 없어진다고 설명한다. 이 생각에 의하면 일부 젊은 여성의 경우, 초기 어머니와 아기 관계에서 자아 기능에 장애가 발생하여 사고 능력에 영향을 미치는 것으로 보인다. 또한 이러한 장애는 사고의 억제일 수도 있으며, 이로 인해 원래의 충격적인 경험에 대해 침묵이 유지되고 있다. 이는 청소년이 어렸을 때 직접 경험한 성적 학대와 같은 트라우마일 수도 있고, 실제로 부모의 어린 시절에 속하는 경험, 즉 트라우마의 세대 간 전이일 수도 있다(Gardner, 1999). 이러한 장애의 또 다른 원인은 청소년기에 이전 유아기 상태로 되돌아가는 것과 관련이 있을 수 있다. 여기서 때때로 내부와 외부 현실, 과거와 현재 및 미래, 그리고 자기와 대상 표현 사이의 구분이 심각하게 흐려질 수 있고, 이 때문에 외부와 내부의 안전감이 최소한으로 느껴질 수 있다.

은유가 왜 필요한가? 분명한 이유는 은유를 통해 청소년이 위험을 감수하지 않고도 감정과 충동을 표현할 수 있기 때문이다. 예를 들어, 은유를 통해 자살이나 살인이 일어나지 않고도 공격적이고 살인적인 감정을 표현할 수 있다. 이는 단순히 행동이 아닌 말과 관련이 있는 것이 아니라, 그 단어가 '실제로' 의미하는 것이 아님이 분명하기 때문이다. 은유적 사용에서는 단어가 문자 그대로 사용되지 않으므로 '마치'라는 개념이 사용된다. 이 기법을 발전시키기 위해서는 상담자와 내담자가 먼저 내담자 경험의 끔찍함과 그러한 경험이 내면화된 방식을 인식해야 한다.

꿈, 증상, 상징에 중점을 둔 분석 작업의 과정 자체가 은유적으로 사고하기 위한 모델링의 한 형태로 작동하기 시작할 수 있다. 이런 식으로 청소년은 상담자와의 새로운 경험을 통해 사고를 경험할 수 있다. 전이에 대한 해석과 상담자를 '새로운 대상'으로 경험하는 것은 모두 내담자의 상상력 발달에 기여할 수 있다. 구체적인 생각에 빠진 내담자가 상상력을 발휘할 수 없지만, 이 상태가 변화하기 시작하면 치료 과정에서의 '전이'는 은유를 이해하고 발전시키는 또 다른 방법이 된다.

## 전능감에서 자존감까지

표면에서 심층으로 이동하는 것에 대한 마지막 성찰에서 나는 자신에 대한 믿음과 관련된 사람의 내면에 필요한 변화에 대해 논의한다. 여기서 내가 주장하는 바는 신체가 어떤 공격을 받든 그것은 전능함에 대한 믿음을 의미한다는 것이다. 공격은 잘못된 의식 상태에서 이루어지는 역설적인 제스처이며, 이것은 진정한 자부심과 자존감으로 대체되어야 한다. 이러한 전능함은 청소년기 정신 상태의 특징이며, 신체적 파괴를 통한 신체 변화와 정신적 갈등에 대한 설명 불능, 통제에 대한 잘못된 믿음을 통해 부풀려질 수 있다. 절망적인 불안과 속상함에서 비롯된 것이지만, 자기 파괴를 스스로 통제하는 것은 강력하고 흥미로운 활동이다.

전능함에 대한 갈망과 파괴적인 통제가 불안정성과 소멸에 대한 두려움과는 반대 방향으로 작용한다. 이러한 전능함에 대한 갈망은 죽음의 두려움과 연결되어 있으며, 대상과의 분리, 어둠, 무력함, 취약함과 같은 감정들과 같다. 전능함과 죽음에 대한 두려움은 청소년기 사고방식에서 재확인되는 유아기 경험의 일부이며 신체에 대한 공격과 연결된다.

Pumpian-Mindlin이 처음 사용하고 Greenberg(1975)가 인용한 흥미로운 표현은 청소년기 후반에 나타나는 '전능성'이다. 이 시기 청소년(이 글에서는 '그 아이'로만 지칭)은 한 가지 일을 완수하기는 어렵지만, 육체적으로나 지적으로 어떤 일이든 해낼 수 있고 어떤 문제든 해결할 수 있다고 확신한다. 이런 특성의 해결은 전지전능한 환상을 실제 행동으로 옮기고 이를 현실적으로 검증함으로써 이루어진다. 또한 청소년들은 대상과의 심리적으로 멀어지는 데서 오는 위협과 죽음에 대한 확실성을 동시에 인식하는 순간, 어린 시절의 전능감을 되찾으려는 시도를 하게 되고 청소년 자신의 내적 세계와 외적 세계를 전적으로 통제하고자 하는 신념이 생겨난다.

이러한 상태는 모두 통제와 권력에 대한 잘못된 의식과 믿음으로 이어지지만, 성별 관점은 자신의 신체를 공격하는 사춘기 후기의 여자아이에게 다른 강조점을 제시할 수 있다. 이들 중 일부는 학습된 무력감의 문제로 어려움을 겪고 있으며, 자신에게는 무언가를 성취하거나 어디론가 갈 수 있는 잠재력이 없다고 느낀다. 또 다른 사람들은 지나치게 방어적이며, 인생이 그들에게 던지는 모든 것을 처리할 능력이 있다고 강하게 믿는다. 그 내면에는 자신에게 일어난 일에 대해 수동적이고 퇴행적이며 거의 피학적(자학적)인 믿음을 갖고 있는데, 이는 자해와 같은 증상을 통해 나타나는 '유사 전능성'으로 이어질 수 있다. 즉, 자해는 외부 신체와 내면의 생각 모두를 통제하는 것처럼 느끼게 만든다.

상담자의 임무는 통제권을 장악하고 힘을 느끼려는 파괴적이고 해로운 시도를 탐구하는 동시에 이해하려고 노력하는 것이다. 유사 전능감은 해체가 필요하며, 이를 통해 내담자는 자해의 기원과 욕구에 대한 통찰력을 얻을 수 있다. 그 효과는 내담자가 분리하고 자율성을 발전시키는 데 도움이 될 것이며, 이는 결국 자존심과 자부심을 높이는 데 기여한다. 마지막으로, 부모에게서 분리되고 떨어져 있다는 느낌은 일반적으로 집단의 일원이 되고자 하는 강한 욕구로 인해 상쇄된다. 잘 알려진 바와 같이, 친구 그룹은 청소년이 다른 사람들과의 연결을 통해 자신을 정의하는 데 도움을 준다. 하지만 자신과 다르다는 이유로 배제되거나, 스스로를 배제한 청소년이 더욱 고립되며 자기 인식과 자기만족을 위해 자해를 사용할 위험이 있다. 이러한 상황에서는 전지전능감과 함께 자해 욕구가 혼합되어 일반적인 것이나 다른 사람들과 같다는 것에 대해 경멸감을 느낄 수 있다. 이러한 내면의 생각은 다음 임상적 사례를 통해 분명하게 알 수 있다.

Jade는 열아홉 살 때 불법 약물 사용과 자해를 포함한 위험 행동으로 의뢰되었다. Jade는 여름휴가를 맞아 어렸을 때 살던 해외로 떠났다. 이번 휴가 전까지 Jade는 집과 학교 모두에서 잘 적응하며 별다른 어려움을 겪지 않았다. 하지만 집을 떠난 후 Jade는 마약 거래에 연루된 사람들과 어울렸고, 교통사고를 당하는 등 몸과 마음의 상처를 입었다. Jade의 아버지는 그녀를 집으로 데려왔는데, 비록 아내와는 이혼했지만 딸을 걱정하고 있었다.

내가 Jade와 만났을 때 그녀는 여름 동안 얼마나 놀라운 시간을 보냈는지, 얼마나 많은 종류의 마약을 실험해 보았는지 등, 그에 대한 자신의 의견으로 가득 차 있었다. 그녀는 자신이 만났던 인물들, 그들의 미친 행동 방식과 색다른 생활 방식에 대해 이야기했다. 전국을 돌아다니며 마약을 구하러 다닐 때 얼마나 흥분되고 두려웠는지, 마약상에게 죽을 뻔한 적도 여러 번이었다고 말했다. Jade는 영국인 동료와 그들의 제한된 사회생활, 영국이 얼마나 작고 칙칙한 곳인지에 대한 경멸로 가득 차 있었다. Jade는 자신이 현지 친구들보다 더 많이 성숙했다고 느꼈고, 자신이 특별하고 중요한 그룹의 일원이 될 수 있는 해외로 돌아가고 싶어 했다. Jade는 거짓된 자신감과 허세로 그녀가 겪은 경험에 대한 공포를 숨기고 있었다.

상담 회기에서 그녀는 특히 과다한 약물복용과 관련이 있다고 일축했던 금단과 고립감에 대해 생각하길 꺼렸다. 그녀는 자신을 화나게 했던 부모님이나, 8년 전 부모가 이혼한 후 느꼈을 감정에 대해 생각하려고 하지 않았다. Jade는 어머니를 나약하고 이기적인 사람으로, 아버지를 통제적이고 부재하는 사람으로 치부했다. 상담 시간 동안 Jade는 하품을 하며 지루함을 호소하거나 자신이 만났던 마약계 대부의 폭력적인 마약 거래에 대한 이야기를 들려주면서 내가 (부모님처럼) 충격을 받았는지, (친구들처럼) 감명을 받았는지 확인했다.

매주 상담을 시작한 지 두 달이 지나자 Jade는 조금 덜 과장하고 방어적으로 보이기 시작했으며, 아버지의 외도와 그 후 집을 떠난 일에 대해 이야기하기 시작했다. 그녀의 아버지는 Jade보다 약간 나이가 많은 두 소녀의 양아버지가 되었다. Jade는 매력적이고 자신감이 넘치며 성공한 두 의붓자매에 비해 자신을 작고 칙칙한 존재로 여기는 것이 분명했다. 그녀의 의붓자매는 대학도 다녔고 해외여행도 다녀왔으며 남자친구도 많았다. Jade는 두 사람에게 부러움과 적대감을 느꼈고, 자신이 얼마나 파격적이고 비범할 수 있는지 보여줌으로써 이러한 열등감에 대처하기로 결심했다. 떠난 아버지와 이를 방관한 어머니, 그리고 아버지의 새 파트너와 의붓자매에 대한 증오는 위험을 무릅쓰는 행동, 죽음과 맞닥뜨리는 모습, 가족들의 걱정을 통해 표출되었다.

Jade는 자신의 감정과 위험을 감수하고 자해하려는 욕구에 대해 생각할 준비가 된 것처럼 느껴지는 몇 번의 회기가 있었음에도 불구하고, 몇 달 후 더 이상 치료를 받을 필요가 없으며, 해외에서 사는 것을 훨씬 더 낫다고 결정했다. 치료는 합의된 마지막 회기 후에 끝났다. Jade의 전능감에 대한 감정을 자존감으로 바꾸거나, 죽음에 대한 매력과 두려움을 이해하는 것은 불가능했다.

이 만남을 돌이켜 생각해 보면 Jade는 자신을 평범하게 여기는 것을 견딜 수 없었음이 분명했다. Jade는 자신이 모든 일에 대처할 수 있고, 그런 면에서 의붓자매들과는 다르며 특별하다고 믿어야 했다.

Jade는 마음속으로는 자신을 특별하게 여기며 반응한다고 느끼지 못했다. 그녀의 경험에 따르면 아버지는 매력적이지만 자신을 버리고 떠났고 권위를 강요했다. 어머니는 자기애가 강하고 연약했으며, Jade는 어머니와 같은 사람이 되고 싶지 않았다. 부모 모두 자신과의 관계를 정리하느라 너무 바빴기 때문에 Jade는 자신이 특별하다고 느끼지 못했으며, 해외여행 중에 이를 보완하는 자신의 측면을 발전시켰다. Jade는 유아기 전지전능의 시기에 실제로 살았던 장소로 돌아가서 방어적 전지전능과 허세를 되찾았고, 분노한 열등감을 덮었다. 지금 생각해 보면 Jade와 상담을 지속하면서 내면의 기대를 확인할 수 있는 전이 관계를 감수하는 것이 너무 어려웠다. Jade는 평범함을 어머니처럼 나약하고 무력하며 안전하지 않은 분노로 가득 찬 것과 연결시켰는데, 이는 그녀가 생각하고 싶지 않은 감정이었다. 방해가 되고 절망적인 어머니/아기의 모습이 Jade의 마음을 사로잡고 그녀를 압도할 것 같았기 때문에 Jade는 이를 잠재우기 위해 점점 더 화를 내고 파괴적인 행동에 몰두했다.

06

# 자해 내담자 상담 과정의 정신역동

## 전이 및 역전이 문제

분석 작업에서 전이를 다루는 일은 명백하게 중요하지만, 청소년과 상담하는 상황에서는 전이와 역전이의 중요성에 대해 새롭게 변화하는 시각을 가질 수 있다. 사춘기 소녀에 대한 최초의 정신분석적 설명으로 Freud의 Dora 사례가 가장 유명하고 많이 인용된다(Freud, 1905). Dora는 16세에 처음으로 Freud의 진찰실을 방문했고, 2년 후인 1900년에 히스테리 증상과 우울 및 자살 사고로 본격적인 상담을 시작하였다. 그녀는 자신의 문제가 가족의 지인인 K 씨가 자신에게 행한 부적절한 성적 행위와 관련 있다고 생각했는데, K 씨의 부인은 Dora의 아버지와 내연관계이기도 했다. Freud는 K 씨, Dora의 아버지, 그리고 K 부인을 향한 Dora의 억압된 성적 관심에 초점을 맞추어 고집스럽고 독단적인 해석을 하였다. Dora는 11주 후에 갑작스럽게 기분이 상해 상담을 중단하였다. 흥미롭게도 Freud는 이러한 Dora의 갑작스러운 상담의 조기 종결을 자해의 한 형태로 행동화

(acting out)한 것으로 해석하였고, 그녀가 K 씨에게 느꼈던 복수심을 자신에게 표현했다고 보았다(Freud, 1905: 109).

Dora의 '자해'는 Freud가 분석적 도구인 전이의 힘과 유용성을 이해하는 데 도움을 주었다. Freud는 내담자들이 부적절한 사랑이나 미움을 경험하는 것이 이들의 유아기 초기 경험에 기초하고 있다고 이해했고, 전이는 부분적으로 분석 작업 과정에 대한 저항이라고 보았다(Freud, 1912). 이후 그는 전이가 개인에게 중요한 초기 관계의 재현이라고 기술했는데, 이는 내담자가 자기 성찰에 대한 여지를 두지 않고 분석가에게 의미를 부여하고, 그에 따라 행동하기를 기대하며, 전이가 해석되거나 포기될 때까지 통찰과 변화에 대한 저항이 있다고 보았다(Freud, 1917a).

이 사건에서 잘 드러난 특징은 Freud가 Dora의 전이가 자신에게 미친 영향을 보지 못했음을 인식한 것이었다. 또한 Freud는 자신의 역전이, 즉 Dora를 향한 자신의 전이를 인식하지 못했는데, 이는 Freud 이후 계속해서 변화하고 발전해 온 개념이다. Dora는 치료를 받으면서 혼란, 신체 변화 및 정신적 갈등을 경험했는데, 그 이유는 유년기의 마음 상태와 관련된 감정들이 Freud와의 관계를 통해 다시 활성화되었기 때문이다.

Freud 역시 Dora의 나이였을 때 혼란스러운 열망에 강하게 사로잡힌 적이 있었다. 기록에 따르면(Gay, 1988), Freud는 Eduard Silberstein라는 청년과 깊은 우정 관계에 있었는데, 이 친구가 부재했을 때 Freud는 그를 만나고 싶은 '그리움'과 더불어 '기분 좋으면서도 애절한 감정'을 느꼈다고 고백하였다. 또한 Freud는 Gisela Fluss라는 동급생의 여동생과 사랑에 빠지기도 했다. 그러나 그는 Eduard와 주고받은 서신에서 그 소녀의 어머니가 지닌 매력도 언급했고, "Fluss 양은 그의 조용하고 순식간에 지나가 버리는 청소년기 열정의 진정한 목표였다."라고 기록했다(Gay, 1988: 23), 이러한 감정은 Freud에게 오래전 젊은 여성과 그녀의 어머니, 그리고 동성애와 이성애 양쪽에 대한 청소년기의 열정을 다시 활성화시켰을 것이고, 무의식적 측면에서 Dora를 상담할 때도 영향을 미쳤을 가능성이 있다.

역전이는 그 개념의 확장에 따라 다양한 의미를 지닐 수 있다(Gabbard, 1995; Hinshelwood, 1999 참조). 일반적으로는 상담 과정에서 내담자의 전이로 인해 상담자에게 유발되는 무의식적 과정이므로 제한하기보다는 내담자에 대한 상담자의 무의식적 반응 전체를 포함하는 것을 뜻한다. 두 경우 모두에서 역전이는 상담자가 내담자의 말을 듣는 동안 자신의 심리적 연관성을 점검하여 내담자와의 의사소통 이면에 숨겨진 의미를 이해하는 것을 돕는 방법이다.

청소년과의 치료 과정에서의 역전이는 특히 격렬하고 뿌리 깊으며 더 극복하기 어렵다(Haim, 1974). 이는 부분적으로 내담자의 변동성과 존재하는 모든 원시적이고 혼란스러운 감정의 힘 때문이다. 청소년들과 함께 작업할 때 상담자는 청소년기의 혼란스러움이 재현되거나, 내담자의 투사된 감정들을 끔찍하고 혼란스러우며 불편하다고 느낄 수 있다. 어리석음, 무력감, 수치심, 박해와 같은 감정은 청소년이 느꼈던 감정과 그들의 내적 대상관계를 반영한다.

Anna Freud는 청소년의 기분이나 감정이 급격하게 변할 수 있으며 "상담자가 자신의 힘을 모으고 변화하는 필요성에 따라 사례를 다룰 수 있는 시간과 여지가 거의 없다."라고 설명한다(Freud, 1958: 261). 이것이 청소년과의 상담 작업에서 역전이와 이에 관한 세심한 자기 분석이 특히 중요한 이유이다. 또 다른 이유로는 상담자 자신의 어려움이 활성화되면서 상담자에게 저항이 생겨날 수 있고, 이는 상담이 정체되는 느낌으로 이어질 수 있다. Heimann의 조언에 따르면, 상담자는 자신 안에서 유발된 감정들을 유지할 수 있어야 하는데, 이는 감정을 표현해 내기 위해서가 아니라 분석 작업에 포함시키기 위해서이다. 그녀는 행동하기보다는 신중하게 생각하기를 촉구했다(Heimann, 1950: 82). Winnicott은 청소년과 작업할 때의 어려운 점은 상담자가 청소년기에 지니지 못했던 자신의 일부를 각성시키는 것이라고 했다. 이는 상담자가 청소년의 '침울한 시기'를 원망하게 하고 그 해결책을 찾고 싶게끔 만들 수 있다(Winnicott, 1984: 155). 즉, 행동하지 않았거나 위험을 감수해 본 적이 없고 비교적 조용한 청소년기를 보냈던 상담자들은 문제를 많이 일으키는 내담자에게 분노를 느끼고 좋은 기회를 놓쳐 버릴 수도 있다.

자해하는 내담자와의 작업에서 상담의 과제는 내담자가 과거 자신의 몸을 공격하면서 유지했던 심리내적 갈등을 전이를 통해 갈등을 억제하도록 전환하는 것이다. 이는 상담자와 내담자 사이의 역동에서 나타나는 사로잡힌 갈등의 역학 관계에 대한 인식을 포함한다. 여기에는 상담자와의 대인관계에 대한 환상을 충족시키기 위한 방향으로의 전환, 즉 행동과 감각에서 사고로의 전환이 포함된다. 내담자는 상담자와의 관계에서 탐욕스럽고 강압적인 대상에 대한 자신의 무의식적 환상의 기대를 반복하여 찾고 확인하는데, 이러한 기대는 제거해야 할 필요가 있다. 그녀는 또한 치유적이고 만족적인 새로운 사랑의 대상을 찾는다. 긍정적이든 부정적이든 전이는 한 측면이 상담자가 아닌 다른 사람에게 전이되어 분열될 수 있다.

다음의 두 가지 간단한 임상 사례는, 첫째로 분열 전이, 둘째로 전체 분석 상황으로의 전이를 설명한다. 첫 번째 사례에서 5장에서도 언급되었던 Linda는 사회복지부서를 통해 매주 심리상담 회기에 참여하였다. 그녀는 칼로 자신을 긋고 약물 과다복용을 한 적도 있었다. 처음에 Linda는 상담에 오기를 원하지 않았지만 사회복지사의 강요로 상담에 참여했다. 처음 몇 달 동안은 부정적인 반응을 보였는데, LInda는 초기 회기 중에는 말하지 않았지만, 나중에 상담자가 자신을 실망시키거나 거부할지 모른다고 걱정했다고 말했다. 이 부분을 더욱 주의 깊게 살펴보면 사로잡힌 갈등을 엿볼 수 있다. Linda는 내가 비판적이고 비하할까 봐, 그리고 내가 본 것을 좋아하지 않을까 봐 두려워하는 모습을 보였다. 동시에 그녀는 친밀하고 수용적인 관계를 갈망했다. 그래서 그녀는 아무리 끔찍하게 느끼더라도 머물러야 할지도 모른다는 의존성을 갖게 되었다. 시간이 지나면서 Linda가 자신을 바라보는 시각이 더 명확해졌고, 다른 사람이 자신을 어떻게 보기를 기대하는지가 어머니와의 내면화된 경험에서 비롯되었음이 분명해졌다. 이 관계는 Linda의 기억 속에서 늘 어려웠는데, 어머니는 공공연하게 비판적이었고 분명히 가족 중 남자아이를 더 선호했다. Linda가 남자 옷을 즐겨 입고 여성스러운 옷차림을 피하고자 했던 것도 놀랍지 않았다. 전이 과정에서 그녀는 어머니에게서 경험했던 것처럼 내가 비판적이며 자신을 거부할 것이라 생각했다.

Linda와 그녀의 젊은 연극 교사와의 관계에서 분열 전이가 나타났는데, 연극 교사는 어느 날 Linda를 집으로 초대해 차를 마시며 자신의 고민을 털어놓는 등 상호 신뢰 관계가 형성된 것처럼 보였다. Linda는 이 관계에 대해 흥미를 느꼈으며, 그 교사와 사귀게 될지도 모른다고 상상하였다. 이 관계가 몇 달 동안 지속되었는데, 그 기간 동안 Linda는 이에 대해 많은 이야기를 하였다. 그녀는 매우 긍정적인 전이를 형성한 것 같았고 이상화된 어머니와 갈망했던 융합을 달성한 것처럼 보였다. 그녀는 자신이 사랑에 빠졌다고 느꼈고 이 교사와의 친밀감과 나와의 상담에서의 형식적 관계를 비교하였다. 나는 역전이를 느꼈는데, 이 상황에 대해 짜증이 났고 Linda의 애정을 얻기 위해 경쟁하고 있음을 인지하였다. Linda는 내가 자신에 대해 말하지 않고 집으로도 초대하지 않는다는 사실에 짜증을 냈다. Linda는 교사에게 요구하는 바가 점점 늘어났고, 여름 방학 동안 거의 매일 교사의 집을 방문해서 잔디를 깎거나 집 장식을 도와주는 등의 잡일을 하겠다고 제안했다. 이 대상관계에서 소유욕이 강하고 강압적인 그녀의 성격이 일부 드러났는데, 연극 교사가 교사와 학생 관계의 경계를 더 명확하게 유지해야 한다고 설명했을 때, 그녀는 교사에게 거절당하고 비판받고 있다고 느꼈다. 이후 Linda는 교사가 자신을 싫어한다고 느꼈고 그들의 우정은 끝났다. Linda는 사람들이 자신을 실망시킨 것에 대해 매우 화를 내고 불쾌해했다. 그녀는 나와도 그런 일이 일어날까 걱정했고, 자신이 어머니와 친해질 수 있다고 느꼈다가 갑자기 친밀감이 사라졌던 기억과 연결시켰다. 이는 Linda가 전이 과정에서 느낀 좋은 감정과 나쁜 감정 모두에 대해 더 쉽게 말하게 했다.

다음 사례로 모든 생명체, 특히 길 잃은 동물을 사랑하는 '말괄량이' Kathy는 반복적으로 벽을 주먹으로 치는 행동을 해서 상담에 의뢰되었다. 이러한 행동으로 인해 그녀의 손가락 마디는 심하게 멍들고 부상을 입었다. 이런 행동 이전에 그녀는 엄청난 좌절감과 분노를 느꼈다. 손가락에 멍이 들고 피가 났지만, 이렇게 행동한 후에 Kathy는 더 차분해졌다. 전이 관계에서 Kathy는 심리치료에 대해 모호하게 느꼈고 상담에 오기를 원했으나 자신의 감정에 대해 말할 때 기분이 나빠지는 것을 걱정했다. 그녀는 자신이 만났던 동물에 대해 이야기할 때 행복하다고 느꼈고, 방치되거나 버려진 존재와 감정적으로 연결된다고 느꼈다.

Kathy는 지난 3년 동안 생모와 연락하지 않았는데, 이에 대해 양가감정을 가지고 있었다. 그녀는 어머니를 만나는 꿈을 반복적으로 꾸었고 그러한 만남에서 야기되는 갈등과 친밀함을 모두 두려워했다. 그녀의 불안은 전체 분석 상황에서의 전이로 발전되었다. 상담을 받으러 가는 중 Kathy는 어머니가 갑자기 자기 앞에 나타날지도 모른다는 두려움에 떨었다. 폭압적이고 강압적인 어머니에게 사로잡히는 환상이 무서운 힘과 함께 나타났다. 이러한 그녀의 두려움은 우리가 만난 건물 근처에서 하얀 차를 볼 때마다 공황발작으로 나타났는데, 그녀는 그 차를 볼 때 어머니의 새 남편이 자신을 데리러 오는 것으로 생각하였다. 이러한 상담 과정이 그녀에게 극도로 힘든 감정을 불러일으켰음은 분명했고, 어머니에 대한 모든 종류의 억압된 감정이 전이를 통해 나타나기 시작했다. 하지만 사로잡힌 갈등의 양상은 상담실에서 나와의 관계에서 드러난 것이 아니라 건물 밖에서 나타날지도 모를 환상의 어머니에게 전치된 것 같았다. Kathy는 자신의 혼란스럽고 고통스러운 감정에 대해 말해야만 했다. 그녀는 자신의 머릿속을 혼란스럽게 만든 내게 화를 내기도 했고, 그럴 필요가 없기를 바라면서 계속 상담 회기에 참석했다. 얼마간의 시간이 흐른 후 Kathy는 어머니를 향한 분노가 복잡하게 뒤섞여 있음을 알았고, 실제의 어머니를 다시 만나 그녀가 어떤 사람인지 스스로 알아내고 싶은 갈망을 느꼈다. 결국 만남이 이루어졌지만 처음에 느꼈던 열정 이후 Kathy는 어머니에게 환멸을 느꼈고, 두려움을 느끼진 않았지만 결국에는 실망감을 느꼈다.

젊은 사람들은 전이 해석이 때로는 당황스럽고 지나치게 친밀하다고 여길 수 있지만, 어떤 사람들은 이전에는 표현할 수 없었던 감정을 상담자가 인정해 준다는 점에서 안도감을 느낄 수 있다. 전이는 항상 존재하지만 전이 해석의 시기와 필요성은 개인적 요인에 따라 달라진다. 긍정적인 전이는 상담자가 내담자의 상처보다는 내담자가 어떤 사람인지에 관심을 가질 때, 그리고 내담자가 이를 환영하고 애정을 가질 때 인식될 수 있다. 부정적 전이는 내담자의 자기파괴적 행위를 용납하거나 비난하기보다는 이해해야 한다는 상담자의 주장에 대한 내담자의 증오에서 인식된다. 만약 젊은 여성이 전이를 통해 자신의 분노와 증오를 이해할 수 있다면 자신의 몸을 향해서 그것을 표현할 필요가 없을 것이다.

자해 행동이 통찰에 대한 반응으로 변화하지 않고, 언어화에도 불구하고 여전히 충동적이고 위험한 상태를 유지한다면 편집증적 전이가 발생할 수 있다. 이 상황에서 내담자의 상담자에 대한 증오는 큰 불안감을 유발할 수 있는데, 특히 내담자가 자신의 파괴적 소망으로부터 더 이상 안전하게 자신을 지킬 수 없다고 느끼는 상황에서 상담 관계가 깨지기 쉽다. 이 시점에서 자해는 가학적 상담자에 대한 동일시를 나타내며, 동시에 몸에 대한 공격은 모든 상황을 더 나아지게 하지 못해 처벌받는 상담자를 상징하기도 한다. 한 가지 해결책은 상담 회기를 줄이는 것이 아니라 회기의 강도를 높임으로써 사로잡힌 갈등을 담아내는 더 많은 기회를 제공하는 것이다.

청소년들과의 상담에서 전이 문제에 관한 많은 논쟁이 있었다. 핵심 주제는 청소년들이 드러내지 않으려는 유아 애착이 되살아난다는 점에서 청소년 내담자에게 전이 해석이 얼마나 적절한가 하는 것이다. 그러나 종종 문제가 있는 청소년은 성공적인 분리 단계에 도달하기 어려운 경향이 있고, 부모에게서 실질적 · 감정적으로 분리하는 것이 문제로 보인다. 나는 상담자라는 존재가 초기 대상관계를 반복하려는 내담자의 욕구가 있을 때 새로운 경험으로 사용될 수 있고, 이 전이 과정에서 분리 문제가 해결될 수 있다고 보았다. 여기서 Anna Freud의 작업이 중요한데, 그녀는 성격의 건강한 부분이 상담자를 새로운 대상으로 보는 것과 관련된다면, 전이는 내담자 성격의 방해되는 부분과 관련하여 유용하다고 보았다. Anna Freud는 이중관계에 내재된 어려움과 두 가지 역할 사이에서 신중하게 움직여야 할 필요성에 대해 지적하였다(Freud, 1969: 38). 전이가 상담자에 대한 퇴행적 의존으로 이어진다는 가정은, 부모 대상에서 분리되기 어렵고 건강하지 못한 청소년이 지속적 의존성을 경험한다고 주장한 Laufers(1984, 1989)에 의해 채택되었다. 그들은 분석가에 대한 의존을 통해서만 이러한 의존성으로 인해 발생하는 갈등을 관리하거나 억제하고 재구성할 수 있다고 생각했다.

이로 인해 내담자는 심각한 위험에 처하고 상담자가 돌봄 기능을 대신 해야 하는 상황에 처한다. 이것은 반복적으로 자해하는 내담자와의 작업에서 전이의 한 특징이 될 수 있다. 이러한 입장을 취하는 것의 위험은 젊은 여성이 자신의 행동을 통해 퇴행적 환상을 분석하기보다는 퇴행적 환상을 실현하고 만족시키기 위해 상담자를 이용할 수 있다는 것이다. 그러나 무의식적 공포를 느끼는 경우는 청소년이 자신을 돌보고 있다고 느끼는 방법이 될 수 있고, 잠재적으로는 그녀가 자신의 몸을 거부하거나 공격할 필요가 없다는 인식으로 이어질 수 있다. 이러한 딜레마는 임상에서 얻은 추가 자료를 통해 더욱 자세히 설명할 수 있다.

3장에서 언급했던 내담자 Laura는 자해 행동과 여러 가지 약을 남용하는 위험 행동으로 의뢰되었다. Laura의 설명에 따르면, 자신의 몸의 한계가 어디까지이고 얼마나 이상한 기분을 느낄 수 있는지 알아보고 싶어서 한 행동이었기 때문에 명백한 약물 과다복용은 아니었다. Laura는 시설에 잠시 입원한 적이 있었으나 계획되어 있던 가족 치료에는 참여하지 않았다. 그녀는 부모님과 함께 앉아 가족에서 일어난 일들을 함께 논하고 가족 모두가 어떻게 느끼는지에 대해 이야기하는 것이 너무나 어렵다고 느꼈다. 그녀는 왜 자신이 그렇게 행동하는지 이해하고 싶다고 말하면서 개인 상담을 특별히 요청하였다. 그러나 그녀가 개인 상담을 요청한 이유는 무슨 일이 있더라도 부모님에게 비밀로 하고 싶었기 때문인 것 같았다. 상담을 위한 첫 준비단계 자체가 그녀의 자해 행동과 초기 학대 경험 모두를 그대로 재현하는 것이었다. 다른 점이 있다면 내가 그 상황에 참여하였고 Laura가 상담 회기에서 드러낸 내용을 직접 목격했다는 것이었다.

따라서 Laura는 어떤 의미에서는 참석 동기를 부여받았다. 그녀는 상담 회기에 어떤 이유로든 지각하면 매우 불안해했고 한편으로는 상담 상황에서도 어려움을 겪었다. 그녀는 방어적인 태도로 상담에 왔다. 그녀의 요청에 따라 나는 그녀의 부모님과 직접적으로 연락하지 않았으며, 부모님은 계속해서 그녀가 있는 시설에 연락을 취했으나 그녀가 상담에 참석하는지 여부조차 알지 못했다. 초기 회기에서 그녀는 종종 침묵을 지켰고 나의 해석이나 성찰을 무시했다. 회기가 끝날 무렵에 그녀는 할 말이 없다고 더듬거리며 말하곤 했는데, 그녀가 상담에서 말을 한다고 해도 아무것도 변화되거나 기분이 달라질 수 없음을 알았기 때문에 상담에 오는 것이 소용이 없다고 보았다. 그녀는 가족이나 대학 생활에 대해 말하고 싶지 않았지만 그녀의 계속된 증상은 다음과 같이 나타났다. 그녀는 마치 처벌하는 내적 대상에게 어쩔 수 없이 구속된 것 같았고, 이는 오랜 세월 경험한 성적 학대의 역동에서 파생된 과정을 내면화한 것과 관련된 것처럼 보였다.

나는 Laura의 전능감과 자족감, 통제감을 견디기 위해 최선을 다했지만 강력한 투사 때문에 어려웠다. 그녀는 전이 과정에서 나의 온전한 관심과 집중을 필요로 했다. 내 맞은편 자리에서 내 얼굴을 자세하게 관찰했고 내가 말할 때 내 목소리 톤에 변화나 거절의 기미가 있는지 귀를 기울였다. 약간이라도 내 주의가 흐트러지면 나는 딸보다 다른 일을 우선시하는 거부적이고 무심한 어머니가 되었다. Laura가 이해받기를 갈망하고 자신과 규칙적인 출석을 이해하고 싶다고 밝혔음에도 불구하고, 이러한 갈망의 실현이 위험하다고 느꼈으며 전이 과정에서 나에 대한 공격으로 이어졌다.

Laura가 나를 신뢰하기 시작하면서 조금씩 자신에 대해 더 많은 이야기를 했는데, 그녀의 욕구를 이해하고 받아들여야 한다는 필요성이 더 분명하게 드러났다. Laura는 자신의 갈망하는 힘에 겁을 먹었고 자해 행동이 증가했다. 그녀는 특정 사건에 대해서 이야기했고, 자해 행동에 대한 섬뜩한 묘사는 우리 사이에 거리를 만들었다. 이제 이것이 대화할 수 있는 전부인 것 같았고 우리 사이에 의미 있는 관계를 피하게 되었다. 그녀의 흥분되고 파괴적인 부분과 연루되어 내가 위험에 처할 수도 있었다. 그녀가 상처와 상처에 따르는 매혹을 묘사하려는 면에서 이 상처는 '분열'을 의미하는 것처럼 보였지만, 그녀가 자해 행동을 해야 하는 이유와 관련된 감정은 아니었다. 그녀가 어떻게 느낄지에 대해 말하면 Laura는 조롱으로 일축했는데, 나는 때때로 그녀와 연결할 수 있는 방법을 찾기 어려웠다. 시간이 흐르면서 그녀는 점점 더 날카로운 반응으로 나를 괴롭혔기에 내 해석이나 기여를 자제하거나 제한하게 되었다. 역전이를 통해 나는 그녀의 사로잡힌 내적 갈등을 느낄 수 있었다. 나는 그녀의 가차 없고 정기적인 출석에 갇혀 버린 느낌이었고, 내 해석에 대한 그녀의 비판적이고 아이러니하며 조롱하는 듯한 반응에 조종되고 있었으며, 상처에 대한 그녀의 묘사에 매료되었다.

나는 Laura와의 전이, 역전이의 딜레마, 그리고 이것이 의미하는 바에 대해 집중적으로 말하고 싶다. 바로 이때 나는 직접 돌봄 기능을 수행해야 할 필요성을 느꼈다. 방어적 자세가 약해지면서 Laura는 서서히 자신의 정서적 취약성을 깨달았다. Laura는 치료가 중단될까 봐 점점 더 불안해하는 모습을 보였다. 그녀는 휴가와 관련된 감정에 대한 내 생각을 단호하게 일축하였지만, 긴 여름휴가 전에 진행된 회기에서 더 많은 자해 사건에 대해 이야기하면서 실험적으로 다양한 종류의 약을 모으는 방법에 대해 말했다. 나는 역전이 때문에 무력감으로 가득 찬 기분이 되었고 그녀의 위협에 걱정이 늘고 스트레스를 받았다. Laura가 실망하고 떠난 것에 대한 나의 해석은 전반적인 불안이나 불안한 분위기를 완화시키지 못하는 것 같았다.

휴가 전 마지막 회기에서 Laura는 평소와 다르게 5분 지각하였고 초반에는 침묵을 지키고 있었다. 그녀의 얼굴에는 분노와 비참함이 보였고 내 반응에 대해 어깨를 으쓱하고 얼굴을 찡그리며 반응하였다. 좌절과 분노에 휩싸인 나는 결국 그녀에게 모든 것이 힘들다는 것은 알겠지만 무슨 일인지 말해 주지 않는다면 도울 수가 없다고 말했다. Laura는 그날 집에서 무슨 일이 있었음을 인정했고, 나는 추론을 통해 Laura의 이불에서 피를 발견한 어머니와 다퉜다는 사실을 알게 되었다. 그녀는 어머니가 얼마나 어리석은지도 덧붙였는데, 피가 이불에 묻은 방식을 보면 일반적인 방법으로 베인 상처라고 볼 수 없었기 때문이다. Laura는 어머니가 자신의 방을 기웃거려서 자해와 약 복용에 필요한 모든 중요한 물건을 가방에 넣고 다녀야 했다고 덧붙였다.

부정적 전이에서 Laura는 내가 항상 그녀의 내부에 침범해 뭔가를 알아내기 원한다고 느꼈지만, 동시에 자신을 걱정하면서 이러한 강력하고 파괴적인 충동을 자제시켜 주는 어머니에 대한 긍정적 전이가 있음을 알았다. 그녀는 자기 스스로에게 상처를 입히고 피를 흘렸다고 나에게 말했지만, 어떻게 했는지는 말하고 싶지 않다고 했다. 나는 그것을 받아들였다. 실제로 나는 Laura가 자신에게 무엇을 하는지 관심이 없었다. 나는 Laura가 자해하는 방법에 대해 감질나게 하려는 의도를 알았지만 알고 싶지 않다고 느꼈다. 그녀는 또한 치료 회기를 떠날 때 자신에게 고통을 줄 다른 방법을 찾을 것이라고 말했다. 그녀는 가장 아플 만한 부위에 문신을 받을까 생각하였다. 그녀는 피부의 어느 부분이 될지, 어머니가 반대할 것인지, 그것이 자신에게 육체적인 고통을 줄지 고민하면서 이것이 자신이 원하는 것이라고 하였다. 이별과 관련된 감정에 대해 더 많은 해석을 해주었으나 그녀는 어깨를 으쓱할 뿐이었고 나는 더욱 걱정이 되었다.

상담 회기가 끝날 무렵, Laura는 더욱 흥분한 목소리로 내가 얼마나 그녀를 짜증나게 했는지 말할지 결정하지 못했다고 했다. 나는 그녀가 지금 내게 바로 그 말을 하고 있는 거라고 하면서 그녀의 화나고 궁핍한 부분이 그녀를 얼마나 혼란스럽게 만들었는지 말했다. Laura는 이번 주뿐만 아니라 매주 그렇다고 하면서, 나는 거기 앉아서 그냥 할 일을 할 뿐이라고 말했다. 나는 그녀가 아마 내가 단지 일을 하는 것이 아니라 휴식을 취하는 동안에도 그녀를 생각하는지 궁금해하는 것 같다고 하였다. 그녀는 어깨를 으쓱하더니 고개를 절레절레 흔들었다. 침묵이 흐른 후 나는 그녀에게 내가 누구와 함께하거나, 누구를 생각하고 있는지에 대한 환상이 있는 것 같다고 하였다. 아마도 그녀가 기분이 나빴을 때 내가 그녀를 버렸고 곁에 있지 않은 것처럼 느꼈을 것이다. Laura는 침묵을 지킨 채 나를 노려보았다. 그런 이후 그녀는 단지 일을 했을 뿐이라고 반복했고, 나는 그녀가 특히 내게 화가 나고 휴가 기간에 대해 복잡한 마음이 들 때, 때로는 내가 로봇처럼 그녀에게 아무 감정이 없다고 생각할 필요가 있다고 말했다. Laura는 자신은 신경 쓰지 않는다고 대답했고 내 말을 듣지 않고 있으며 어디에 문신을 받을지도 결정하지 못했다. 나는 그녀가 내가 그녀에 대해 어떻게 느끼는지, 특히 그녀가 얼마나 짜증이 났는지 말하고 나서 걱정하고 있는 것 같다고 말했다.

회기 이후 나는 그녀가 자해하고 자신을 처벌하는 능력과 복잡한 감정을 이해하는 데 저항하는 것 모두에 대해 걱정했다. 나도 그녀가 휴가를 떠나기 전에 이러한 걱정거리를 주는 것에 화가 났었음을 깨달았다. 더 걱정스러웠던 점은 그녀는 친구가 거의 없고 여름휴가 계획을 모두 거절했다는 것이었다. 지원과 상담이 필요하다고 느낀 상황이었다. 슈퍼비전에서 이 문제를 다룬 후, 나는 Laura와 나 자신을 위해 안전망을 구축하기로 결정했고 의사와 그녀가 머물렀던 시설, Laura의 부모님과 상담하고 있는 가족치료사를 참여시키기로 하였다. Laura에게는 이미 병원에서 다른 동료들이 돌보고 있음을 알고 있지만 모든 것이 너무 힘들다고 느껴지면 이러한 추가 지원 시스템이 마련되어 있다고 설명하는 편지를 보냈다. 나는 전이에서 돌봄 기능을 맡아 Laura에게 만족감을 주었다는 점을 알았고 역전이를 통해서는 불안감에서 벗어나 안정감을 느낄 필요가 있음을 깨달았다.

여름이 지난 후, 나는 Laura를 만나 그녀가 살아남았을 뿐만 아니라 자해 행동을 거의 하지 않았음을 알게 되어 안도했다. 그녀의 무덤덤한 태도로 말하기를, 자신이 정말 좋은 여름을 보냈고 파티와 술을 즐길 수 있는 곳에서 사촌들과 함께 지냈다고 말했다. 돌이켜보면 그 휴가에 대해 불안감이 있었던 사람은 나였다. Laura는 문신을 하려고 애쓰지도 않았다. 내가 그녀를 걱정했기 때문에 내가 직접 행동하고 계획하며 Laura를 만족시켰을까? 그리고 그 때문에 여름휴가를 위한 돌봄 계획을 세우게 되었을까? 아마도 그랬던 것 같다. 나는 전이 경험을 통해 실제로 알고 있는 것을 고수하기보다 그녀의 파괴적 충동에 대해 투사된 두려움에 사로잡혔다. 나는 내사된 측면에 갇혀 있었고 그녀에게 파괴적인 행동을 부채질했다는 불안감에 짓눌려 있었다. 그럼에도 불구하고 슈퍼비전 회기에 가져온 감정과 걱정을 떠올려 보면 그 상황에서 아마 같은 행동을 할 것 같다. 우리의 치료 작업이 끝났을 때 Laura는 자해 행동을 멈추었고 약에 대한 실험도 줄였다. 그리고 친구들과 이야기하고 사회생활을 하는 데 더 관심을 가지게 되었다.

전이와 역전이는 상담자와 내담자 모두에게 강렬하고 심오한 경험이 될 수 있다. 자해 내담자와의 전이에서 유발되는 감정은 종종 불편감과 불안을 유발하고 상담자와 관련된 요구나 긴장 완화를 위한 방법으로 행동하는 것을 요구할 수 있다. 자해하는 젊은 여성들은 때로는 자신의 몸에 가하는 공격을 상담자가 이해하고 이를 묵인해 주기를 원한다. 그들은 참을 수 없는 정신적 갈등의 해결책을 찾도록 지지해 주기를 바란다. 상담자는 이러한 강한 압박감 속에서 경계를 유지해야 하고 내담자의 행동 이면의 의미를 이해하려 노력해야 하며, 이를 통해 불안이 경험되고 결국 그것에 대한 이유가 내담자에게 충분하게 이해되도록 해야 한다. 양립할 수 없어 보이는 것도 결과적으로 수용하고 관리할 수 있다는 것을 이해하는 것이 과제이다. 사랑과 증오의 두 가지 감정을 공존시키고 양가감정을 자리매김하게 할 수 있다. 통찰을 통해 얻은 고통과 이득은 자신에 대해 조금씩 더 알아 가면서 얻을 수 있다.

## 투사와 투사적 동일시

투사(projection)는 받아들일 수 없는 심리내적 경험의 억압에 기반한 방어기제 중 하나로 볼 수 있다. 이것은 상담자에게 투사되는 것인데, 내담자는 그 감정에 대해 알고 싶어 하지 않으므로 감정에 거리를 둔다. 이전에 Laura와 함께 작업했을 때 내가 경험한 것이기도 하다. 분열은 억압과는 달리, 심리내적 경험의 참을 수 없는 부분(받아들일 수 없다기보다는)을 상담자에게 투사하는 것을 포함하는 투사적 동일시(projective identification)의 중요한 부분이라 볼 수 있다. 무의식적으로 내담자는 투사된 것에 대해 공감을 유지하며 투사된 것을 대상에서 유도함으로써 방어의 일부로 대상을 통제하려고 시도한다. Bion(1962)의 컨테이너(container) 개념에서 분석가는 내담자가 대상에게 부여하는 참을 수 없는 불안, 두려움, 분노의 감정들을 담아낸다. 무엇이 일어나고 있는지 이해하는 과정인 '모성적 몽상(maternal reverie)'의 결과로 어려운 감정들은 내담자에게 소화될 수 있는 해석으로 되돌려진다.

Laura와의 작업에서 볼 수 있듯이, 상담자는 점점 더 많은 투사, 특히 절망과 파괴에 대한 투사에 집중할 수 있다. 가학성과 파괴의 투사가 누적되면 상담자는 자원이 고갈된 것처럼 느낀다. 내사와 투사의 과정이 상담자와 내담자 사이에서 결렬되면 상담자는 내담자의 손상되어 내사된 부분과 고착될 수 있고, 치료단계에서 분명한 움직임을 할 수 없는 교착 상태에 도달할 수 있다. 이러한 효과 중 하나가 오염의 경험이다. 상담자는 내담자의 감정을 가지지만 다시 내담자에게 돌려줄 수 없다. 이는 특히 5장에서 논의했듯이, 내담자가 정신적으로 표현하는 능력이 부족할 경우 그러할 수 있다. 위험스러운 부분은 상담자가 내담자의 경험에 압도된다는 것인데, 만약 오염이 갈등의 처리되지 않은 부분을 포함한다면 그렇게 될 수 있다. 이 상태는 상담자가 바쁘고 비슷한 내담자가 많아 다양한 역전이 경험을 확인하고 성찰할 시간이 부족할 때 악화될 수 있다. 이러한 강력한 투사과정에 노출되면 상담자는 아무 소용이 없고 도움이 되지 않는다고 느낀다. 또한 강력한 투사는 회기 혹은 회기 후에 신체통증 또는 메스꺼움 등으로 경험된다. 이러한 상황에서 상담자에 의해 파괴적 충동의 무게가 더해질 수 있다. 그러나 이러한 문제를 처리하는 데 충분한 주의를 기울이지 않으면 상담자에게 파괴적일 수 있으며 업무로 인해 큰 스트레스와 소진감을 느낄 수 있다.

Little은 투사 및 투사적 동일시의 효과에 관해서 경고했다. 그녀는 강력한 자극에 대해서 "광범위하게 붕괴된 성격이 가장 깊숙이 억압되고 조심스럽게 보호받는 분석가의 위험 지점을 건드리고, 그에 따라 가장 원시적인 방어기제(그리고 부수적으로 가장 효과적이지 않은)가 작동한다."(Little, 1986: 42)라고 기술했다. 다시 말해, 불안한 내담자는 우리의 가장 취약한 부분을 찾아내어 때때로 우리의 대응을 약화시킨다. 이러한 과정은 내담자의 전이를 고려하여 이해되고 인정되며 관리되어야 한다. 자해 내담자와의 치료 작업에서 규칙적이고 충분한 슈퍼비전이 필수적이다. 이러한 종류의 작업과 관련된 사람들을 위한 사례 관리를 포함하여 충분한 지원 체계가 유지되어야 한다.

자해를 하는 일부 젊은 여성은 때때로 감정적 평탄함과 사고 억제를 경험하는 것으로 보인다. 앞서 논의한 바와 같이 상담자는 이 반사고적 측면을 억제하는 것에 쉽게 동일시될 수 있다. 심각한 성격병리가 있고 투사적 동일시를 통해 자신의 참을 수 없는 심리적 경험에서 도피하려는 내담자의 경우, 투사적 동일시를 포착하는 것이 상대적으로 쉬울 수도 있지만 처음에 투사했던 것에 대한 내담자의 저항과 두려움 때문에 해석하기 더 어려울 수도 있다. 자신의 경험에 대해 말할 수 있는 내담자에게는 투사적 동일시를 발견하는 것이 더 어려울 수 있으나, 상담자가 제한을 두지 않고 자유롭게 상상하고 생각할 수 있다면 해석을 통해 다룰 수 있다.

다음 예는 투사적 동일시 과정을 비교적 심도 있게 탐구한 내담자의 사례이다. 그녀의 주요 방어는 분열이 아닌 억압이고, 투사적 동일시는 미묘하게 발생했으며, 내게는 그녀가 말하는 바를 생각하고 상상할 여유가 있었다.

4장에서 다뤘던 내담자인 Diana는 19세의 여성으로 체중 감소 및 자해를 사유로 1년간 매주 상담을 받았다. 초반의 전이 과정에서 나는 가능한 한 경청하는 어머니를 대신하였고, 그녀는 내가 자신의 안녕을 걱정하고 책임감을 가지게 하였다. 동시에 이는 역전이 반응처럼 느껴졌는데 그녀의 부모, 특히 어머니에 대한 어린 시절의 걱정과 책임감에 대한 통찰을 주었다. 일찍이 Diana는 꿈을 꾸었는데, 꿈속에서 거대하고 뚱뚱한 여성과 싸웠으며 그녀가 Diana를 때리고 있었다. 그 타격은 정말 아팠고 온몸에서 통증을 느꼈다. 그녀는 옆에서 지켜보는 부모님을 볼 수 있었는데 부모님은 불안해 보이긴 했으나 무슨 일이 일어나고 있는지 보거나 듣지 못하는 것 같았고 아무런 도움도 되지 않았다. 이 꿈을 통해 Diona는 자신이 실제로 스스로에게 어떤 일을 하고 있는지 깨달았고, 부모님이 처음에 주장했던 것처럼 완벽하지 않을 수도 있다는 생각을 받아들이기 시작했다. 이 꿈은 내 역전이 경험을 이해하는 데도 도움이 되었는데, 그녀의 자해하는 방식에 대해 불안감을 느끼는 동시에 관찰자로서 그 감정에서 분리되고자 한 것이었다. 게다가 이는 사로잡힌 갈등에 대한 통찰을 제공했다. 이 꿈은 그녀의 숨 막히고 탐욕스러우며 뚱뚱한 부분이 취약하며 왜소하고 희생적인 부분을 가학적으로 공격하는 것을 나타냈는데, 이는 그녀의 심리내적 대상관계를 암시하는 것이었다.

몇 주가 지나자 Diana는 자신과 다른 형제자매에 대한 질투와 적대감에 대해 이야기할 수 있었고, 이 형제자매가 부모와 더 나은 관계를 맺고 있다는 인식에 대해 이야기할 수 있었다. Diana는 가족을 통제하고 상담 회기에서 나를 통제해야 할 필요성에 대해서도 말했다. 그녀는 어머니나 자신의 체중과 자해를 감시했던 정신과 의사와는 달리 내가 자기 편임을 알고 있다고 했다. 역전이에서 나는 Diana에게 짜증이 나거나 무관심하다고 여겨지는 신호에 대해 언급할 때마다 그녀가 나를 통제하려는 느낌을 받았다. 이런 식으로 나는 그녀의 내면세계에 속한 일부 과정의 모든 것을 포괄하는 숨 막히는 측면을 경험하기 시작했다.

전이가 깊어지면서 휴일이 있을 때마다 Diana는 더욱 불안해했고, 때로는 실망하고 버림받은 것처럼 느꼈다. 처음에 그녀는 의존적인 감정과 상담에 대한 관여를 부인했으나 점차 자해를 통해 내게 복수하고 싶다고 말했다. 자해 행동은 그녀가 나에게 의뢰된 이유 중 하나였다. 그녀는 상담을 받으러 오는 중에도 자신이 자해를 지속하면 나를 화나게 하고 상처를 줄 것이라고 말했다. 자해는 자신의 압도적이고 가학적인 측면과 관련된 나에 대한 공격을 의미했다. 때때로 Diana는 자신의 화를 회기 중에 표출하였고 상담 회기와 나를 공격하였다. 처음에는 이로 인해 Diana의 자해가 심해졌지만, 그녀가 자해를 하든 말든 우리 모두 그녀의 폭발적 행동에서 살아남을 수 있고 상담이 계속될 것임을 깨달으면서 자해는 점차 줄어들었다.

부활절 휴가 즈음에 그녀는 대놓고 화를 내며 속상해했지만 왜 그렇게 끔찍한 기분을 느끼는지는 알기 어려웠다. 역전이 과정에서 나는 그녀를 포기하고 싶은 기분이었는데, 나를 포함한 모두가 그녀에게 질려 한다는 그녀의 감정을 반영하는 투사처럼 느껴졌다. 그녀는 스스로를 포기하는 느낌뿐만 아니라 이별과 버려짐에 대한 불안을 투사하고 있었다. 나는 Diana에게 상담이 중단되는 것에 불안감을 느끼고 있을지도 모른다고 말했다. Diana의 반응은 자신이 배제되고 거부당한다고 느끼는 집을 떠나고 싶다고 말하는 것이었다. 그녀는 매 회기 마지막에 계속 밀려나서 남겨진 느낌을 받았다고 했는데, 특히 휴일이 있을 때 그렇다고 하였다.

다른 회기에서 그녀는 심리상담과 심리상담이 필요한 사람들을 계속 조롱하였다. 그녀는 회기 전에 대기실에 다른 사람들과 있었던 이야기를 했는데, 피곤한 어머니에게 지속적인 요구를 해대는 뚱뚱하고 자기중심적인 한 어린아이에 대해 묘사하면서 그 아이도 아마 상담 회기를 기다리고 있었을 것이라 추측하였다. Diana는 냉소적으로 자신을 분석해서 자신이 무슨 생각을 하고 있는지 말해 보라고도 했다. 나는 대기실에서 인식된 장면은 부분적으로 그녀가 자신의 내적 대상관계를 경험하는 방식이라고 생각했다. 즉, 자신의 뚱뚱하고 이기적이며 압도적인 부분이 지친 모성적 희생자 같은 다른 부분에 깊게 의존하고 있다고 보았다. 전이 과정에서 그녀는 자신의 연약함과 심리적으로 나에게 돌봄을 받아야 하는 필요성을 비웃었다. 자기 내면의 채워지지 않은 공허한 자리가 그녀를 두렵게 하였고, 높아진 나에 대한 의존성은 노예 상태에 대한 두려움을 불러일으켰다. 그녀는 자신의 요구가 나를 지치게 하는 것을 불안해했다. 그녀는 이것이 훨씬 더 어렸을 때 자신의 필요를 억제하거나 충족시키는 어머니의 능력에 대한 불안감과 관련되어 있음을 알았다. 나의 해석에도 불구하고 Diana는 돈을 받았기 때문에 내가 자신을 만나야 한다고 말하면서 나에 대한 그녀의 필요를 최소화하고 폄하했으며 스스로 죄책감을 덜 느끼려고 하였다. 다음 회기에서 그녀가 나를 무시한 이후(실제로 그녀의 태도는 커팅이라고 표현할 수 있을 정도였다), 그녀는 나의 안녕과 생존에 대해 불안해했다. 나는 그녀가 자신의 강한 감정을 생각하는 능력과 그 감정의 힘을 의식적으로 인식하고 있음에 안도했다.

Diana의 정신적 갈등이 명확해짐에 따라 그녀는 가족과 헤어지는 것에 대해 이야기하기 더 쉬워졌다. 그녀는 또한 우리 관계에도 몰두했는데, 내가 정말로 그녀에게 관심이 있고 만나고 싶어 하는 것인지, 아니면 단지 돈을 받기 때문에 그러한 것인지 알고 싶어 했다. 내가 일을 하고 있는 것이라면 그녀는 내가 다른 소녀들을 많이 만났는지 궁금해했다. 나는 이것이 Diana의 융합에 대한 갈망(내가 진심으로 그녀만을 원하는 것)과 그녀를 대체할 다른 사람들 때문에 버려지거나 나에게 완전히 휩쓸릴지도 모른다는 두려움을 모두 드러냈다고 생각한다. 역전이 반응에서 나는 그녀의 중요한 주관적 경험에 대해 공감할 수 있었고 우리의 관계는 원시적 방어, 특히 강렬한 투사적 동일시에서는 상대적으로 자유로웠다. 그녀는 많은 감정을 표현하였고 자신의 심리내적 경험을 가족 구성원과 상담자인 내게 투사하였다. 연말 상담이 끝날 무렵 Diana는 집을 떠나서 자신이 원하는 과정을 받을 수 있었다.

다음으로 제시되는 사례는 앞서 논의된 Anne과의 상담에 관한 것이다. 일부 내담자들, 특히 심각하게 불안해하는 내담자의 경우에는 투사적 동일시가 치료를 지배하는 경향이 있다. 투사적 동일시는 원시적 방어기제로 보이며, 그 과정은 대화를 위한 방법을 열어 주고 이해로 이끌 수는 있으나, 이는 의심할 바 없이 내담자의 투사를 관리하고 담아 주는 상담자의 역량에 달려 있다. Rosenfeld(1987)에 따르면 수용기능은 수동적인 것 이상의 것을 요구하며, 상담자는 강렬한 관계 안으로 들어가 경험을 말로 표현하기 위한 기능을 유지할 준비가 되어 있어야 한다. 내담자는 보통 심리상담자에게 능동적인 사고를 요구하는데, 왜냐하면 내담자 자신이 그렇게 할 능력이 부족하기 때문이다. "상담자는 내담자의 사전 사고 과정의 확산, 혼란 그리고 분열된 측면을 자신의 마음속에 통합하여 점차 이해가 되고 의미를 갖게 된다"(Rosenfeld, 1987: 160).

이 과정의 잠재적 어려움과 위험은 내담자와 상담자 간에 언어적 소통이 단절되어 내담자가 오해하고 잘못 해석할 가능성을 포함한다는 것이다. 이는 앞서 설명한 바와 같이, 내담자가 단어와 그 의미를 구체적이고 상징적이지 않은 대상으로 경험할 수 있는 상황에서 추상적 사고가 부족할 경우와 관련된다. 특정 상황에서 불안한 내담자는 해석이 중요하며 무섭다고 여길 수 있고 투사적 동일시를 고통스러운 감정을 부인하기 위해 사용할 수도 있다.

Anne은 4년에 걸쳐 집중적으로 치료를 받았다. 그녀는 마약에 중독된 어머니와 함께 혼란스럽고 상처 많은 어린 시절을 보냈고 오랜 시간을 위탁 가정에서 보냈다. 그녀는 아버지와 함께 살기 위해 이사한 이후에도 다른 친척에게 성적으로 학대를 당했다. 청소년 초기부터 Anne은 자신의 몸에 상처를 내기 시작했고 몇 차례 병원에 입원한 이후 청소년 병동에 입원했다. 그녀는 상담 과정이 매우 힘들다는 것을 알았지만 계속 회기에 참여하고 싶다고 말했다. 그녀는 다른 약속이 없었기 때문에 정기적인 상담 회기의 구조는 그녀의 삶에 일종의 틀을 제공하였다. 처음 몇 달 동안 그녀는 경직된 모습으로 앉아 나를 외면했다. 그녀는 거의 말을 하지 않았고 성찰적 논평을 진행하거나 내가 생각한 것에 대한 해석을 시도할 때마다 "모르겠다."라고 반응했다. 그녀는 규칙적으로 예리하게 커팅을 했고 팔과 허벅지에는 크고 변색된 흉터가 있었다. 동시에 나는 역전이 과정에서 강한 좌절감, 절망감, 무력감을 경험했다. Anne이 우리 만남에 익숙해지면서 그녀는 외적인 사건에 대해 말하는 것을 조금 더 쉽게 여기게 되었다. 내가 그녀가 느끼고 있는 감정에 대해 제안했을 때 그녀는 고통에 대해 말하는 것이 무의미하다며 분노를 터뜨리면서 침해당한 경험에 반응했다. 나는 그 회기에서 기운이 빠지고 낙담한 기분을 느꼈으며 수년간 Anne과 함께했던 실패한 상담 시도를 떠올렸다.

약 6개월 후에 Anne은 내게 보여 주기 위한 시를 써서 가져왔다.

그럼에도 불구하고 모든 치료 회기는 연약하고 잠정적으로 느껴졌고, 그녀가 자신의 경험과 내가 그것을 이해하고자 했던 시도들에 압도당하고 있다는 것이 분명해지기 시작했다. 이러한 투사는 내가 적절한 단어를 찾기 위해 고민하면서 마음이 편치 않았으며, 나의 생각과 경험을 의심한 것을 의미했다. 내 말은 Anne에게 전해지지 못하고 공허하게 떠도는 것 같았다. 내 말은 대부분 Anne에게 받아들여지지 않았고 그녀에게 도착하기 훨씬 전에 희미하게 사라져 버린 것으로 보였다. 상담 회기가 끝날 무렵, 말하기의 허무함과 감정을 전달하지 못하는 것에 대해 나도 그녀와 똑같이 느끼고 있음을 깨달았다. Anne은 무의식적인 수준에서 자신의 내면에 있는 매우 작고 약한 무언가가 소멸되지 않도록 보호해야 했다. 따라서 그녀는 어떤 불안한 생각과 감정을 제거할 필요가 있었다. 끔찍한 일이 일어났거나 일어나고 있을 때도 Anne은 어깨를 으쓱하고 그에 대해 아무런 느낌도 없다고 말하곤 했다. 나는 이런 태도를 받아들이는 법을 배워야 했고, 자해가 그녀의 대처 방법 중 하나라는 사실을 인정해야 했다. Anne은 "내가 커팅하는 것을 멈추려고 하지 마세요. 나는 커팅하지 못하면 죽을 거예요."라고 경고했다. Anne과 나의 딜레마는 이 문구로 요약할 수 있을 것이다.

나는 2년 반 동안의 상담 기간에서의 회기의 내용 일부를 소개하고자 한다. Anne은 10분쯤 늦게 도착했고 평소처럼 검은 옷을 입었는데 매우 창백하게 보였다. 그녀는 팔과 다리는 여러 겹의 옷으로 가렸다. 그녀는 내 앞에 조용하고 어색하게 앉아 있었다. 잠시 침묵을 지킨 후 나는 여자친구와의 저녁 외출에 대해 물었는데 이는 Anne에게는 일상적이지 않은 활동이었다. 그녀는 몇 가지 세부 내용을 알려 주고 나서, 이 계획을 위해 계모에게 돈을 빌려야 했는데 이제 빌린 돈을 갚고 나면 남는 것이 없을 것이라고 설명했다. 이후 그녀는 덧붙이기를 자신이 2주 안에 병원에 돈을 지불해야 하고 친구 결혼식에도 가야 한다고 말했다.

이는 박탈감과 죄책감에 관련된 힘든 감정을 불러일으켰고, 나는 그녀가 항상 돈을 바로 갚으려는 것은 알지만 이번에는 좀 기다려도 될 것이라고 대답했다. Anne이 죄책감 때문에 "나는 다른 사람들에게 빚지고 싶지 않아요."라고 말할 때, 나는 그녀가 매우 완고하고 고지식하다고 느꼈다. 나는 그녀가 깊은 흉터를 수술하기 위해 병원에 가는 데 필요한 비용을 돌려받을 수 있음을 상기시켰다. Anne은 결혼식 이틀 전인 친구에게 병원에 함께 가자고 말할 수 없어서 돈을 어떻게 받아야 할지 모르겠다고 했다. 어쨌든 치료는 국소 마취로 진행되기 때문에 혼자 가도 괜찮을 것 같다고 했다.

나는 그녀를 버린 것 같은 느낌이 강하게 들었고 그녀가 스스로 모든 것을 관리해 나가야 하는 절박한 심정에 공감했다. 또한 그녀의 계속되는 소극적인 모습에 서운함을 느꼈고 Anne은 부인하였으나 그녀가 얼마나 심하게 화가 났는지도 깨달았다. 늘 혼자 관리하고 있는 듯한 그녀의 감정에 대해 말하기로 결심했지만, Anne은 "나는 상관없어요."라거나 "두 번 정도만 상처를 냈어요."라고 반응하였다. 역전이로 나는 매우 슬픈 기분이 들었고 침묵이 흘렀다.

예상치 못하게 Anne은 내게 〈An Inspector Calls〉라는 텔레비전 프로그램을 본 적이 있냐고 물으며 침묵을 깨트렸다. 그녀는 그 프로에 정말 더러운 집이 나오는데, 시의회에서 온 조사관들은 이를 처리하기 위해 집을 방문해야만 했다고 설명하였다. 그녀는 "우리 어머니 집과 똑같았어요."라고 덧붙였다. "사람들은 내가 얼마나 끔찍했는지, 텔레비전에 나오는 것과 똑같았다고 말해도 믿지 않고 내가 과장한다고 생각했죠."라고 했다. 그녀는 나의 격려를 받으며 어머니 집의 끔찍했던 기억에 대해 계속 이야기했다. 결국, 집은 새 단장을 하고 카펫도 깔았지만 그 전에는 엉망이었다. 그녀에게 최악이었던 것은 싱크대와 변기의 갈색 얼룩이었는데 그것은 닦이지 않았고 청소용 재료도 없었다. Anne은 계속하여 정원의 쓰레기 더미에 파리와 벌레가 얼마나 많았는지를 묘사했다. 그녀가 말하기를 "그래서 제가 지금 아파트를 좋아해요. 새 아파트이고 1층에 있기 때문이에요. 나는 거미를 본 적이 없고, 늘 창문을 닫아두기 때문에 파리도 없어요. 제가 거기에 대해 공포를 느끼거든요."라고 말했다.

나는 그녀에게 모든 나쁜 것을 멀리해야 할 필요성과 그녀가 어머니와 다르다는 것이 얼마나 중요한지 성찰하게 되었다. 이로 인해 그녀는 어머니의 집에 핀 곰팡이에 대해 더 자세히 설명하면서, 사람들이 어떻게 신경 쓰지 않는지 이해할 수 없다고 했다. 이 회기는 지난 4년 동안 진행된 회기 중 가장 활기가 넘쳤으나, 그 이후 병원 예약으로 인해 두 회기가 취소되었고 또 다른 회기는 특별한 이유 없이 취소되었다.

이 회기는 여유가 없었기 때문에 생각을 정리하기도 전에 끝났는데, 이후 깨달은 것은 내부 조사관이 전화한다는 말의 의미를 그때는 완전히 이해하지 못했다는 것이었다. Anne에게는 외부와 내면이 어머니로 대변되는 타락(degradation)과 오염(contamination)에서 자신을 완전무결하고 깨끗하게 만들어 안전하게 지키는 것이 중요했다. 내가 느꼈던 박탈감과 죄책감은 그녀 자신의 내적 경험에 대한 참을 수 없는 부분이 투사된 일부였다. 그녀의 마음속에서 얼룩은 사라지지 않을 것이며 제거할 방법도 없었다. 그녀가 아무리 닦아내고 잘라 내려 해도 자신의 압도적이고 학대적인 부분에 여전히 사로잡혀 있었다. 혼자 관리하는 것에 대한 나의 해석은 현재 그녀가 자신을 안정화시키고 정화하는 작업과 반대된다는 것이고, 어떤 의미에서는 무관해 보이는 것이었다. 그녀의 더러운 집에 대한 묘사에서 Anne은 자신을 구제할 수 없다고 보았다. 중요한 부분은 더 이상 아무것도 들여보내지 않는 것이었고, 그런 의미에서 모든 단어와 해석을 굴욕적이며 오염된 것으로 여겼다. 그녀는 사로잡힌 갈등에서 비롯된 죄책감과 절망을 극복하기 위한 노력을 함께할 동맹을 찾고 있었다. 그녀는 불가능한 상황을 만회할 수 있는 조사관을 만나길 희망했지만 그녀의 부모님처럼 나도 실패했다. 프로그램을 직접 보지 못했고 회기에서도 만족스럽지 못한 반응을 보였기 때문에 이는 안팎으로 모든 것이 얼마나 끔찍한지 아는 오직 한 사람이 그녀임을 확인해 준 것 같았다. 그녀의 인식 속에서 흠 없는 상태로 자신을 유지하는 것이 얼마나 어려운지 나는 눈치채지 못했다.

우리가 다시 만났을 때 Anne은 침묵했고 주저하면서 나를 보지 않았다. 나는 그동안의 공백기에 대해 언급했지만, 그녀는 오래 전 일은 떠올릴 수 없다고 말했다. 약간의 격려를 받고 그녀는 병원 약속에 대해 말했지만 다시 입을 닫았다. 내가 그녀의 주저함을 놓쳤던 지난 회기와 연결시키자, Anne은 화가 나서 "오, 그냥 저를 무시하세요."라고 쏘아붙였다. 아마도 내가 공백기 동안 그녀를 무시한 것처럼 느껴졌을 수 있고 어떤 면에서는 그녀를 실망시킨 것으로도 느껴졌을 것이다. 그녀는 마치 내가 이 세상에서 가장 멍청한 사람이라도 되는 것처럼 화를 내고 무시하는 태도로 고개를 가로저으며 "그것과는 아무 상관이 없어요."라고 말했다. 나는 묵살당한 것 같아 짜증이 났다. 아마도 그것이 다른 것과 상관 있을 수 있다고 말했을 때, 그녀는 자신이 기분이 좋지 않으며 위에 통증이 느껴지고 매우 피곤하다고 말했다. 그것이 그녀가 자해하는 것과 관련 있는지 물었을 때, Anne은 화를 내고 "아니요."라고 말하고 울기 시작했다.

나는 그녀의 걱정과 관련하여 그녀 몸속에서 어떤 일이 일어나고 있는지 다른 해석을 시도했는데, 나중에 이것이 그녀의 건강과 회기 전체에 대한 내 불안을 완화시키기 위한 것이라 느꼈고 그녀는 다시 화를 내며 "아니요."라고 대답했다. 나는 그녀의 기분을 이해하려 노력했는데도 제대로 이해하지 못하자 화가 난다고 했고, 그녀는 왜 자신이 우는지 모르겠다며 "당신은 항상 모든 것에 이유를 찾으려 하잖아요."라고 대답했다. 이윽고 Anne은 침묵하며 물러섰고 회기가 끝날 때까지 반응하지 않았으며, 마지막으로 회기를 떠나면서 "제가 말한 것을 개인적으로 받아들이지 마세요."라고 말했다. 이번 회기의 마지막 부분에서 나는 짓눌리고 무력한 느낌을 받았다. 그러나 그녀의 마지막 발언에서 조금은 위안을 받았고 나와 관련된 희미한 빛을 보았는데 그녀가 나를 짓눌리게 했다는 깨달음과 전이 과정의 밖에서 자신을 인식했다는 점에서 그러했다.

나는 놓친 회기에 대한 내 의견이 비난처럼 표현되었다는 사실을 깨달았고, 공격받았다고 느꼈을 수 있을 그녀의 감정을 확인하였다. 내 생각에 Anne이 회기를 빠진 것은 크게 중요한 것이 아니었고 끔찍한 얼룩이 있다고 느껴지는 것에서 자유로운 공간을 유지하는 방법을 찾는 것이 더 중요했을 것이다. 구체적으로 나는 그녀가 내 말을, 지난 회기에서 언급한 것처럼 자신의 집에 들어와 자신과 집을 오염시킨 더러운 벌레들처럼 느꼈다고 생각했다. 이 순수성은 어떤 대가를 치르더라도 유지되어야 했다. 그녀는 나에게서 떨어져 있는 시간이 필요했다. 내가 그녀의 육체적 건강에 대해 질문했을 때 나는 점점 더 그녀의 거슬리고 학대적인 부분에 동화되고 벗어날 수 없을 것처럼 느꼈다. 또한 그녀의 반응에도 불구하고 공격을 계속하고 싶은 충동을 느꼈다.

그때, 나는 그녀의 아픈 어머니를 돕고자 하는 불안한 아이로서의 초기 경험을 감지할 수 있었다. 하지만 이후 나는 Anne에게 아픈 것과 커팅은 모두 그녀의 내면을 깨끗하게 유지하는 방법, 즉 얼룩이나 부패가 도달할 수 없는 곳을 정화하는 방법이라는 깨달음을 얻었다. 그녀의 내면세계에서 커팅은 모든 것을 더럽히고 갈색으로 만들던 압도적이고 오염된 어머니에게서 분리된 정체성을 잘라 내는 역할을 하였다. 안전함은 무균의 폐쇄된 공간에 있었고 아무도 들어갈 수 없었다. 이 초기의 내적 대상관계는 이후 경험한 성적 학대로 인해 더욱 악화되었다. 트라우마로 인해 내면화된 관계는 Anne을 가학적이고 폭력적인 주인/어머니에게 속박되게 하였다. 커팅은 이러한 융합된 관계의 흔적이자 잘라 내고자 하는 시도를 나타낸다.

한참 후 나는 이를 사로잡힌 갈등에 대한 투사적 동일시로 이해하였다. 상담 회기의 발췌문에서와 같이 자신의 참을 수 없는 측면, 즉 내면의 절망적인 아이, 그에 상응하는 내면 태도의 생성, 그녀의 철회된 침묵에 의한 미묘한 통제, 그리고 항상 이유를 찾는 것에 대한 다소 비하적인 발언이 나를 그녀의 투사된 측면에 머물게 하는 것처럼 보였다. 그녀가 떠나면서 마지막으로 한 말은 부분적으로는 이 회기에서 나에 대한 그녀의 분노와 증오가 가진 힘에 대한 두려움이었다고 생각한다. 내가 깊이 절망하고 낙담한 그 순간, 그녀는 어머니와 학대자가 자신을 파괴했다고 느꼈던 것처럼 나를 파괴하지 않으려는 열망을 가지고 있었다는 점에서 말이다. 즉, 오염된 세상에서 그녀 자신뿐만 아니라 나도 보호하고자 시도했던 것이다. 다른 차원에서는 이미 앞에서 언급했듯이, 이것은 그녀의 관심사였을 수도 있고 나를 현재 일어나고 있는 것들과 분리해서 봐야 한다는 그녀의 필요에 따른 감각이었을 수도 있다. 내가 Anne과 작업하면서 역전이 과정에서 느꼈던 어려움은 때때로 투사적 동일시가 너무나 강렬하여 내면의 공간에서 무엇이 일어나는지 자유롭게 처리하기 힘들다는 것이었다. 새로운 방식으로 전이를 해석하는 전략을 시도하기 전에 역전이 반응을 명확하게 이해하기 위한 공간이 거의 없었다. 훈련은 상담 회기 밖에서 일어나는 것처럼 보였고 그 공간을 위해 의도적으로 상황과 분리해야만 가능할 것처럼 보였다. 이 내담자와의 4년간의 집중적인 작업은 평가하기 어려웠다. 나는 그녀가 이 기관에 들어가지 않고도 살아 있게 했기 때문에 진료소의 이론적 원칙 측면에서 내 작업을 정당화할 수 있었다. 그녀는 커팅을 중단했으나 여전히 폭식증으로 고통받고 있다. 그녀는 또한 과거의 삶에서는 경험해 보지 못했던 관계를 가지게 되었다. 그러나 슈퍼바이저와 나는 모두 이것이 충분하지 않다고 생각하며, 그녀의 뿌리 깊은 취약성이 미래 삶의 경험에 영향을 미칠 것임을 알고 있었다.

## '새로운' 대상이자 '실재하는' 사람으로서의 상담자

상담 작업의 특정한 측면은 전이와 투사의 정신역동 외부에 있지만, 역동이 함께 존재하며 그 영향을 받는다. 전이 관계에서 내담자의 심리적 갈등이 드러날 때, 특히 젊은이들과 상담할 때는 새로운 경험에 대한 지속적 관심이 있다. 상담자는 새로운 관점을 제공하고 사건과 감정에 반응하는 다양한 방법을 모델링할 수 있는 새로운 대상이자 실재하는 사람이다. Wilson(1991)은 청소년과 함께 일할 때의 특별한 책임과 특성에 대해 유용한 글을 썼다. 그는 청소년의 마음 상태와 그 상태의 중심에 있는 모순덩어리를 존중해야 할 필요성을 상기시킨다. 결국 상담자의 입장은 모순적이어야 한다. 유연하면서도 확고하고 신뢰할 수 있으며, 적극적이지만 때로는 지시적이면서도 경청하고 관찰해야 한다. 청소년이 자신의 어려움으로 인해 상담을 받으러 오는 데 동의한다는 점에서 두 사람 사이에 부분적 반전이 있어야 한다. 상담자는 유연성을 발휘하는 데 동의하고 성인 규율 중 일부는 포기할 수 있어야 한다. Wilson은 상담자가 어떤 사람인지, 그리고 이들이 상황에 어떤 영향을 미치는지에 대한 중요성에 대해 썼다. 그는 상담자의 중요한 특성으로 높은 수준의 자기 인식, 개인적 권위, 성실성 등이 포함된다고 하였다. 이는 합리적으로 일관성 있는 개념적 틀에 접근할 수 있으며, 수용적이 되기 위한 능력을 포함한다고 할 수 있다(Wilson, 1991: 467).

이 내용은 대인관계의 영향과 상담자의 주관성을 상기시켜 준다. 이러한 주관성을 인정한다는 것은 상담자가 내담자에게 의식적이든 무의식적이든 간에 특정하고 개별적인 개인적 반응을 보인다는 것을 의미한다. 이것은 역전이와는 다르며, 내담자가 상담자에게 무엇을 하는가에 초점을 맞추기보다 내담자가 상담자에게 미치는 영향에 관해 우리가 이러한 경험으로 어떤 영향을 받고 변형되는지에 관한 내용이다. 분명 젊은이들과의 작업은 항상 도전적이고 놀라우며 우리를 변화시키지만 그들의 자기중심성은 상대방과 그들의 자율성에 대한 진정한 인식을 어렵게 할 수 있다.

이 장에서 묘사된 젊은 여성들과의 작업을 위해서는 나의 주관성과 객관성이 모두 필요했다. 자해하는 사람과 작업할 때의 위험은 공감적 몰입이 암묵적 공모로 이어질 수 있다는 점이다. 이는 내담자의 잘못된 정렬이나 파괴적인 부분과 친구가 된다는 점에서 Laura와의 작업에서 논의된 측면이다. 갈등을 표현하는 방법으로 반복적 커팅을 하는 내담자의 관점으로 세상을 바라보는 것은 상담자에게 일시적 입장일 뿐이다. 반대 입장이 있고 상담자의 다른 현실에 대한 인식이 있어야 내담자는 분리된 주체가 그들의 대상화에 어떻게 반응하는지 알 수 있다.

주로 대상관계에서 비롯된 파괴적 과정에 얽매여 있는 내담자와 함께하는 작업에서 상담자는 내담자의 사고 정신의 외부에 있는 대상임을 점차 깨닫는다. 앞서 설명한 Laura와의 임상 작업이 그 예이다. 나는 그녀의 처지에 공감하고 자해의 기능을 이해해야 했지만, 모험을 감수하는 행동의 위험성에 대해 독립된 의견을 표명하고 그녀의 내적 가학성과 공격성에 반대하는 방법을 찾을 시점을 보았다. Laura가 내 반대 반응을 알아차리고 나면 그 공격성은 내면화되어 우리 사이에서 이야기될 수 있다. 기관의 직원으로 나는 상담자 역할뿐만 아니라 기관을 대표하여 그녀의 상담과 복지에 대한 책임을 맡았다. 이를 위해서 그녀의 내면을 이해하려는 공감적 시도와 이에 관한 나의 주관적 관점과 더불어 추가적인 외적 객관화가 필요했다.

# 07
# 자해의 역사적 · 문화적 · 사회적 측면

**"그가 채찍에 맞음으로 너희는 나음을 얻었나니."**

**(베드로 전서 2:24)**

이 장에서는 개인의 정신과 상담실이라는 한정된 공간에서 벗어나 더 넓은 관점으로 접근하고자 한다. 자해의 구체적 의미에 대한 개인의 이해가 중심이 되어야 하지만, 자해 행동을 사회적 · 문화적 · 역사적 맥락에서 파악하기 위해서는 그 의미를 이해하기 위해 추가적인 부분까지 고려할 필요가 있다. 또 다른 목적은 자해 행위를 조명할 수 있는 다른 차원의 의미에 대한 추측과 논의를 소개하는 것이다. 사람들이 수 세기에 걸쳐 자해 행동을 의미와 소속감을 찾거나 정화 및 치유 과정의 일부로 간주하거나 이해해 왔다는 사실은 놀라운 일이다. 사람들은 자신의 행동이 유익하며 자신이 속해 있는 사회에도 도움이 될 수 있다는 믿음으로 고통을 선택해 왔다. 흥미롭게도 이러한 경험은 병리적인 것이 아니라 문화와 사회 또는 역사의 일부로 받아들이고 있다.

그렇다면 21세기에 우리가 자해를 어떻게 바라봐야 할지에 대한 시사점이 있을까? 그것은 항상 자기 파괴적일까? 현대의 전염병과도 같은 자해의 유행에서 이러한 초기 관점이 주는 반향이 있을까? 일반적으로 자해 행위가 정당화되거나 의미가 부여될 수 있는 세 가지 주요한 경우가 있다. 첫 번째는 종교적 구원이고, 두 번째는 치유와 건강의 증진이며, 세 번째는 사회 시스템의 유지에 필수적인 경우이다. 현대 자해의 한 측면이 구원이나 치유 혹은 질서를 추구하기 위한 심오한 인간 경험에 뿌리를 두고 있다고 할 수 있을까? 만일 그렇다면 그것은 의심할 여지없이 이러한 경험의 왜곡된 변형이다. 시사할 수 있는 한 가지 변형은 커팅(긋기)이 오랫동안 잊힌 입문 의식의 잘못된 변형으로, 궁극적으로는 실패한 것으로 '볼 수 있다'는 것이다. 이러한 의문과 추측에 대해서는 이 장을 통해 자세히 설명하겠다.

신체 표면에 무언가를 하는 관행은 아주 초기 사회로 거슬러 올라가고 역사 전반에 걸쳐 존재하지만, 신체 표면에 대한 의미와 태도, 그리고 신체 표면에 행해지는 행위는 특정한 문화적 맥락에서 이해되어야 한다. 인류학, 고고학, 종교, 역사 및 관행으로 받아들인 현대 사회에서 일부 문헌을 이용하여 이러한 다른 의미를 간략하게 탐구하겠다. 분명 이는 관련 학문 분야의 외부에 존재하는 분석 및 심리치료적 관점으로 접근하여 해석되는 부분적이고 명확하게 선택적인 시각이다. 그러나 이 문헌 연구가 궁극적으로 보여 주는 것은 무엇보다 인간의 가변성과 복잡성 그리고 사회적 관행이 다른 가치를 부여하고 변화하여 다시 나타날 수 있는 능력이라고 생각한다. 그런 의미에서 분석적 이해를 포함한 어떤 지식도 그 자체로는 완전하다거나 특별하다고 할 수 없다.

## 인류학 및 고고학 연구 결과

의례와 마술은 근대 이전에는 일상생활의 일부였지만 합리적인 현대 문화에서는 일반적으로 미신, 선정주의, 병리학과 연관되어 있다. 지금은 사라진 특정 관행에 대한 믿음은 많은 사회에서 엄청난 활동으로 이어졌고 이러한 흔적은 인류학과 고고학 기록에서 찾을 수 있다. 인류학 기록 중 유년기에서 성인기로의 전환을 알리는 다양한 입문식에 대한 세부 내용은 이 책에서 논의된 자해의 일부 특징과 큰 연관성이 있는 듯 보인다. 한 가지 차이점은 문헌에 기술된 대부분의 사춘기 의식은 다른 사람에 의해 자행된다는 점이다. 이러한 행동은 부모나 사회의 압력으로 인해 대상자가 '적극적으로' 자신을 해치는 행동을 하거나 그에 협조해야 했기 때문에, 어느 정도는 자해의 한 형태로 볼 수 있는 요소가 있다. 이런 의미에서 부상당한 사람은 사회적 승인이라는 측면에서 보면 고통스러운 의식 속에서 일종의 만족감을 얻을 수 있다. 이러한 문화적 맥락에서 신체에 대한 고통스러운 공격은 사회적 '선(good)'을 위해 이루어졌고, 그런 의미에서 사회와 '자기(self)'는 상호 교환이 가능한 것처럼 보인다. 물론 사회라는 개념이 더 모호하고 '자기(self)' 개념과 개인의 욕구가 우선시되는 현대 문화에서는 매우 다른 양상을 보인다.

입문의 목적은 그 사람의 종교적 · 사회적 지위에 분명한 변화를 가져오는 것이다. 전환기인 청소년기에는 성인 세계로 들어갈 권리를 획득한다. 일반적으로 전통은 보통 젊은이가 일련의 시련을 경험하는 것으로 나타나는데, 이는 의식적인 죽음(아동기의 죽음)을 의미하며, 부활 또는 성인으로의 재생과 성인 지식으로 이어진다. "사춘기 입문은 무엇보다 성스러운 계시를 나타낸다."(Eliade, 1995: 3)라는 말은 성(性)적인 것이 드러남을 뜻하기도 한다. 대부분의 경우 Eliade(1995)가 묘사한 의례는 어린 시절의 죽음과 무지를 상징하는 어머니에게서 때로는 아이를 폭력적으로 분리하는 것으로 시작된다. 이는 신체에 일종의 표시나 변형을 가하는 것을 포함하는데, 소년 소녀들의 생식기에 할례를 하거나 상처를 입히는 행위도 포함한다. 신체에 상처를 입히는 행위 이후에는 금식을 포함한 다양한 시련이 따르고, 공동체에서는 여러 의례와 축하 행사가 이어진다. 이러한 의례를 통해 공동체 전체가 재생되고 사회적 또는 부족적 집단의 정체성이 확인된다. 이러한 의례는 사회에서 젊은이의 위치를 확인시켜 주는 효과가 있었다. 소녀의 성생활을 사회적 통제하에 두고, 소년을 어머니에게서 분리시켜 남성 공동체에 들어갈 수 있도록 하였다.

Eliade(1995)는 소녀들의 입문 의례를 설명하면서, 더 큰 쇼와 의례를 통해 집단으로 이루어지는 경향이 있는 소년의 의례와 대조적으로 어떻게 덜 극적인지 언급하였다. 소녀들은 소년들과 대조적으로 월경의 시작과 더불어 입문 의례가 개별적으로 시작되며, 종종 어둠 속에서 분리와 고립의 시기를 보내며 혼자서 시작하는 경우가 더 많다. Menninger(1935)가 묘사한 일부 의례는 입문하는 소년과 소녀의 몸을 긋기 위해 칼을 사용하는 것에 초점을 둔다. 최근 진행된 호주 중부 이와라(Yiwara)족 남성의 입문 의례 연구에서는 입문 과정의 각 단계가 특정한 형태의 상처로 표시됨을 보여 주었고, 그 고통은 이 사건의 중요성을 뚜렷하게 상기시키는 역할을 하였다(Mitchell & Plug, 1997). 패배의 의미를 지닌 현대 사회에서의 자해와 다르게, 이러한 몸에 대한 공격은 '알아차림'을 가지고 이루어지며 한 세대에서 다른 세대로 전해진다. 의례는 공식적으로 받아들여지고 목격되며 축복받고 사회적 의미와 개인적 영향은 변형되어 자기에게 소유된다.

Eliade와 Menninger는 입문 의례와 관련된 무의식적 요소에 대한 인식과 통찰력을 보여 준다. 입문식은 단순히 기이한 관습이 아니라 의미가 담긴 의례이다. 예를 들어, Menninger(1935)는 성기와 다른 신체 부위를 자르는 이유를 다양하게 제시한다. 그는 사춘기 의례에 묘사된 상처가 근친상간 금기와 오이디푸스 콤플렉스를 극복하는 방법, 즉 성인으로 성장하기 위한 협상의 일부라 보았다. 그 이유는, 첫째, 입문 의례가 부모가 자신의 권위에서 분리된 청소년기

자식에 대한 적대감을 억제하는 역할을 하기 때문이다. 둘째, 근친상간의 갈망에 대한 처벌로 작용하기 때문이다. 셋째, 청소년의 공격적이고 성적인 감정을 억제하는 수단으로 기능하기 때문이다. 이 의례는 또한 미래의 행동에 대한 속죄와 성인이 되기 위해 지불해야 할 대가를 암시하기도 한다. 또 다른 설명은 성기를 자르는 것이 상징적 거세에 해당하며 속죄하기 위한 행동으로 작용한다는 것이다. Menninger(1935: 438)는 포피처럼 잘린 살의 일부 혹은 강제로 뽑은 치아를 나무에 숨기는 의식에 대한 Money-Kyrle의 분석을 인용했는데, 이는 죽음에 대한 신경증적 공포를 재현하는 역할을 한다고 보았다.

Eliade(1995)가 시사한 것처럼, 입문은 시작과 끝이 표면화되어 삶에 영향을 미치는 보편적인 의례이며 계속해서 다양한 모습으로 나타날 것이다. 랩 밴드, 길거리 갱단, 교도소, 사이비 종교 집단, 훈련기관, 군대 조직 등은 모두 입문 의례와 상징을 포함하고 있다. 한 가지 추측해 볼 수 있는 것은 사춘기 소녀의 고독한 자해 행위는 사춘기 입문 의례의 잘못된 변형의 기능을 수행한다는 것이다. 즉, 자해 행위는 재생되지 않고 지식, 성, 영적 통찰력과 의미 있게 연결되지 못하는 입문 의례이다. 이 행위는 승인되지 않았으며 더 넓은 사회 시스템의 일부도 아니다. 그런 의미에서 이것은 혼란스럽고 잘못된 것이며 결과적으로 파괴적이다.

인류학 문헌에서는 특히 건강과 치유 의례의 일부로 신체 부위를 절단하는(mutilation) 행동에 관한 흥미로운 증거가 제시된다. 한 예로 Powers(1986)는 북미 인디언 오글라라(Oglala)족의 아버지가 아기가 사망한 이후 새끼손가락을 잘랐다는 사실을 언급하였다. 마찬가지로 19세기의 통가(Tonga)섬 주민들은 아픈 친척의 회복을 위해 그들의 새끼손가락 일부를 잘라 내는 것으로 유명했다. 치유 과정의 일부로 자해를 강조한 것은 젊은 여성들이 자해가 기분을 나아지게 하고, 긴장을 풀며, 다시 '현실감'을 느끼도록 도와준다는 주장과도 연관성이 있다.

생식기 등 신체의 특정 부위를 손상시키게 하는 또 다른 동기는 성적 쾌락과 관련되어 있다. 『카마수트라』에 따르면 특정한 사람들 사이에서는 페니스에 구멍을 뚫지 않으면 진정한 성적 쾌락을 누릴 수 없다는 믿음이 있다고 한다. 피어싱을 한 후 페니스를 가로지르는 구멍을 확대한 다음 아파드라비야(Apadravyas)라 불리는 장식품을 부착한다. 이러한 종류의 관행은 의심할 여지없이 성적 쾌락을 위한 현대의 생식기 피어싱과 직접적인 관련이 있다고 볼 수 있다. 신체 손상은 한 집단을 다른 집단과 구별하여 사회 질서를 유지하는 수단으로 사용되며, 이는 현대 사회에서도 여전히 고수되는 전통이다. 유대인 남성의 할례 의례가 대표적인 예이다. 난절(scarfication)은 부족을 구분하거나 사회적 · 미적 이유로 피부를 손상시키는 행동으로, 흉터를 만들기 위해 피부를 의도적으로 자르는 것이다. 입술이나 목에 링을 거는 것과 같은 흉터 패턴과 변형은 한 부족의 구성원 자격 또는 부족 내의 사회적 지위를 보여 주기 위해 사용된다. 다음에 설명하는 바와 같이 이는 현대에서 보디 피어싱 관행의 근거가 될 수 있다. 또 다른 추측으로는 앞서 설명한 젊은 여성들 중 일부가 반복적인 자해를 통해 정의나 정체성을 확보했다는 것이다. 주거 단위나 그룹 작업과 같은 일부 상황에서는 자해한 사람들이 사회적 집단의 일원임을 주장할 수 있었다.

다른 커팅 의식은 사회적 치유나 전체 집단에 대해 인정을 하는 역할을 했다. 과거 리비아 지역의 아마존이라 불린 '여성 전사들'은 소녀들의 오른쪽 가슴을 지져 무기를 더 잘 다룰 수 있도록 했다(Newton & Webster 1976). Favazza(1989)는 코트디부아르(Ivory Coast) 부족의 강렬한 새해 축제에 대한 연구를 바탕으로 출판된 서적을 인용하였다. 그 축제는 자신의 몸에 깃들었다고 느껴지는 좋은 영혼의 인도를 받아 구성원들이 몸에 칼을 휘두르면서 시작된다. 약초 찜질을 통해 심각한 복부 상처가 치유되면 부족원들은 상처가 모두 정령에 의해 처방되었으며 이는 공동체의 사회적 치유로 이어진다고 믿었다. Favazza(1989)는 일반적으로 의례가 피의 치료적 사용과 관련이 있다고 했는데, 이는 사혈 관행 및 수혈의 현대적 관행과도 연결될 수 있다. 다른 관련 증거 문서 기록에 따르면, 또 다른 신체 상해와 관련된 관행으로는 모로코의 머리 베기와 머리에 구멍을 뚫는 천공술 등이 있다. 마지막으로, 특정 관습으로의 머리 성형은 미국 원주민과 유럽, 특히 19세기 중반까지 프랑스와 네덜란드에서 발견되었는데 이는 자기 패션(self-fashioning)의 한 표현이었다.

고고학적 발견은 명확하지 않으며 대체로 물리적 유적과 매장된 유물의 흔적에서 추론된다. 그럼에도 불구하고, 그들은 치유를 표현하는 어떤 형태로든 가장 초기로 거슬러 올라가는 지위 지정으로 절단에 관한 생각에 추가 증거를 제공한다. 예를 들어, 런던 다리의 템즈강에서 발견된 청동 클램프(죔쇠)는 로마 점령 기간 동안 키벨레 여신의 사제와 숭배자들에 의한 의식적 거세와 훼손에 사용되었을 가능성이 있다(British Museum Trusters, 1964). Bahn과 Vertut(1988)은 빙하기 이미지에 관한 연구에서 프랑스, 스페인, 이탈리아의 동굴에서 발견된 손과 팔뚝 스텐실에 대해 논의한다. 이들의 추론에 따르면 많은 스텐실에서 보이는 사라진 손가락뼈는 작은 손가락의 절단 의식과 관련된 이론을 뒷받침한다.

손가락 관절을 의도적으로 절단한 것과 유사한 방식이 남부 아프리카 공동체에서도 널리 퍼진 것으로 보이며, 후기 빙하기 동안 문신, 빠진 치아, 변형된 형태의 두개골과 같은 추가 증거들도 존재한다. Mitchell과 Plug(1997)는 남부 아프리카의 의식적 절단에 대한 분석에서 사회적 통제의 한 형태로 후기 사회집단에서 그러한 관행이 있었음에 대해 논의하고 손가락 관절을 의도적으로 잘라내는 행위가 일부 사회에서는 여성에 대한 남성의 지배력을 강화하기 위해 사용되었을 가능성을 말했다. 일부 집단에서 손가락 관절 절단은 특히 여자아이의 아버지에 의해 이루어졌고 질병이나 불행을 피하는 방법으로 여겨지기도 했다. 다른 사람에게 절단은 민족 정체성을 나타내거나 애도를 표현하는 방법으로도 사용되었다. 손가락뼈가 없는 깨끗한 상태의 유골의 발굴은 선사시대의 손가락 제거의 증거를 제공한다. 이러한 흥미로운 발견 중 하나는 손가락뼈를 제외한 모든 뼈가 복원된 2,700년 전 매장된 성인 여성의 유해이다. 사람의 손뼈와 발뼈가 분리된 유해도 구석기 시대 유적지에서 발굴되었지만, 어떤 경우 뼈의 위치가 사망 후 절단이 이루어졌을 가능성을 시사하므로 아마도 사후 세계로의 이동을 돕기 위해 이루어졌다고 추측해 볼 수 있다.

손가락뼈가 없는 깨끗한 상태의 유골의 발굴은 선사시대 손가락 제거 관행의 증거를 제공하며, 치유를 위해 투여되는 약을 만들기 위해 인체 부위를 직접 사용했다는 내용이 Mitchell과 Plug(1997)에 의해 기록되어 있다. 이들은 또한 흉터와 문신에 대한 민족지학적 설명을 증거로 인용한다. 최근 이러한 관행 중 일부가 남부 아프리카의 현대 부족 집단에서 발견되었다. 두 가지 관행 모두 성별과 민족 정체성을 나타내기 위해 사용되는데, 소년의 표식과 문신은 큰 동물을 처음 죽인 일을 의미하는 반면, 소녀의 표식은 장식적인 것으로 보인다.

이 모든 관행은 잔인하고 원시적으로 보이고 현대 사회에서 자해 경험과도 매우 동떨어져 있다. 그러나 이러한 경험과 사고 체계의 흔적은 문화유산의 일부이자 집단적 인식의 일부로 남아 있을 수도 있다. 예를 들어, 우리는 여성에 대한 사회적 통제의 한 형태로 아버지에 의해 가해진 신체적 상처, 많은 젊은 여성이 금지를 내면화하고 그들의 분노와 공격성을 자기 몸으로 돌리는 경향에 대해 3장 내용과 연관하여 추측할 수 있다. 비슷한 방식으로 젊은 여성들이 은밀하게 자신에게 상처를 입힘으로써 어머니와 가족을 보호한다고 말한다. 그렇다면 이러한 희생들이 어떠한 울림을 준다고 볼 수 있을까? 강한 힘과 판단력이 고통과 괴로움을 통해 누그러질 수 있다는 마법적 믿음과 4장에서 논의한 청소년기 사고방식의 전능감 및 나르시시즘 사이에는 깊은 연관성이 있지는 않을까? Freud는 재난에 대한 신경증 내담자의 기대를 막아야 할 필요성에 대해 썼을 때 신경증 강박행동의 마법적 특성을 상기시켜 주었다. 강박신경증의 보호 공식도 마법의 공식에 대응하는 공식이 있다(Freud, 1913: 88).

## 종교적 · 역사적 측면

대부분의 종교에는 심판의 힘을 회유하고 고행하는 과정의 일부로 신체를 공격하는 요소를 포함하고 있다. 여기에는 감각이나 신체의 식욕을 통제하는 데 초점을 맞춘 믿음이 포함되는 경향이 있으며, 때로는 육체를 죽이는 과정으로 묘사되기도 한다. 많은 주요 종교에는 치유, 구원 및 사회 질서와 관련된 폭력, 희생, 고통, 순교 및 피흘림과 관련된 이야기, 신화, 관습 및 의식이 포함된다. 가장 초기의 창조 신화에는 이집트의 신 오시리스(Osiris), 프리기아의 신 아티스(Attis) 그리고 그리스의 신 디오니소스(Dionysos)와 같이 신의 희생과 훼손이 주로 등장한다. Leeming은 이를 '신성한 희생양'(Leeming, 1994: 58)이라 부르는데 새로운 창조를 시작하기 위해 해체되었고 이들의 희생으로 세상과 사회 질서가 창조된다. 희생양의 피 흘림과 마심은 강력한 상징성을 가지고 있고, 초기 종교운동에 존재하며, 기독교에서는 희생양의 흘린 피가 치유와 새롭게 거듭남을 의미하면서도 희생양에 대한 파괴와 살육을 가슴 아픈 이미지로 반복한다.

이러한 맥락에서 상해에 대한 창의적이고 치유적 측면을 볼 수 있고, 아울러 어떤 면에서는 강렬한 심리적 갈등에 대해 표현적이고 창의적인 '해결책'으로 사로잡힌 갈등의 특정한 구성 사이의 연관성을 추측할 수 있다. 일부 입문 의례와 마찬가지로 어떤 종교적 관습은 개인이 자신에게 가하는 상처와 고통스러운 행위를 포함한다. 상해나 훼손 행위는 통제와 희생을 뜻하며 종종 지원자의 성 생활에 대한 희생을 요구하기도 한다. 여기서도 우리는 특히 청소년기에 강력한 성적 충동이 자해를 유발한다는 연관성을 추측할 수 있다.

구약성경에는 바알(Baal)의 예언자들이 행한 종교 의식에 대한 설명이 기록되어 있다. "이에 그들이 큰 소리로 부르고 그들의 규례를 따라 피가 흐르기까지 칼과 창으로 그들의 몸을 상하게 하더라"(열왕기 상, 18:28). 여기서 신체를 공격한 경험은 회유를 추구하거나 자신을 겸손하게 만드는 것과 직접적 연관성이 있어 보인다. 신약성경 마가복음 5장에는 예수 사역의 기적 중 하나가 나와 있는데 바로 자신을 통제하지 못하고 자해하는 사람을 예수가 치료한 내용이다. "그는 밤낮 무덤 사이나 산속에서 살면서, 소리를 질러 대고 돌로 제 몸에 상처를 내곤 하였다"(마가복음, 5:5). 예수의 해결책은 더러운 영혼들에게 그 남자를 떠나라고 명령한 것이었다. 이 영혼 중 2천 명은 근처의 익사한 돼지 무리로 들어갔는데, 이는 통제할 수 없는 충동의 범위와 힘을 보여 준다. "만일 네 오른 눈이 너로 실족하게 하거든 빼어 내버리라. 또한 만일 네 오른손이 너로 실족하게 하거든 찍어 내버리라."(마태복음 5:29, 30)라는 구절은 상징적이라기보다는 때로는 문자 그대로 받아들여졌다.

여기서 우리는 육체를 공격하는 힘을 처벌의 형태인 동시에 죄를 용서하러 가는 길로 보았다. 자주 인용되는 앞의 구절은 개인적으로나 집단적 수준에서 여러 상해 사건의 근거가 되었다. 직접적으로는 러시아에서 자주 인용되는 '거세파'의 근간으로 이어졌다. 이 종파는 1757년에 시작되어 15만 명의 신도를 보유하는 데까지 이르렀는데, 구원에 도달하기 위하여 다양한 수준의 자해(self-mutilation)와 거세를 연습하였다. 3장에서는 자기 처벌의 형태로서 자해에 관해 연구하였다. 상담실의 젊은 여성들은 자신의 상처를 통해 구원을 찾는 것은 아니었지만, 무의식적으로는 자신의 사로잡힌 갈등과 경험적 노예화, 내면의 강압적이고 갈등적인 대상관계의 고통에서 스스로를 구원하고자 하였다.

일반적으로 기독교에서 육체의 금욕은 중요한 주제로 여겨져 왔다. 예를 들어, 성적인 감정에 관해서는 채찍질로 몸을 처벌하고 단식으로 몸을 통제하였다. 이는 개인이 자신의 구원을 위해 행한 것이었으나 사회적으로도 간접적인 도움을 주었다. Cross(1993)는 중세 유럽의 '신성한 여성들(holy women)' 사이에서 이루어진 심각하게 왜곡된 식습관에 대한 묘사를 통해 극단적인 단식과 몸의 정화를 실천한 여성들이 사회적인 명예와 권력을 누렸음을 언급했다. 그녀는 이것이 현대의 거식증과 자학적인 여성들의 무력한 자기 파괴와는 뚜렷한 대조를 이루고 있다고 지적하였다.

14세기에 이집트 사막에서 고독하게 살았던 사막 교부들의 삶은 금욕주의의 모델로 여겨졌다. 구원의 길은 육체에서 모든 열정과 욕망을 제거하는 것이었고, Dorotheus 성인의 "나는 내 몸을 죽인다. 그것이 나를 죽이기 때문이다."라는 말을 반복하였다. 신비주의에 대한 Underhill(1960)의 연구는 금욕의 주요 대상이 좁은 개인주의적 의미에서는 자아의 죽음임을 명확하게 밝혔다. 역설적으로 자기(self)를 제압하기 위한 방법으로는 자기(self)에 의한 공격이 있다. 따라서 고통은 환영받고 추구되었다. Underhill은 귀족계급의 섬세한 소녀인 Madame Guyon의 경험을 묘사했는데, 그녀는 '무관심'을 얻기 위한 노력으로 "특징적으로 가장 조잡하고 과도한 형태의 금욕"을 선택하였다(Underhill, 1960: 225). Underhill은 Guyon의 이야기를 다음과 같이 인용하였다.

> **저는 매우 섬세한 몸을 가졌음에도 불구하고 참회의 도구들은 제게 고통을 주지 않고 제 살을 찢었습니다. 나는 털과 날카로운 쇠로 만든 거들을 입었고 때로는 입에 약쑥을 물고 다녔습니다. (……) 제가 걸을 때는 신발에 돌을 넣기도 했습니다.**
>
> (Underhill, 1960: 226)

"아플 거야. 진짜 아플 거라고 나는 생각했다. 그렇지 않으면 어떻게 할 수 있겠는가. 내가 상처 주고 싶었던 것은 내 몸뿐만 아니라 내 자신이었다"(Amstrong, 1981: 183). Amstrong(1981)은 수녀의 매혹적인 현대의 삶에 대해 묘사하면서, 좋아하지 않는 것을 먹고 규칙적으로 단식하며 채찍질을 통해 자신의 몸을 모욕하고 죽음에까지 이르는 것에 대해 썼다. 그녀는 "나는 내 몸을 공격하고 그것을 나의 노예로 만들었다."라는 성 바오로의 말을 기억하면서 자신의 통제되지 않는 몸과 본능을 제압하기 위해 매듭이 있는 끈이 달린 작은 채찍을 사용하도록 안내받았다. 채찍은 그녀의 몸을 멍들게 하고 상처를 입혔다. Armstrong은 그러한 극심한 고통의 결과가 흥분이고 그녀의 자해로 인한 육체적 자극으로 자가성애(auto-eroticism)적 측면이 나타난다는 사실을 발견했다. 그러나 그녀가 이 사실을 상사에게 털어놓자 스스로를 더 세게 때리고 단식을 더 강하게 하기를 지시받았다. Guyon과 Armstrong 모두에게 몸에 상처를 내는 것은 초월적인 면과 진지하고 헌신적인 종교적 믿음을 포함하는 변화의 방법이었다. 확실하게 자해를 할 수 있는 젊은 여성들은 자신이 느끼는 감정을 변화시키기를 원했지만 그들의 행동은 본질적으로 자가성애(auto-eroticism)적 요소가 있었고 자기애적(narcissistic)이며 전능함(omnipotent)을 추구하였다.

이 간략한 개요를 통해 신체에 상처를 입히거나 때려서 공격하는 것은 옛날부터 존재해 온 관행임을 알 수 있다. 이 문화적 경험이 의식적이거나 무의식적으로 우리의 정신 어딘가에 저장되는 것이 가능할까? Freud는 계통 발생적으로 타고난 자질과 개인이 자신의 경험을 넘어 원시적 경험에 도달한다고 하면서, "신경증의 심리학은 다른 어떤 원천보다 인간 발달의 오래된 것을 그 안에 많이 저장한다."라고 생각했다(Freud, 1917: 371). Jung(1927/31)은 그러한 가능성에 대해 더욱 깊게 고찰했고, 집단 무의식 개념에서 유전된 잠재의식을 가정했다. 그는 여기에 포함된 것이 인간 발달 과정에서 유전된 덩어리이며, 이는 어떻게든 각 개인의 대뇌 구조에서 표현된다고 말했다. 집단 무의식은 전형적인 인간의 심리적 경험을 반복하는 잠재력 및 가능한 표상에서 자신을 분명히 표현하는 것이라 보인다. 의심할 바 없이 이러한 깊은 패턴이나 타고난 잠재력에도 불구하고 우리 각자는 주변의 사람들과 문화와의 관계를 포함하여 환경과의 상호작용에서 자신의 개별적인 세계를 만든다. 하지만 혼란스러운 갈등의 상황에서 몇몇 오래된 경험이 명백한 해결책을 제시하는 데 도움이 될까? 이 논의의 맥락에서 원형적 잠재력과 생성된 원형적

이미지는 시작, 희생 및 구원의 이미지를 포함할 것이다. 그리고 커팅은 더 깊은 수준의 원형적 경험과 어떤 식으로든 연결된 활동이라고 볼 수 있다.

Podvoll(1969)은 서로 다른 용어를 사용하며 자해 이미지의 역사가 적어도 예수 수난기까지 거슬러 올라간다고 했는데, 이러한 가능성에 대한 일부 확인이 있었다. 예로부터 여러 강렬한 이미지가 있었으며 이 중 일부는 현대 문화에도 존재한다. 자해가 우리 문화에서 가장 존경받는 구성원들 사이에서도 만연해 있음을 고려하면, 이러한 행동 패턴이 이미 그 사람의 사회적 장 안에 존재한다는 것은 이해할 수 있다. 사회적 영역에서든 집단 무의식의 일부로서든 의도적으로 자신의 몸에 상처를 주는 경험은 종교 및 사회적 관습의 가장 기본적 경험에 깊이 박힌 우리의 공통 유산이자 문화의 한 측면이다. 이는 구원, 치유, 질서라는 심오한 인간의 보편적 경험을 다룬다. 만약 이것이 사실이라면 우리 모두에게 해당되는 것이지만, 이 잠재력에 접근하는 사람들은 더 넓은 사회적 · 종교적 신념 체계의 일부가 아니라, 자신의 필요에 따라 이러한 잠재력을 사용하는 특정한 성향이 있어야 한다. 여기서 개인의 사로잡힌 갈등의 개인적 측면 및 개인의 대상관계가 청소년기의 사고방식과 함께 작용한다.

## 사회적 · 문화적 측면

이 단락에서는 자해를 자각하고 부분적으로 또는 전체적으로 수용할 수 있으며, 어떤 면에서는 이해할 수 있다고 여겨지는 맥락을 간략히 살펴본 다음, 이것이 심리치료를 받는 젊은 여성들의 증상과 어떻게 다른지 이해해 보려고 한다.

자해, 특히 커팅은 일부 혼잡한 시설 환경에서 만연하며, 여성 수감자들 사이에서 발생률이 높다고 보고된다(Home Office, 1999). 이것이 수용 가능한 상황으로 보이진 않지만, 여러 이유로 이러한 염려스러운 경향이 지역사회에서 발생할 때보다는 공포나 걱정을 덜 불러일으키는 것으로 보인다. 왜 그럴까? 어느 정도는 "눈에서 멀어지면 마음에서도 멀어진다"는 이유일 수 있다. 게다가 감옥에 수감된 사람들에 관한 고정관념이 있고 비판적 판단을 하는 경향성도 있다. 또한 기관에서 자해하는 사람들은 말이 없기에 그들의 스트레스가 실제로 보고되지 않으며, 오히려 '근본적으로 결함이 있고 교정이 필요한 사람들'로 간주된다는 의견이 제기되었다(Bristol Crisis Service for Women, 1995b: 14). 기관에서의 높은 자해 빈도에 대한 직접적 이유가 밝혀졌는데, 이는 즉각적 환경과 관련이 있다. 혼잡하고 붐비는 감옥에서도 감금은 고립감과 좌절감으로 이어진다. 같은 이유로 감각이 결핍되거나 심각한 지적 장애를 가진 아이들의 헤드뱅잉 행동도 같은 맥락으로 볼 수 있다.

이 발견은 부분적으로는 장기간 고립된 원숭이를 대상으로 한 비인간적인 동물실험에서 도출된 것이다. 그들에게서 자신의 다리 중 하나를 공격하여 상처를 주는 행동이 관찰되었는데, 이러한 행동은 지루함에 대항하기 위한 자기자극의 방법이라고 해석되었다. 유사한 연구에 따르면, 어릴 때부터 사회적으로 고립된 환경에서 자란 원숭이들은 종종 '성인용 자동화기(adult automutilators)'처럼 된다는 사실을 보여 주었는데, 접근 가능한 신체 부위를 긁고, 깨물고, 찌르는 것(Favazza, 1996: 77)이 그것이다. Jones(1979)는 동물과 인간의 자해 행동을 비교한 연구에서 커팅이 동물의 물기나 할퀴기와 가장 유사하다고 보았다. 자해는 유대감의 붕괴를 촉발하는 사건이며, 또한 긴장을 감소시키는 생리적 가치도 지닌다. 즉, 자해는 외로움, 친밀한 관계의 상실, 갇혀 있는 것에 대한 좌절과 지루함을 다루는 방법으로 기능한다.

감옥에 감금된 사람들은 지역 사회에서 자해하는 젊은 여성들의 경우와 다른가? 감옥에 감금된 사람들은 사로잡힌 갈등이 외부를 향해 실제적으로 드러난 것이다. 그들은 감옥에 감금되어 자신의 자유를 통제하는 압도적이고 강압적인 힘(어머니/학대자)에서 벗어날 수 없다. 동시에 잘못된 행동의 결과로 보안과 안전을 제공받고 있다는 측면에서 같은 역동을 지닌다.

신체에 상처를 입히는 다른 형태의 현대적 표현으로는 문신이나 보디 피어싱이 있는데, 이는 사회적 수용성과 이해의 경계에 있는 활동이다. 이러한 활동은 개성을 표현하거나 다른 사람들과 특정 그룹을 구별하고 연결하는 방법으로 의미를 지닌다. 피어싱과 문신은 모두 신체 부위에 대한 집착과 자아상을 보여 준다. 이런 맥락에서 몸은 자기(self)에 대한 특정 형태의 자아실현과 표현을 위한 장소이다. 이것은 공개적인 자기 패션(self-fashioning)의 한 형태라고도 할 수 있다.

젊은 여성들이 홀로 자해를 하는 것과는 달리, 이러한 맥락에서 몸을 공격한다는 것은 안정감과 사회적 응집력을 제공하며 이러한 의식을 통해 한 집단은 다른 사회적 집단에서 자신을 정의할 수 있다. 문신은 이런 방식으로 사용되는 의식으로 고대에 그 뿌리를 둔다. 이집트의 미라, 초기 영국인과 로마인 병사의 문신에 관한 기록들이 있다. Leviticus(19: 28)는 몸에 상처를 입히거나 문신을 하는 것을 모두 금지했다. 한편, 문신을 브랜드화하거나 분류를 위하여 사용해 온 전통도 있다. 예를 들면, 강제수용소 수감자들은 나치에 의해 문신으로 숫자를 새겼고, 영국 군대의 탈영병은 D와 BC로 낙인찍힌 '행실 나쁜 사람'으로 표시되었다. 오늘날 이러한 문신의 사용은 전통적 권위에 대한 반항을 보여 주는 방법으로, 비합법적인 단체에서 많이 이루어진다. 예를 들면, 서양에서 감옥의 많은 남성 죄수는 문신을 하는데, 문신과 방어적이고 공격적인 남성성 사이에서 연관성을 찾을 수 있으나 이 또한 변화하고 있다. 문신을 하는 관행의 역사를 살펴보면 특히 두 가지 부류에서 드러나는데, 하나는 사회적 평판

이 나쁘고 한계가 있는 구성원들이고, 다른 하나는 초기의 원시적이고 이국적인 부족들이다. Benson(2000)이 지적했듯이, 문신은 현실적으로 여전히 주변부에 있거나 무력화와 관련이 있지만 현대 사회에서는 이 두 가지 갈래가 계속하여 얽혀 가는 흐름을 보여 준다.

보디 페인팅은 1960년대에 성적 자유와 일반적인 관행에 반하는 흥미로운 경험에 대한 상징으로 출현했다. 30년이 지난 지금, 페이스 페인팅은 아이들 놀이의 일부로 받아들여지고 있다. 비슷하게도 보디 피어싱의 인기는 20세기 후반 미국에서 시작되었는데, 1970년대 중후반기에 샌프란시스코의 동성애자 공동체에서 시작되었고 처음에는 가죽 페티쉬와 가학피학적 활동과도 연결되었다. 보디 피어싱은 1970년대 후반까지 미국과 영국의 펑크족 사이에서 인기를 끌었다. 비록 처음에는 언더그라운드 관행으로 시작했지만 1990년대부터 보디 피어싱은 하위 음악 문화와 대안적 패션 장면의 일부로 나타나기 시작했다. 1990년대 중반에는 피어싱과 문신 전문 가게들이 생겼고 모든 성인이 이용할 수 있는 서비스를 제공하였다. 피어싱은 고유한 형태의 담론, 미디어 매체 및 높은 수준의 가시성을 지니고 있다. 그런 면에서 이는 사회적으로 수용 가능하게 보이지만 특정 지점을 넘어서면 기괴하거나 비뚤어진 것과 연관되기도 한다.

하지만 몸에 피어싱이나 문신을 하는 것은 여전히 그 사람을 '사회 밖'에 자리매김한다. Benson은 흥미롭게도 이러한 관행들이 후기 자본주의 사회에서 '사회'가 요구하는 종류의 사람에 대한 중심적

부분을 변화시키거나 부정한다고 했다(Benson, 2000: 242). 그녀는 변화가 주로 원시적이고 인간 본연적인 것과의 연결에 의해 달성 가능하다고 보았다. 피어싱이나 문신을 한 사람은 그들의 몸을 진실하고 순수한 무언가, 즉 억압적이고 통제할 수 없는 것과 동일시할 수 있다. 이러한 방식으로 사람이 몸의 표면에 외부적으로 행한 의미가 내면화되고 자기(self)의 일부로 소유될 수 있다. 같은 맥락에서 국가의 권력(어머니/학대자)에서 벗어나는 것은 반응을 얻기 위해 공개적으로 드러날 수 있다. 문신과 보디 피어싱은 모두 사회적으로 허용되는 통제된 활동으로, 타인에게 보이고 인정받기 위한 목적에서 시작되었다. 피어싱하는 사람 중에는 신체를 변화시키는 것을 변형의 경험이라 여기면서 스스로를 신종족주의자(neo-tibalist) 혹은 현대 원시인이라고 일컫는 사람도 있다.

여성과 남성을 통틀어 가장 많이 피어싱하는 신체 부위는 얼굴, 배꼽, 유두, 생식기인데, 이에 관해 여러 이유가 있다. 분명한 것은 패션과 미학을 포함한다는 것인데, 귀, 입술, 코, 눈썹 등의 얼굴 피어싱은 모두 그 사람을 대변하는 패션 액세서리로 볼 수 있다. 귀 피어싱은 가장 일반적인 형태의 가벼운 신체적 변형으로 전 세계에서 흔하게 찾아볼 수 있다. 반면, 유두와 생식기 피어싱은 관능적 즐거움과 성적인 감각을 더하기 위한 방법으로 행해질 수 있다. 몸 피어싱은 개인의 삶에서 특별한 사건을 표시하거나 관계에 대한 헌신이나 소유의 상징으로 행해질 수 있다. 이는 또한 학대 생존자처럼 회복(reclamation)에 대한 표시를 나타내는 것일 수도 있다. 어떤 사람들은 최종적인 결과를 위해 피어싱 과정을 견뎌내지만, 어떤 사람들은 엔돌핀 방출과 관련된 고통스러운 감각을 즐기기도 한다.

> 나는 매우 고통스러운 경험을 기대하고 있었습니다. (……) 오히려 나는 그것에서 어떤 고통도 거의 느끼지 못했습니다. 처음 며칠 동안은 너무 강렬한 즐거움을 느껴서 집중하는 데 어려움이 있었습니다. (……) 정확한 곳을 접촉하는 완벽한 친밀함이었어요. (……) 나는 피어싱에 대해 만족하고 해부학적으로 괜찮은 사람들 모두에게 적극 추천합니다. (……) 또한 이는 커플링과 수평인 음핵 피어싱과도 아름답게 어울립니다. (……) 나는 피어싱을 하나 더 할까도 생각 중입니다. 그러면 세 개의 링을 연속해서 한 세트로 가질 수 있겠죠.
>
> (Greenblatt, 1999: 10b, 1)

이것이 사회적으로 용인될 수 있을까? 분명히 부분적으로는 그렇지만, 몸에 너무 많은 고통을 주는 것과 관련된 파괴적인 요소도 있다. 이 부분은 자해하는 젊은 여성과도 연결점이 있지만 주관적 관점은 다르다. 젊은 여성이 자신의 성적인 부분을 축하하는 일은 드물며, 오히려 이러한 본능적 과정들로 인해 혼란스럽고 괴로워하면서 죄책감을 느끼는 경향이 있다.

몸을 공격하는 이러한 사회문화적 배경은 우리에게 상담실 밖의 삶을 상기시키면서 더 넓은 맥락에서 그 행동을 가늠해 보는 데 도움이 될 수 있다.

이제는 지금까지 이 책에서 확인되고 발전된 다양한 부분을 하나로 종합해야 할 때이며, 이는 마지막 장의 과제가 될 것이다.

# 08 결론

임상 현장을 떠난 이후, 나는 자해 행동의 본질과 젊은 여성들이 상담 회기 때 드러냈던 고통이 나에게 미친 영향에 대해 성찰할 수 있는 시간과 여유가 있었다. 이들이 자신이 증상에 대해 공식화하여 발표하는 것은 효과적이고 만족스러운 조절 방법이었고 여러 지역 사회 기반 프로젝트와 자조(自助) 그룹의 경험과 문헌으로 더욱 강화되었다. 이러한 프로젝트의 자료에는 거의 '여성이 자신을 다치게 하거나 자해할 권리'를 옹호하는 암묵적인 메시지가 있었고 자해가 고통에 대처하는 설득력 있는 방법임을 수용하고 있는 것처럼 보였다. 그러나 여전히 질문은 남아 있다. 왜 그렇게 많은 젊은 여성이 자신에게 이런 종류의 상해를 반복적으로 입히기를 원하거나 필요로 했을까? 어떻게 이것이 감정을 관리하는 유효하고 건전한 방법으로 반복적으로 나타날 수 있었을까? 이런 종류의 질문과 딜레마는 이 책의 초반에서 제기되었고 증상 이면의 의미를 이해하려 노력하고자 고심하는 동력이 되었다.

우리가 지금 살아가고 있는 세상에 대한 의미와 지식을 탐구하는 것은 근본적인 힘이 된다. 자신과 타인의 고통을 이해하려는 기본적 욕구가 있으며, 스스로 고통받고 수용되며 정당화될 때는 더욱 그러할 것이다. 내가 치료했던 젊은 여성들의 자기 파괴적 증상 이면에 숨겨진 의미를 이해하려는 탐색은 내 입장에서 방어적인 모습으로 보일 수도 있다. 반복적 자해는 때로는 무작위로 나타났는데, 명백하게 사소하거나 피할 수 있을 만한 사건에 의해 촉발되거나 증상을 무시하고 경시하거나 이를 과장된 관심의 추구로 보고자 하는 유혹이 있었다. 또는 자해가 젊은이들이 발견한 이상하지만 효과적인 관리 방법으로 이해될 수도 있다. 결국 죽지는 않을 것이며, 더 나쁘고 위험한 방법도 있었고, 그중 일부는 이들이 사용하기도 하였다. 이러한 자해(긋기)의 성격 자체가 상담에서 과제 및 관계를 형성하는 방법에 대해 공격적이고 무시하는 느낌을 주었을 것이다. 이러한 행동은 또한 상담실 안팎에서 다른 전문가들에게 높은 불안감을 불러일으키기도 했다. 심지어 강인하고 경험이 풍부한 전문가들도 반복적인 자해에서 극도로 위압적이고 좌절스러워 보이는 무모한 폭력성을 발견하였다.

이 책에서 서술되었듯이 상담을 받은 젊은 여성들의 경험적 · 임상적 자료는 시간이 지남에 따라 자해와 관련된 역동과 의미에 대한 이해를 도왔다. 처음에 내가 언급했던 Anne, Diana, Laura, Lucy 그리고 다른 내담자들은 자신의 고통이 주관적이고 수치심과 비밀스러움으로 인해 공유되지 않은 채 강하게 억제된 사적인 세계에 살고 있었다. 상담자의 입장에서 나는 사적인 것이 공적이면서 상호 주관적으로 될 수 있으며, 개인적 경험이 다른 사람의 고통을 이해하는 데 도움이 될 수 있다는 것을 깨달았다. 나는 자해 행동을 하던 젊은 여성들이 내가 아주 작은 말이라도 경청한다는 것을 경험했을 때, 그들의 의식과 무의식의 관계에서 변화가 일어나기 시작했다고 생각한다.

상담자는 내담자의 의식적 · 무의식적 언어를 듣고는 '알고' 이해하지만, 그 지식은 문헌이나 교육과정이 아니라 상담자 자신의 분석에서 비롯되며, 다른 사람의 분석을 들을 수 있을 만큼 효과적이고 집중적이어야 한다. 내담자에 대해 생각하는 것은 이해의 토대가 되며, 내부적 이점은 여러 관점에서의 생각을 포함한다는 점이다. 즉, 의미에 대한 분석적 사고, 이론, 논리는 우리의 주관성에서 나온다. 그것은 우리가 언제, 어디서, 어떻게 우리 자신을 자리매김하는지를 포함하는 부분적 관점이다. 분석적 의미는 주관적이고 구체적인 경험에 대해 생각하고 이론화하는 데서 비롯되며, 추상적인 용어와 복잡한 언어로 어떻게 표현하든 간에 일종의 스토리텔링으로 남는다. 그래서 이 글은 부분적으로는 내가 상담실에서 만난 자해하는 젊은 여성들과의 관계, 그리고 그들이 들려준 이야기에 대한 것이다.

내 생각은 분명히 다른 사람들의 생각과 이론에 영향을 받았다. 비슷한 분야의 다른 연구자들이 제시한 이론적 지식과 아이디어는 경험적 지식의 구체화, 즉 분석적 사고의 내재화를 위한 기반으로 작용했다. 구체화된 지식과 이해는 우리가 경험할 수 있는 능력의 한계와 모순 안에서 살아간다는 점에서 부분적이다. 이는 내면에서의 앎에 관한 것이다. 그러나 실제로는 우리가 가지고 있지만 인식하지 못하는 지식처럼 느껴질 수 있기 때문에, 내담자에 대해 이론적으로 생각하는 것과 내담자 앞에서 생각하는 것은 종종 다른 경험이 될 수 있다.

지식과 의미가 분석적이기 위해서는 항상 역동적이고 질문과 시험에 개방적으로 가정하는 태도를 유지해야 한다. 무의식은 제한적이고 변화하는 의식적 통제 수준에 도달할 수밖에 없다는 인식과 더불어 날것의 의미, 충격을 고정하는 것과 무의식의 원시적 본성 사이의 내재적 모순이 있다. 다른 사람의 행동과 증상에 대한 의미와 이해는 잠정적으로 추정하는 것으로, 무의식을 파괴적이고 예측할 수 있는 것으로 인식하여 균형 잡힌 논리를 유지해야 한다. 그 의미를 이해하기 위한 전제 조건은 앞에서 언급한 바대로 잘 들어 주는 것과 상담 회기에서 내담자에게 일어나는 일을 잘 수용하는 것으로, 이는 상담자가 고르게 주의를 기울이는 능력에 달려 있다. 이러한 알아차림은 전이 및 역전이의 역동에 대한 인식에 달려 있다. 실제로 어떤 의미가 만들어지는 것은 본질적으로 전이와 역전이의 관계에서 비롯된다. 결과적으로 이것이 이해와 치료적 통찰로 이어지기를 기대할 수 있다.

이 책에서 내가 주장하는 바는 전이 경험의 중심에는 자해하는 사람들만의 특정한 내적 패턴(constellation)이 있다는 것이다. 나는 이를 '사로잡힌 갈등(encaptive conflict)'이라고 명명했다. 비록 개인마다 표현은 달랐지만, 젊은 여성들과의 상담 과정의 역동에서 각자의 기본 구성에 공통적으로 중심이 되는 무의식적인 심리적 형성에 대한 감각이 서서히 나타났다. 이에 대해 생각하면서 나는 이를 Glasser(1992)가 설명했던 핵심 콤플렉스의 변형이자 비뚤어진 측면의 형성으로 이해했다. 핵심 콤플렉스에서처럼 이상화된 어머니와 융합하는 대신 사로잡힌 갈등은 자신을 압도하는 탐욕스러운 대상에 의해 사로잡히고, 그것에서 분리되는 데 대한 양가감정과 불안이 있다는 것이다.

앞서 내가 어려움과 상담 과정에 대해 묘사했던 Anne은 자신의 경험을 이렇게 요약했다.

> **보이지 않는 철창 안에 갇힌 죄수,**
> **감정적 상처들을 깊게 느끼면서,**
> **내 마음에 의해 영원히 갇혀 있고,**
> **나는 내 안의 평화를 찾을 수 없다.**

그녀는 자신의 마음 상태를 "감옥문이 너무 높고", "열쇠가 버려진" 곳에서의 "종신형" 같았다고 했다. 소유되는 것에 대한 두려움이 거부에 대한 두려움과 충돌하고 심리내적 갈등이 방어적 타협으로 이어졌다. 이러한 갈등의 해결책을 외부의 대상에서가 아니라 자기(self)와 몸에 대한 적대감에서 찾았다. 몸에 대한 공격을 반복적으로 하게 한 동력이 바로 이 심리내적 역동이었다.

분리(separation)가 주요 관심사로 등장하는 발달단계에서 '사로잡힌 갈등'이 가장 강하게 드러나는 것처럼 보인다. 청소년기가 바로 그 단계이며, 4장에서 설명했듯이 자해는 자기애, 공격성, 과민성, 전능감과 같은 특성이 고조되는 '청소년기 사고방식(an adolescent mind-set)'과 관련이 있다. 나는 갈등이 더 의식화되고 이해되며 해결될 수 있다면 그 힘은 약해질 것이라고 보았다. 이에 청소년기에 자신의 어려움을 해결하지 못하고 자해 행동을 하는 사람은 어떻게 될 것인가라는 질문을 제기할 수 있다. 대부분의 경우에는 성인 초기까지 자해 행동을 하지만 소수의 사람은 중년 이후에도 계속 이러한 행동을 하는 것으로 보인다. 예를 들면, 3장에서 설명한 Martha 같은 사람은 여전히 청소년기 정신 상태에 머물러 있으며, 특히 어머니와의 분리가 아직 해결되지 않은 상태로 남아 있다. 내면에 있는 무의식적인 사로잡힌 갈등에서 긴장을 풀거나 전환하기 위한 대체적 증상을 점진적으로 채택해 간다는 것이다. 이러한 증상은 일반적인 의미에서는 자해로 보이지 않지만, 그럼에도 불구하고 공황 발작, 건강염려증, 또는 다양한 피학적 행동으로 이루어진 몸에 대한 공격으로 받아들일 수 있다.

1장에서 나는 몸에 대한 공격의 의미를 역설적 제스처, 은유적 표현, 상징적 행동으로 생각함으로써 찾을 수 있다는 논지를 꺼냈다. 이 장에서는 이러한 생각을 정리하면서 이 책에서 탐구한 다양한 의미를 포함하는 모델을 정립할 수 있는지 알아보고자 한다. 분명 이 모델의 핵심에는 사로잡힌 갈등이 있을 것이다.

역설, 은유, 상징이라는 개념과 함께 제스처, 표현, 행동이라는 단어가 있다. 기분이 나아지게 하거나 긴장을 풀기 위한 방법으로 몸을 공격하는 행동을 가장 분명한 수준에서 제스처로 나타나야 한다. 내가 치료했던 젊은 여성들은 자해를 통해 궁극적으로 고통을 영구화했고 짧은 시간 동안에만 완화되었다. 그러나 그 제스처는 역설로 가득 차 있었다. 모든 상식적 사고에 반하여, 그러한 파괴는 상처를 입힌 사람들의 마음에서는 건설적이라 밝혀졌다. 상처를 주고 도려내며 파괴하기를 원하는 듯한 공격은 이들이 계속 살아갈 수 있도록 방법을 제공했다는 점에서 의미가 있다. 앞서 언급한 바대로 많은 젊은 여성에게 이 행동은 어렵고 불안하며, 통제할 수 없는 감각과 감정을 지니는 것에 대한 해결책이었다. 이런 식으로 자기 파괴적인 증상은 그 자체로 의심할 여지없이 '자조(self-help)'와 '자기 생존(self-survival)'의 형태로 경험되었는데, 이는 지역공동체 네트워크의 문헌과 콘퍼런스 보고서에서 확인되었다. 자해하는 젊은 여성은 자신의 이러한 행동을 관리의 방법이라고 이해했는데, 상담이나 정신과 진료에서 확인된 바대로 때로는 이 해결책이 가족, 친구, 전문가들에게 보이면서 문제가 되었다. 젊은 여성 중 일부는 끊임없는 감정적 고통과 괴로움을 느꼈고 때로는 왜 자신이 그렇게 끔찍한 느낌을 가지는지 이해하지 못했다. 그들이 아는 것이라고는 반복하여 자기 자신을 상처 입혀야 할 필요가 있고 그래서 이 행동이 그들 삶의 전부가 되었다는 사실이다. 자신의 몸을 공격하는 것은 자신의 삶을 구성하면서도 동시에 제한하는 것이고 자신이 누구이며 무엇을 하는지 정의하는 것이었다.

역설(paradox)은 또한 사로잡힌 갈등의 핵심에 놓여 있는 것처럼 보이며, 사로잡히는 것과 분리하는 데서 오는 두려움과 갈망이 모두 존재하는 내적 연결고리이다. 젊은 여성들 사이에서 두려우면서도 동시에 매력적인 내적 의존성을 관찰할 수 있었다. 갈등이 무의식적으로 남아 있는 한 사랑과 증오의 감정은 분열된 채로 있었고 두 감정이 양가감정 상태로 공존하도록 허용할 수 없었다. 커팅에 대한 환상은 종종 역설적이었으나 항상 의미가 있었다. 젊은 여성들이 이러한 환상에 대해 이야기할 때 '후회할 것'이라는 다소 즉각적이지만 진행되고 있는 관계, 즉 최근의 신체적 상처로 자아의 상처를 해결하는 것에 대해 이야기하는 경향이 있었다. 그러나 가해자는 대개 자신의 이름으로 무슨 일이 일어나고 있는지를 알지 못했다. 더 깊은 수준에서 환상은 훨씬 이전 시기의 대상관계에서 파생된 내면화된 과정과 공명하여 두려운 친밀감에 대한 매력과 거부감을 모두 드러냈다.

또 다른 역설적 측면은 몸을 공격하는 것이 내면의 자기를 보호하는 역할을 하기도 한다는 점이다. 이는 더 깊고, 빠르며, 참을 수 없거나 파국적인 감정적 공격을 방어하는 역할을 했다. 방어는 더 최근의, 훨씬 덜 중요한 것에 의해 촉발되었지만, 이는 초기 경험을 무의식적으로 상기시켰다. 젊은 여성들은 어떤 의미에서는 분리 문제와 자기감이 중심이었던 유아기를 심리적으로 다시 체험하고 있었다. 그 증상은 때로는 정신적 갈등으로 인한 큰 불안이나 고통의 존재 또는 결과에서 자신의 응집력을 유지하거나 복구하려는 시도로 나타났다. 무의식적 갈등의 압력으로 자아가 사라질지도 모른다는 두려움과 불안 때문에 더 의식적인 자아가 증상을 이용했고, 그로 인한 고통은 안전하고 친숙한 영역을 포함하는 경계를 자극하고 확립했다.

커팅은 그 자체로 무의식적 갈등과 의식적 감각 사이에 선을 그었고 고통에 형태와 날카로움을 부여했다. 동시에 '피의 선(the line of blood)'은 의식적 과정과 무의식적 과정의 연결고리였고, 억제되지 않는 정신적 고통이 관리할 수 있는 육체적 고통으로 전환되는 만남의 장소이기도 하였다. 이런 일이 반복되자 면도칼과 커팅은 든든한 동반자가 되었다. 따라서 증상이 관리를 위한 만족스러운 방법이 된 것도 당연했다. 그러나 위험과 더 큰 역설은 증상이 설명된 방식으로 자기를 보호하기 위해 자아에 의해 성공적으로 사용된다는 것이고, 거슬리는 동반자처럼 압도적일 수 있다는 것이다. 그리고 그것은 경계를 제공하는 것을 멈추고 자신을 소유하는 것처럼 보였다.

이는 자신을 오직 자해 행동과 미래의 자기 파괴적 행동에 대한 계획과 관심을 통해서만 자기감을 느낄 수 있었던 젊은 여성들도 그러하였다. 따라서 더 역설적으로 무의식적으로 사로잡힌 갈등에서 나오는 끔찍한 감각을 관리하기 위해 발견된 해결책은 존재와 삶을 위한 의식적 지배 전략이 되었고 통제하고자 했던 내면의 드라마를 재현하게 되었다.

피부의 표면에 상처를 입히는 것에 대한 또 다른 역설적 몸짓으로, 젊은 여성들이 피부 표면을 선택한 이유는 부분적으로는 유아기 동안 친밀한 접촉이 부족했던 것에 대한 보상이라 볼 수 있다. 그런 의미에서 피부는 이러한 박탈감의 기념물이자, 그 기억이 다시 나타나고 재생되는 장소였으며, 그 상처는 추억의 길이 되었다. 커팅은 또한 편안함과 위안, 흥분을 찾는 방법을 제공했고 그런 면에서는 자가성애(auto-eroticism)적이며 자위의 한 형태로 볼 수도 있다. 더 역설적인 부분은 젊은 여성들이 이러한 사적 공격을 수행하는 과정에서 점차 대중의 목소리를 발견했다는 것이다. 이렇게 비밀스럽게 진행된 무언의 행동들이 공공의 영역과 말의 세계로 들어가는 길이 되었다.

임상 작업에 관한 장에서는 각 인물에 대한 특정한 의미를 밝히고 결국에는 이야기를 할 수 있는 방법에 초점을 맞추었다. 이것은 언제나 치료 관계의 형성을 통해 이루어졌다. 젊은 사람들과 함께 일하는 것에 대한 특유의 어려움도 논의되었는데, 그중 하나는 감정과 생각에 감각을 불어넣을 수 없는 경우였고, 또 다른 부분은 감정이 억압되거나 분리될 때였다. 젊은 사람들은 그들이 신뢰할 수 있고, 자신들을 이해하는 데 관심 있는 사람들이 있는 곳에서 자신의 감정을 말로 표현하기 위해 확고한 격려를 필요로 했다. 때로는 꿈에 관한 생각을 통해 이런 일이 일어나기도 했다. 젊은 내담자에게 더 권위 있는 개입이 필요할 때도 있었고 상담자가 관리 기능을 맡아야 할 때도 있었다. 어떤 상황에서는 이들이 분석 작업이나 통찰을 하기에 너무 불안정해 보였고, 지지적인 관계나 병원이나 주거 시설의 안전함이 필요한 경우도 있었다.

정신분석적 상담은 근본적으로 급진적인 프로젝트인데, "보이는 것이 전부가 아니다."라는 믿음을 바탕으로 행동의 피상적인 관습을 지양한다는 점에서 그러하다. 그런 의미에서 모든 임상 작업은 피상적 모습 이면에 무엇이 있는지 살펴보고 역설적 측면을 풀어내는 기회가 될 수 있다.

커팅은 또한 은유적 표현일 수 있다. 이는 무엇을 의미할까? 은유(metaphor)는 말의 이미지이다. 중요한 주제 중 하나는 그 자해 행동은 젊은 여성들이 자신의 감정을 말로 표현할 수 없음을 보여 주었다는 점이다. 만약 감정을 말로 표현할 수 없다면, 행동을 통해 직접적 의미를 전달하고 심리내적인 상태를 나타내야 한다. 따라서 은유적 표현으로서 육체에 대한 공격은 말할 수 없는 내면의 마음 상태를 나타낸다. 이는 부분적으로는 무의식을 통해서 접근할 수 없었기 때문이고, 또한 억압이나 해리가 갈등이 의식적 자각으로 드러나는 것을 방해했기 때문이다. 내면의 마음 상태는 특정 유형의 내적 대상관계와 관련된 명백하게 화해할 수 없는 "무의식적이고 정신적인 갈등인 '사로잡힌 갈등'이다". 앞에서 설명한 것처럼 세부적인 내용은 개인마다 다르지만 노예화와 자유를 향한 갈망은 공통적으로 형성되어 있다.

이 상담의 과제는 사로잡힌 갈등과 그것이 어떻게 발전해 왔는지를 풀어내고 탐구하는 것이다. 이러한 방식으로 점진적으로 이해할 수 있고 양가감정과의 강한 결탁에서도 벗어날 수 있다. 4장에서는 청소년기 정신 상태와 자해와의 연관성에 관한 연구에서 중심적인 두 가지 특징에 관심을 가졌는데, 성적 정체성의 획득과 분리개별화에 대한 부분이었다. 젊은 여성 중 일부에서는 폭압적이고 탐욕스러운 내적 대상에 사로잡히는 것이 어머니에게서의 분리와 관련된 어린 시절 문제와 연관된 것처럼 보였다. 이러한 초기 상태는 청소년기의 압박과 요구에 의해 다시 활성화되었다. 젊은 여성들은 자유로워지고 싶고 이를 필요로 하면서도 융합에 대한 갈망 때문에 발목 잡힌 것처럼 보였다. 커팅은 사로잡힌 상태를 상징했으나, 또한 탈출하려는 투쟁에서 내면화된 어머니에 대한 잘못된 공격의 은유적 표현이라는 그 이상의 의미가 있었다.

또한, 다른 사람들에게는 어린 시절 학대자와 학대 피해자의 한 쌍을 모사하는 강력하고 학대적인 인물과의 연결고리가 있는 것처럼 보였다. 이는 때로는 직접적인 학대 트라우마와 관련이 있었으며 이와 관련해서 3장에서 살펴보았다. 탈출하고 싶은 갈망은 분리에 대한 공포로 반박당했다. 사로잡힌 갈등은 외부 경험에 영향을 받은 본능적 절차에 의해 강화되고 촉진되었지만, 폭력적인 행동은 자주 자기 자신에게로 되돌아오기도 한다. 외부의 상처는 내면의 상처를 은유적으로 표현하는 의미가 있으나 상처의 본질과 외부 환경과의 연관성을 이해하는 것이 치료에서 나타날 수 있다. 그 증상은 노예화와 노예화에 대한 공격, 노예화에서 벗어나고 싶은 욕망과 그 욕망에 대한 처벌을 모두 나타내는 것으로도 볼 수 있다. 폭력은 의식적으로 젊은 여성의 통제하에 있으며, 자신의 몸에 대한 의지에 따른 것으로 보인다.

인용된 연구 결과 중 하나는 어린 시절에 방치되고 학대를 당했던 젊은이들은 자신의 몸을 돌볼 가능성이 적다는 것이다. 부모의 부족한 양육 방식이 정신으로 전달되어 젊은 사람이 자신을 돌보는 방식에 영향을 미친다. 몸에 상처를 내려면 몸을 경멸의 대상으로 여기면서도 여전히 자기(self)와 연결되어 있는 타자적이고 이질적인 것으로 생각해야 한다. 이는 몸과의 관계가 통합이 아닌 단절의 관계임을 의미한다. 젊은 여성들은 다양한 경험을 통해 스스로에게 의존하는 법을 배웠기 때문에 외부 관계는 대부분 의심의 대상으로 여겨졌다. 그리고 파괴를 기반으로 한 내적 대상관계에 대한 강한 애착이 있었다. 칼과 면도기처럼 자해에 사용하는 물건과 안전한 관계가 되었고 이 물건들은 편안함과 확신을 상징하게 되었다. 2장에서 설명했듯이, 어떤 상황에서는 이 물건들이 의례(ritual)의 초점이 되고 의식의 강박적 형태가 되었다. 편안함을 제공할 뿐만 아니라 반복적이고 중독적인 자해 행동과 관련된 자가성애적(auto-eroticism)인 측면은 '모성적' 돌봄의 변형적 형태로 대체되어 작용하였다.

1장에서 설명한 것처럼, 임상 현장에서 젊은 남성들이 자해하는 경우는 드물었고 일반적으로 여성에게 나타나는 증상처럼 보였다. 30년 동안 자기주장 훈련을 통해 대중적 인식을 고취시켰음에도 불구하고, 젊은 여성들은 공격성을 공개적으로 인정하고 직접적으로 표현하는 데 큰 어려움을 보인다. 소리 없는 공격성은 자기와 몸에 대한 폭력으로 다시 나타났다. 자신의 피부를 '거칠게 찢는 것'은 사로잡힌 갈등에서 표출된 조절하기 어려운 감정들을 다루기 위해 무엇인가 '예리한' 것이 필요하다는 신호로 볼 수 있다. 앞에서 논의한 바와 같이 조절을 위한 유일한 방법으로 몸에 상처를 입힐 수 있는 '권리'를 위해 싸울 수도 있다. 여성과 소녀로서 우리는 여러 가지 면에서, 그리고 여러 상황에서 권한을 박탈당하고 있다. 여기에는 우리 몸에 대한 소유권도 포함된다. 비록 분노의 방향이 잘못되었지만 공격을 통해 피상적 통제감과 소유권을 되찾을 수 있다. 그러나 궁극적으로는 무력감과 무의미함을 느낀다.

몸을 공격하는 것은 증상이자 상징적인 행동이며, 따라서 증상과 상징을 모두 '읽을' 필요가 있다. 이것은 사회적으로 승인된 최초의 자해 관행을 돌아보면 더욱 쉽게 이해할 수 있다. 초기에 몸의 표면에 상처를 내는 것은 직접적으로 알려진 의미가 있었는데, 보통 시작과 희생 그리고 치유의 목적으로 승인된 사회적 기능을 지니고 있었다. 7장에서는 자해의 역사적·사회적·문화적 측면에 대한 다양한 고찰을 다루었다. 사회와 문화에 대해 아는 것은 행동을 어떻게 취할지 가늠하는 데 분명히 도움이 된다. 물론 이러한 다른 징후에 대해 아는 것은 고통받는 젊은 여성들에게 직접적인 도움이 되지 않으며 임상가나 관련자들에게도 직접적 도움은 되지 않는다. 그러나 7장에서 나는 청소년기에 이러한 행동이 만연한 상황은 문화적 측면과 관련되어 추가적 의미를 지닐 가능성을 제기하였다.

하나의 가설은 집단적 수준에서 입문과 구원의 원형적 가능성과 연관된 더 깊은 공명이 있다는 것이다. 자해는 청소년기 사고방식에 속하고, 의미를 찾기 위한 현대의 시련이 되었다고 할 수 있으며, 오랫동안 갈망했던 다른 정신 상태로의 시작이 되었다. 진정한 변화와 재생에 대한 간절한 열망이 있는데, 사로잡힌 갈등에서 벗어나고자 하지만 반항적인 활동은 악화를 초래하며 결국 막다른 골목에 이르게 된다. 희생과 입문의 역사는 적은 양의 피를 잃는 것이 새로운 탄생으로 이어지는 상징적인 죽음을 나타내는 것을 보여 준다. 새로운 것을 얻기 위해서는 다른 부분을 포기해야 한다. 비록 자해가 상징적인 행동으로 보일 수 있으나 궁극적으로 자해는 실패이다. 이러한 행동을 통해 포기하는 것은 아무것도 없으며, 증상은 새로운 가능성과 변화를 여는 것이 아니라 억제의 형태로 작용한다. 희생은 효과가 없고 구원과 치유는 몸의 공격을 통해 찾을 수 있는 것이 아니다. 이러한 행동은 정화되고 개인의 잠재력과 가능성을 열어 주는 대신 궁극적으로 자아를 더욱 노예화하고 압도하며 지속적 안도감을 주지 못한다.

각 개인이 자해 행동을 하는 다층적인 의미가 있음이 분명하다. 이 장에서 나는 자해를 이해하기 위한 가상의 모델을 제공하고자 한다. 최상위층에는 젊은 여성들이 공격에 대해 의식적 이유나 의미를 부여하는 제스처로서의 자해가 있다. 이는 긴장을 완화하고, 내가 실재하고 살아 있는 것처럼 느끼게 하며 끔찍한 감정을 없애 준다. 이는 또한 역설적인 측면도 있다.

그 아래층은 Freud의 초기 전의식 모델처럼 의식적이진 않지만 쉽게 떠올릴 수 있는 의미나 이유로 구성된다. 여기에는 사소한 일, 누군가를 편집적으로 만났던 일, 비판, 자해 직전 혹은 직후에 느낀 감정 같은 촉발요인을 포함한다. 이 층을 통해 더 깊은 고민이 무엇인지 엿볼 수 있다. 세 번째 층에는 종종 분리되거나 억압된 개인 무의식의 내용이 있다. 이 두 번째와 세 번째 층에서 자해는 표현의 한 형태이다. 세 번째 층에는 무의식적인 은유적 의미가 있다. 심리적 갈등과 초기 경험에서 내면화된 과정이며 본능적 충동과 욕구가 발전하고 영향을 받은 방식에서 발견된다. 그 결과, 역동은 치료 관계와 전이를 통해 부분적으로 접근할 수 있고 의식화되며 이해될 수 있다. 여기에 두 개의 상위층과 관련이 있지만 불가피하게 확산되는 사로잡힌 갈등이 있다. 의심할 여지없이 초기 경험 중 일부는 되돌리거나 완전히 이해할 수 없지만 혼란스러운 형태에 대한 감각은 있다. 이러한 수준에서 갈등의 치유와 해결은 상담 관계를 통해 잠재적으로 이루어질 수 있다.

가장 깊은 층에는 입문과 치유의 원형적 이미지가 표현된 집단의식과 집단 무의식의 측면이 있다. 이러한 원형적 표상은 경험의 조직으로 생각할 수 있으며, 특히 성적 격변과 분리를 경험하는 청소년기 같은 과도기에 생성될 수 있다. 잠재적으로 이러한 방식으로 개인적 무의식에서 누락된 부분에 대한 보상이 이루어질 수 있다. 마치 고통에 대한 해결책을 찾기 위해 무의식적으로 형성된 문화가 있는 것 같다. 개인은 자신만의 비밀스러운 고통과 이야기 속에 남겨져 있지만, 그럼에도 불구하고 무엇이 불가능하고 조화되지 않고 통제할 수 없다고 느껴지는 것에 대한 신화적인 형태를 찾고 있다. 자해하는 사람은 이러한 심층적인 측면을 의식적으로 인식하지 못한다.

이 논의의 목적을 위해서 비록 깔끔하게 정리된 모델을 제시하였으나, 인간의 내면은 필연적으로 다양한 층과 내용이 혼재되어 나타나며 지속적인 움직인다. 이 모델은 또한 현대 문화에서 차지하는 위치에도 영향을 받는다. 여기에는 여성의 발달과 표현 그리고 피어싱과 문신에 대한 현대적 관심에 대한 문제와 한계점이 포함된다.

## 은유로 이어지는 언어적 상징

심리치료는 개인 무의식의 일부를 의식적인 인식으로 가져오는 기회를 제공한다. 잠재적으로 자해라는 역설적 제스처가 자기 치유라는 언어적 상징으로 전환되어 은유가 만들어질 수 있다. 몸을 공격하는 것은 상징적인 행동이지만 언어적 치료의 목적은 상담과 심리치료 모두에서 다른 상징의 언어 사용을 장려하는 것이다. 그래서 시간이 지나면 감정에 대해 이야기하는 것이 과거 불편했던 감각을 다루기 위해 필요했던 파괴적 행동의 대체물이 될 수 있다. 특정 스트레스 상황에서 파괴적 행동이 다시 나타날 가능성은 있지만 갈등의 영향력은 줄어들게 된다. 언어가 상처를 대신할 수 있고, 무언의 소통 및 위안의 형식으로 자신의 몸을 공격하던 사람은 이제 온전한 자신의 목소리를 찾게 된다.

상담 관계의 맥락에서 감정에 대해 이야기하는 것은 긴장을 완화시키고 분노와 접촉하는 것처럼 '공격'과 동일한 의식적 기능을 수행하기 시작할 수 있고, 궁극적으로는 치유와 안녕감으로 연결될 수 있다. 또한 왜곡된 형태의 자기 패션(self-fashioning)을 진정한 자존감으로 바꿀 수도 있다. 어떤 것에 대해 이야기하는 것은 의미를 부여하는 것이다. 결국 의미를 이해함으로써 통찰력이 생기고 고통이 경감된다. 언어적 상징은 또한 그 사람이 자신의 감정에 대해 생각하고 은유적으로 내면의 고통을 없애거나 분노와 고통의 나쁜 감정을 제거할 필요성에 대해 말할 수 있을 때 은유가 될 수 있다.

상담의 과정은 상담자와의 관계와 그 관계에서의 역동을 통해 고통스러운 감정을 억제하고 해석하며 궁극적으로는 구체적인 의미를 부여하고 상호적으로 의미를 찾는 경험을 하는 것이다. Guntrip은 이 경험에 대해 다음과 같이 아름답게 요약하여 기술한 바 있다.

> 정신분석적 상담이란 무엇인가? 내가 보기에 그것은 깊이 억압된 트라우마에 시달리는 아이에게 새로운 실제 관계의 안전 속에서, 초기 형성기의 트라우마적 유산이 의식 속으로 스며들거나 분출하는 가운데 꾸준히 더 잘 살아가도록 도와주는 일종의 신뢰할 수 있고 이해심 많은 인간관계를 제공하는 것이다.
>
> (Hazell, 1994: 366)

사로잡힌 갈등의 측면은 전이와 역전이를 통해 점진적으로 드러나고 이해될 수 있다. 반복적 자해는 궁극적으로 사로잡힌 갈등의 특징인 폭압적 내면 인물과의 결합을 강화시키고 심화시킨다. 이 관계는 자해를 통해 느슨해지기보다는 강화된다. 정신분석적 상담은 이러한 내적 과정을 이해할 기회를 제공한다. 또한 사랑과 미움 사이의 분열을 치유하는 동안 한 가지 이상의 감정이 있다는 것을 점진적으로 깨닫는다. 자해는 분열을 강조하고 드러내는데, 상담은 잠재적으로 이 상처를 치유할 수 있게 한다. 하나의 은유는 피가 흐르는 상처는 개인의 역동과 양가감정을 이해하고 의미를 부여할 때 희미한 흉터가 되는 것이다.

특정 증상, 행동 또는 감정이 의미하는 바를 알면 그에 상응하는 의미를 알 수 있지만, 그 의미 아래에 숨어 있는 것을 모두 알지는 못한다. 물론 이는 우리가 무의식의 영향력을 상기시키는 분석적 노력의 일환이기도 하다. 이러한 무의식적 과정은 의식적으로 드러날 때만 알 수 있고, 전이 관계를 통해 탐색되는 경우가 많다. 이 과정을 정의하자면 항상 놀라움, 혼란, 예측 불가능성이라는 특성을 포함한다. 모든 것을 알 수 있거나 이해할 수는 없지만 대신 의미의 근사치를 찾아내어 그 의미에 접근하고자 하는 것이 탐색의 목적이다. 이는 의미에 의미를 더하는 일이며, 이를 통해 다른 의미로 다음 단계로 나아가기를 바란다.

# 참고문헌

Anderson, R. (2000). Assessing the risk of self-harm in adolescents. *Psychoanalytic Psychotherapy, 14*(1), 9-21.

Angelou, M. (1984). *I Know Why the Caged Bird Sings*. London: Virago.

Armstrong. K. (1981). *Through the Narrow Gate*. London: Macmillan.

Bahn, P. G., & Vertut, J. (1988). *Images of the Ice Age*. Leicester: Windward.

Bateman, A., & Holmes, J. (1995). *Introduction to Psychoanalysis*. London and New York: Routledge.

Benson, S. (2000). Inscriptions of the self; reflections on tattooing and piercing in contemporary Euro-America. In J. Caplan (Ed.), *Written on the Body: The Tattoo in European and American History*. London: Reaktion Books.

Bernstein, D. (1990). Female genital anxieties conflicts and typical mastery modes. *International Journal of Psychoanalysis, 71*, 151-165.

Bettelheim, B. (1955). *The Symbolic Wound*. London: Thames and Hudson.

Bick, E. (1968). The experience of the skin n early object-relations. *International Journal of Psychoanalysis, 49*, 484-486.

Bion, W. (1962). A theory of thinking. *International Journal of Psychoanalysis, 43*, 306-310.

Bion, W. (1967). *Second Thoughts*. London: Karnac.

Biven, B. (1977). A violent solution: the role of skin in a severe adolescent regression. *Psychoanalytic Study of the Child, 32*, 327-352.

Blos, P. (1962). *On Adolescence*. New York: The Free Press.

Bollas, C. (1992). *Being a Character*. London and New York: Routledge.

Bovensiepen, G. (1995). Suicide and attacks on the body as a containing object. In M. Sidoli & G. Bovensiepen (Eds.), *Incest Fantasies and Self-Destructive Acs.* New Brunswick and London: Transaction Publishers.

Bristol Crisis Service for Women (1995a). *Women and Self-Injury Report*. Bristol: Bristol Crisis Service for Women.

Bristol Crisis Service for Women (1995b). *Cutting out the Pain*. Conference proceedings.

Bitish Museum Trustees (1964). *Guide to the Antiquities of Roman Britain*. London.

Britton, R. (1991). Keeping things in mind, In R. Anderson (Ed.), *Clinical Lectures on Klein and Bion, New Library of Psychoanalysis*. New York and London: Routledge.

Burnham, R. C. (1969). Symposium on impulsive self-mutilation. *discussion British Journal of Medical Psychology, 42*, 223-229.

Chasseguet-Smirgel, J. (1990). On acting out. *International Journal of Psychoanalysis, 71*(1), 77-86.

Chodorow, N. (1978). *The Reproduction of Mothering*. Berkeley:

University of California Press.

Chodorow, N. (1996). Nancy Chodorow talks talks to to Anthony Elliott. *Free Associations, No. 38*, 161-173.

Copley, B. (1993). *The World of Adolescence*. London: Free Association Books.

Cross, L. (1993). Body and self in feminine development; implications for eating disorders and delicate self-mutilation. *Bulletin of the Menninger Clinic, 57*(1), 41-68.

Daldin, H. (1990). Self-mutilating behaviour in adolescence with comments on suicidal risk. *Bulletin Anna Freud Centre, 13*, 279-293.

de Young, M. (1982). Self-injurious behaviour in incest victims. *Child welfare, 61*, 572-584.

Deutsch, H. (1944). *Psychology of Women, Vol. 1.* New York: Grune and Stratton, 1945.

Dorey, R. (1986). The relationship of mastery. *International Review of Psycho-Analysis, 13*, 323-333.

Easton Ellis, B. (1991). *American Psycho*. London: Picador.

Eliade, M. (1995). *Rites and Symbols of Initiation.* Woodstock, CT: Spring Publications.

Favazza, A. (1989). Normal and deviant self-mutilation. *Transcultural Psychiatric Research Review, 26*, 113-127.

Favazza, A. (1996). *Bodies Under Siege: Self Mutilation and Body Modification In Culture and Psychiatry* (2nd ed.). Baltimore, MD: Johns Hopkins University Press.

Fonagy, P. (1991). Thinking about thinking: some clinical and theoretical considerations in the treatment of a borderline patient. *International Journal of Psychoanalysis, 72*(4), 639-656.

Fonagy, P. (1995). Psychoanalysis, cognitive-analytic therapy, mind and self, BJP Anual Lecture 1994. *British Journal of Psychotherapy, 11*(4), 575-584.

Frankel, R. R. (1998). *The Adolescent Psyche*. London and New York: Routledge.

Freud, A. (1958). Adolescence, In *Psychoanalytic Study of the Child XII*. New York: International University Press.

Freud, A. (1968). Acting Out. *International Journal of Psychoanalysis, 49*, 2-3, 165-170.

Freud, A. (1969). *Normality and Pathology in Childhood*. London: Hogarth Press.

Freud, S. (1895). Psychotherapy of hysteria. *Standard Edition 2*. London: Hogarth Press.

Freud, S. (1905). A case of hysteria. *Standard Edition 7*. London: Hogarth Press.

Freud, S. (1907). Obsessive actions and religious practices. *Standard Edition 9*. London: Hogarth Press.

Freud, S. (1912). The dynamics of transference. *Standard Edition 12*. London: Hogarth Press.

Freud, S. (1913). Totem and taboo. *Standard Edition 13*. London: Hogarth Press.

Freud, S. (1914). Remembering, repeating and working through. *Standard Edition 12*. London: Hogarth Press.

Freud, S. (1915). Assessment of the unconscious. *Standard Edition 14*.

London: Hogarth Press.

Freud, S. (1917a). Transference. *Standard Edition 16*. London: Hogarth Press.

Freud, S. (1917b). The paths to symptom-formation. *Standard Edition 16*. London: Hogarth Press.

Freud, S. (1920). Beyond the pleasure principle. *Standard Edition 18*. London: Hogarth Press.

Freud, S. (1923). The ego and the id. *Standard Edition 19*. London: Hogarth Press.

Freud, S. (1924). The economic problem of masochism. *Standard Edition 19*. London: Hogarth Press.

Friedman, M., Glasser, M., Laufer, E., Laufer, M., & Wohl, M. (1972). Atempted suicide and self-mutilation in adolescence: some observations from a psychoanalytic research project. *International Journal of Psychoanalysis, 53*, 179-183.

Gabbard, G. (1995). Countertransference: the emerging common ground. *International Journal of Psychoanalysis, 76*(3), 475-486.

Gardner, F. (1990). Psychotherapy with adult survivors of child sexual abuse. *British Journal of Psychotherapy, 6*, 285-294.

Gardner, F. (1999). Transgenerational processes and the trauma of sexual abuse European Journal of Psychotherapy. *Counselling and Health, 2*(3), 297-308.

Gardner, F. (forthcoming). Dissociation. In A. Scott (Ed.), *The Critical Dictionary of Psychoanalytic Thinking*. London and New York: Brunner-Routledge.

Gay, P. (1988). *Freud, A Life for Our Time*. London and Melbourne: J. M.

Dent and Sons.

Glasser, M. (1979). Some aspects of the role of aggression in the perversions. In I. Rosen (Ed.), *Sexual Deviation* (2nd ed.). Oxford: Oxford University Press.

Glasser, M. (1986). Identification and its vicissitudes as observed in the perversions *International Journal of Psychoanalysis, 67*, 9-17.

Glasser, M. (1992). Problems in the psychoanalysis of certain narcissistie dlisorders. *International Journal of Psychoanalysis, 73*, 493-504.

Glasser, M. (1998). On violence: a preliminary communication. *International Journal of Pyschoanalysis, 79*(5), 887-902.

Glenn, J. (1984). A note on loss, pain and masochism in children. *Journal of the American Psychoanalytic Association, 32*(1), 63-73.

Greenberg, H. (1975). The widening gyre: transformations of the omnipotent quest during adolescence. *International Review of Psycho-Analysis, 2*, 231-244.

Greenblatt, A. (1999). rec. arts. bodyart: Piercing FAQ, 8-1 Historical Information Oxford Universities Libraries Automation Service. Online Available HTTP: http://www.cs.uu.nl/wais/html/na-dir/bodyart/piercing-faq/.html (13 January 1999)

Grubrich-Simitis, I. (1984). From concretism to metaphor, *Psychoanalytic Study of the Child, 39*, 301-319.

Haag, G. (2000). In the footsteps of Frances Tustin: further reflections on the construction of the body ego. *Infant Observation, 3*(3), 7-22.

Haim, A. (1974). *Adolescent Suicide*. London: Tavistock.

Harris, T. (1999). *The Silence of the Lambs*. London: Arrow.

Hazell, J. (1994). *Personal Relations Therapy, The Collected papers of H.*

*J. S. Guntrip*. Northvale, NJ, and London: Jason Aronson.

Heimann, P. (1950). On counter-transference. *International Journal of Psychoanalysis, 31*, 81-84.

Hinshelwood, R. D. (1999). Countertransference. *International Journal of Psychoanalysis, 80*(4), 797-818.

Holmes, J. (2000). Attachment theory and Psychoanalysis: a rapprochement. *British Journal of Psychotherapy, 17*, 157-172.

Home Office (1999). H. M. Chief Inspector of Prisons. *Women in Prison: A Thematic Review*, Appendix 5: The health of women prisoners in England and Wales', Online. Available HTTP: http://www.penlex.org.uk/ciwoma5.html (21 February)

Hopper, E. (1995). A psychoanalytical theory of drug addiction. *International Journal of Psychoanalysis, 76*, 1121-1142.

Jones, I. (1979). A biological approach to two forms of human self-injury. *Journal of Nervous and Mental Diseases, 16*(2), 74-78.

Joseph, B. (1982). Addiction to near-death. *International Journal of Psycho-analysis, 63*, 449-456.

Jung, C. G. (1927/31). *The Structure of the Psyche*. Collected Works 8, London: Routledge & Kegan Paul.

Kafka, J. (1969). The body as transitional object: a psychoanalytic study of a self-mutilating patient. *British Journal of Medical Psychology, 42*, 207-212.

Laufer, M. (1982). Female masturbation in adolescence and the development of the relationship to the body. *International Journal of Psychoanalysis, 63*, 295-302.

Laufer, M. (Ed.) (1995). *The Suicidal Adolescent*. Connecticut:

International Universities Press.

Laufer, M., & Laufer, E. (1984). *Adolescence and Developmental Breakdown*. London: Karnac.

Laufer, M., & Laufer, E. (1989). *Developmental Breakdown and Analytic Treatment in Adolescence*. New Haven, CT, and London: Yale University Press.

Leeming, D. (1994). *A Dictionary of Creation Myths*. New York and Oxford: Oxford University Press.

Levenkron, S. (1998). *Cutting*. New York: Norton.

Little, M. (1986). *Transference Neurosis and Transference Psychosis*. London: Free Association Books.

McDougall, J. (1986). *Theatres of the Mind*. London: Free Association Books.

Meissner, W. W. (1992). The concept of the therapeutic alliance. *Journal of the American Psychoanalytic Association, 40*, 1059-1087.

Menninger, K. (1935). A psychoanalytic study of the significance of self-mutilations. *Psychoanalytic Quarterly, 4*, 408-466.

Mitchell, P. J., & Plug, I. (1997). Ritual mutilation in Southern Africa. In L. Wadley (Ed.), *Our Gendered Past*. Witwatersrand, SA: University Press.

Montgomery, J. D., & Greif, A. C. (Eds.) (1989). Masochism, The Treatment Self-Inflicted Suffering Madison CT: International Universities Press.

Newton, E., & Webster, P. (1976). Matriarchy: as women see it. In S. Cox (Ed.), *Female Psychology: The Emerging Self*. Chicago, IL: Science Research Associates.

Orbach, I. (1994). Dissociation, physical pain, and suicide: a hypothesis. *Suicide and Life-Threatening Behaviour, 24*(1), 68-79.

Orbach, I. (1996). The role of body experience in self-destruction. *Clinical Child Psychology and Psychiatry, 1*(4), 607-619.

Orgel, S. (1974). Fusion with the victim and suicide. *International Journal of Psychoanalysis, 55*, 531-538.

Pao, P. (1969). The syndrome of delicate self-cutting. *British Journal of Medical Psychology, 42*, 195-205.

Pines, D. (1993). A Woman's Unconscious Use of the Body. London: Virago Press.

Pithers, D. (1983). What would you say ifI fucking nutted you?. Jubilee Conference of the Portman Clinic. *Understanding Human Violence*, September.

Podvoll, E. (1969). Self-mutilation within a hospital setting: a study of identity and social compliance. *British Journal of Medical Psychology, 42*, 213-221.

Powers, M. N. (1986). *Oglala Women, Myth, Ritual, and Reality*. Chicago, IL, and London: University of Chicago Press.

Pritchard, C. (1995). *Suicide-The Ultimate Rejection?*. Buckingham: Open University Press.

Ritvo, S. (1984). The image and uses of the body in psychic conflict. *Psychoanalytic Study of the Child, 39*, 449-470.

Rosenfeld, H. (1987). *Impasse and Interpretation*. London: Tavistock.

Rosenthal, R., Rinzler, C., Wallsch, R., & Klausner, E. (1972). Wrist-cuttingsyndrome: the meaning of a gesture. *American Journal of Psychiatry, 128*, 1363-1368.

Scott, A. (1998a). Trauma, skin: memory, speech. In V. Sinason (Ed.), *Memory in Dispute*. London: Karnac.

Scott, A. (1998b). Language as skin. *Trauma and Memory: Cross-Cultural Perspectives*, Conference, Sydney, May.

Segal, H. (1957). Notes on symbol formation. *International Journal of Psychoanalysis, 38*, 391-397.

Segal, H. (1993). On the clinical usefulness of the concept of the death instinct? *International Journal of Psychoanalysis, 74*, 55-62.

*Self-Injury Forum Newsletter* (1999). 3, Abergavenny: The Basement Project.

Simpson, C., & Porter, G. (1981). Self-mutilation in children and adolescents. *Bulletin of the Menninger Clinic, 45*(5), 428-438.

Steiner, J. (1993). *Psychic Retreats*. London and New York: Routledge.

Strong, M. (2000). *A Bright Red Scream*. London: Virago.

Tantam, D., & Whittaker, J. (1992). Personality disorder and self-wounding. *British Journal of Psychiatry, 161*, 451-464.

Tonnesmann, M. (1980). Adolescent re-enactment, trauma and reconstruction. *Journal of Child Psychotherapy, 6*, 23-44.

Turp, M. (1999). Encountering self-harm in psychotherapy and counselling practice. *British Journal of Psychotherapy, 15*(3), 306-321.

Underhill, E. (1960). *Mysticism*. London: Methuen.

Van der Kolk, B. A., Perry, C., & Herman, J. L. (1991). Childhood origins of self-destructive behaviour. *American Journal of Psychiatry, 148*, 1665-1671.

Welldon, E. (1988). *Mother, Madonna, Whore*. London: Free Association

Books.

Wilson, P. (1991). Psychotherapy with adolescents. In J. Holmes (Ed.), *Textbook of Psychotherapy in Psychiatric Practice*. Edinburgh and London: Churchill Livingstone.

Winnicott, D. (1971). *Playing and Reality*. Harmondsworth: Penguin.

Winnicott, D. (1984). *Deprivation and Delinquency*. London: Tavistock.

Woods, J. (1988). Layers of meaning in self-cutting. *Journal of Child Psychotherapy, 14*, 51-60.

# 찾아보기

## 인명

내용

## ⁂ 저자 소개

Fiona Garnder는 정신분석적 심리상담사로 상담사를 훈련하고 슈퍼바이저로 활동하고 있다. 그녀는 국내 및 국제 심리상담 학술지에 젠더, 성적 학대, 심리상담 훈련과 관련된 저술 활동을 하고 있다.

## ⁂ 역자 소개

이유경(Lee Youkyung)

연세대학교 상담코칭학 박사

현 숭실사이버대학교 기독교상담복지학과 교수

한국기독교상담심리학회 임상위원장

생명문화학회 이사

〈주요 저서 및 논문〉

『상담 심리치료의 이론과 실제』(2016, 처음출판사)

「20대 청년의 심리적 특성과 문제에 관한 Larry Graham의 체계론적 연구 –청년 문화 이해를 바탕으로」(2020, 대학과 선교)

「손자녀 양육에 참여하는 조모와 성인 자녀의 갈등 경험과 적응 경험에 관한 연구: 조모의 경험을 중심으로」(2019, 한국기독교상담학회)

송미강(Song Migang)

연세대학교 상담코칭학 박사

현 지인정신분석상담연구소장

부모따돌림방지협회 대표

〈주요 논문〉

「부모따돌림증후군: 면접교섭을 거부하는 아동에 대한 질적 연구」(2021, 아동과 권리)

「이혼가정의 부모따돌림증후군 연구」(2016, 한국기독교상담심리학회지)

신수정(Shin Sujeong)

연세대학교 상담코칭학 박사수료

전 미술품 경매회사 CHRISTIE'S 근무

현 공군 자살위기대응 상담자양성 교육프로그램 개발연구원

〈주요 논문〉

「대상관계이론에서 본 관계중독과 회복에 대한 사례연구: Fairbairn과 Winnicott 이론을 중심으로」(2023, 한국기독교상담심리학회지)

「포스트 코로나 시대, 학령기 자녀를 둔 여성 중간관리자의 온라인 재택근무 경험에 대한 현상학적 연구」(2023, 한국한국심리학회지 여성)

# 자해의 정신분석적 이해와 상담

Self-harm: a psychotherapeutic approach

2024년 4월 20일 1판 1쇄 인쇄
2024년 4월 30일 1판 1쇄 발행

지은이 • Fiona Gardner
옮긴이 • 이유경 · 송미강 · 신수정
펴낸이 • 김진환
펴낸곳 • ㈜ 학지사
04031 서울특별시 마포구 양화로 15길 20 마인드월드빌딩
대표전화 • 02-330-5114 팩스 • 02-324-2345
등록번호 • 제313-2006-000265호

홈페이지 • http://www.hakjisa.co.kr
인스타그램 • https://www.instagram.com/hakjisabook

ISBN 978-89-997-3041-2 93180

정가 17,000원

역자와의 협약으로 인지는 생략합니다.
파본은 구입처에서 교환해 드립니다.